新时代

非凡十年的松江答卷

中共上海市松江区委党史研究室
上海市松江区政协文化文史和学习委员会 编

上海人民出版社

编委会

目　录

文化建设

社会建设

生态文明建设

党的建设与全面从严治党

全力打响"三张王牌"

◆ **松江新城：长三角独立的综合性节点城市**

◆ **松江枢纽：具有国际影响力的上海西南门户枢纽**

综　述

长三角 G60 科创走廊策源地松江
实现跨越式高质量发展

十年奋进，十年辉煌。党的十八大以来，松江以习近平新时代中国特色社会主义思想为指引，深入学习贯彻习近平总书记考察上海重要讲话精神，推进松江发展的历史方位和战略空间实现开创性突破，成为长三角 G60 科创走廊国家战略重要平台的策源地，创造了松江高质量跨越式发展新奇迹，松江城市综合实力、战略影响力、人民生活水平和社会文明程度迈上崭新台阶，"科创、人文、生态"现代化新松江展现出磅礴气象，书写了一份极不寻常、极不平凡的"十年答卷"，在松江发展史上具有里程碑意义。

一、聚焦高质量发展，打造科技创新策源与高端产业引领的科创之城

（一）实现经济综合实力新跨越

经济转型升级深入推进，发展质量稳步提升。2012 年以来，松江主动

适应经济发展新常态，面对各种不利因素，统筹推进稳增长、调结构、促转型。淘汰劣势企业，优化三次产业结构，推进建设用地减量化、落后产能调整、土地二次开发，形成系列配套政策措施。全面启动 G60 上海松江科创走廊建设、国家新型城镇化综合试点和旅游产业发展三大举措，抓实供给侧结构性改革，落实"三去一降一补"任务。成功实施质量强区战略，荣获全国质量强市示范城市称号。获评全国首批国家级工业互联网产业示范基地，获批国家首批先进制造业和现代服务业融合发展试点区域。成功入选全国首批国家知识产权强市建设试点城区，获评国家级服务型制造示范城市、全国首个地市级"诚信计量示范区"称号。松江工业区成功升级为国家级经济技术开发区，综合发展水平考核评价跃升至全国前 20 强。

经济综合实力实现新跨越。十年来，全区生产总值从 886.55 亿元增长到 1750.12 亿元，年均增长 7.0%；区级财政收入从 88.26 亿元增长到 221.31 亿元，年均增长 9.6%；工业固定资产投资从 86.09 亿元增长到 174.07 亿元。截至 2022 年，全区规上工业企业 1611 家，规上工业产值 4535.61 亿元，战略性新兴产业产值占规上工业产值比重超过 65.5%。

（二）聚焦科技创新新赛道

十年来，松江聚焦服务上海制造、上海科创中心建设、构建新发展格局，取得一系列新成效。

聚焦服务"上海制造"，抓实先进制造业高质量发展。坚持大刀阔斧推进转型发展，向科创要动力、向规划要品质、向存量要空间、向质量要效益。围绕"6+X"战略性新兴产业，海尔、腾讯、正泰智电港等一大批百亿级重大项目和头部企业落地，集成电路领域聚集超硅、豪威、新阳、移远通信等重点企业，人工智能领域聚集科大智能、库卡机器人等重点企业，生物医药领域聚集昊海生科、复宏汉霖、同联制药等企业，产业集群增长极效应势头强劲。

聚焦服务上海科创中心建设，科创策源能力显著增强。成功举办首届松江大学城 G60 创新创业博览会、新一届黑马创业大赛。以创新型经济引领"五型经济"发展，G60 脑智科创基地、科恩实验室、优图实验室等一大批重大研发平台集聚，生物节律紊乱体细胞克隆猴模型、"G60 星座"等体现高水平科技自立自强的重大原创成果不断涌现，12英寸大硅片、光刻胶、新型航空发动机等卡脖子领域和颠覆性技术方面实现突破。上海低碳技术创新功能型平台成功跻身国家认可实验室行列，临港实验室稳步推进建设。长三角G60科创走廊科技成果转化基金启动运行，长三角G60科创走廊科创路演中心联合体成立，企业创新主体作用充分发挥。

聚焦服务构建新发展格局，产业链创新链供应链抗波动性、成长性强劲提升。建立产业链供应链协调工作机制，发挥九城市"1+7+N"产业联盟优势，深化产业联盟与合作示范园区建设，与中国商飞等头部企业强化产业链合作，松江成为长三角G60科创走廊九城联动和上海西南五区携手共建产业链创新链联盟的"中心节点"。出口加工区升级为综合保税区，国际国内"两个扇面"配置要素资源的枢纽功能不断凸显。

（三）打造营商环境新高地

营商环境不断优化。2012—2016年，松江全面落实各项扶持政策，出台支持科技研发、吸引人才集聚的政策60条，累计支出产业转型升级专项资金64.88亿元。简化外商投资企业设立程序，探索外资准入负面清单管理模式，松江被上海海关列为首批自贸区创新制度复制推广区。切实帮助企业降本减负，全面落实"营改增"试点，出台存量工业用地增容费减免政策。产融结合推动实体经济发展，140家企业成功上市挂牌。积极搭建中小微企业政策性融资担保平台，为992户企业提供贷款担保69.75亿元。

强化精准制度创新和有效制度供给。2017年以来，松江聚焦市场化、法治化、国际化一流营商环境，强化精准制度创新和有效制度供给。打造充满活力的产业创新生态，争取和落实央行"G60金融15+1条"，在全市首创"政府＋园区＋担保＋银行"四方协同政策性融资担保服务新机制。设立长三角G60科创走廊科技成果转化基金，推出"双创债"等金融创新产品，加快硬核企业科创板上市，走在全市前列，上证G60综指和战略性新兴产业成指逆势飞扬。打造高效便捷的政务服务生态，深入推进"放管服"改革，被国务院确定为首批长三角政务服务"一网通办"试点区域，建立并实体化运作长三角G60科创走廊知识产权行政保护协作中心、法治研究中心和公共法律服务中心，发出全国首张跨省异地办理的工商登记执照。连续两年代表上海接受世界银行测评，为中国营商环境全球排名提升作出重要贡献。

（四）建设人才发展新生态

实施引进高端人才"百人计划"、人才安居工程。全面落实人才引领发展战略，深入实施"1+10"人才政策，引进紧缺急需人才 2 万多名，拥有院士专家工作站 55 家，名列全市前茅。牵头九城市组团参加五届进博会并联合举办高质量发展要素对接大会，一批跨区域合作重点项目、要素对接项目签约。成功举办长三角 G60 科创走廊生物医药产业高质量发展大会和五届质量标准论坛。做实国家移民政策实践基地功能，实现国际高端人才永居推荐单位由省部级赋权到长三角 G60 科创走廊。成立长三角人才一体化发展联盟，人才落户松江 3136 人，办理留学生落户人数同比增长442%。归集人才公寓 1.7 万套，数量位居全市前列。2021 年，松江新城应届硕士毕业生落户人数占五个新城总量的 42%。临港松江科技城获评国家知识产权强国建设试点园区，专利授权、有效专利数量均位居全市前列，推出首个跨区域"质量标准"金融创新产品。

二、提高政治站位，以民主法治统领新时代松江高质量发展

（一）人大、政协工作守正创新

坚定制度自信，打造松江人大工作品牌和特色，首次系统挖掘和阐释"松江县各界人民代表会议"的历史贡献、现实启示，激发松江首创精神。强化法治支撑，保障重大决策部署贯彻实施，制定通过《上海市松江区人民代表大会关于依法保障和推进长三角 G60 科创走廊建设的决定》，倡导建立长三角 G60 科创走廊九城市人大工作交流机制。紧扣民生关切，增强人大监督工作实效，连续七年对浦南天然气接装工程推进情况开展跟踪监督，通过督办代表建议、听取专项报告、组织专题视察等方式督促推进，助力浦南地区居民用上天然气。坚持实践探索，践行全过程人民民主，开展人大代表"家站点"建设，全区共有"家站点"231 个，其中人大代表之家 18 个，人大代表联络站、联系点 213 个。开展基层立法联系点建设，黄桥村基层立法联系点成为市人大常委会唯一设在村级的基层立法联系点。

打造覆盖全区的"1+16+X"立法修法建议采集网络，让基层的意见及时传递到立法机关。

不断加强对基层政协协商民主广泛多层制度化的实践探索，形成十二种协商形式和操作规程，聚焦"推动 G60 科创走廊更高质量一体化发展""松江新城建设""松江枢纽建设""加快科技影都华阳湖核心区建设""浦南绿色发展""社区治理""小区垃圾房改建"等发展热点、民生焦点，开展各类协商。坚持"调研在一线开展、情况在一线掌握、平台在一线搭建、问题在一线协商、共识在一线形成"，2019 年 5 月首次提出打造"协商在一线"工作品牌。2020 年，全区 18 个地区联络组成立"协商在一线"委员联络站，搭建专委会"协商议事厅"、界别"委员之家"、地区联络组"委员工作站"等协商平台，深入推进"一委一题一精品、一室一家一站一品牌"，运用"微协商""微课堂""微论坛"等形式，打造覆盖全区的"协商在一线"政协委员协商平台。

（二）全面依法治区开创新局面

2019 年 7 月，成立区委依法治区委员会，统领全区普法工作。2021 年 12 月，发布全市首个法治建设满意度指数。先后被评为"全国法治城市创建先进单位"、全国"七五"普法中期先进单位、上海市法治宣传教育工作优秀单位等。

全面推进严格规范、公正文明执法。完善与创新创造相适应的包容审慎监管方式，持续推动全区各行政执法单位深入推行人性化执法、柔性执法，全面推行轻微违法行为免罚清单。加强重点领域行政执法，落实行政执法三项制度，规范行政裁量权行使。

法治营商环境打造松江样本，以市场化、法治化方式打响长三角 G60 科创走廊国家战略品牌。推动松江区与华东政法大学合作共建长三角 G60 科创走廊法律服务平台，举办首届长三角 G60 科创走廊营商环境法治论坛和知识产权论坛，建立全国首个实体化运作的跨区域知识产权保护协作中心，推动法治成为松江城市核心竞争力的重要标志。

普法与依法治理深度融合。开展全过程人民民主实践探索，推动黄桥村成为全市唯一设在农村的基层立法联系点。推动健全公益诉讼制度，行政机关与检察机关、审判机关公益诉讼工作有效衔接，形成"小城杯"公益之星创意诉讼大赛法治文化品牌。打造松江区"谁执法谁普法"宣传月品牌，办成全市第一个区级层面的"谁执法谁普法"宣传月。

（三）统战双拥巩固大联合、大团结

构建统战地校共同体，通过"校会联企"机制，成立"服务长三角协同就业联盟""就业创业实践基地"等区校互动合作品牌，实现松江大学城高校和企业优势资源共享。聚焦海内外侨务资源，搭建引资引智新平台，长三角 G60 科创走廊成功获批"中国侨联新侨创新创业基地"，成为上海首个此类基地。加强党外代表人士队伍建设，推进"同心数字信息资源库"搭建，推动街镇园区为属地党外代表人士建库，以信息化建设促进松江统战精准化发展。统筹基层资源，促进统战阵地品牌化建设，打造"同心加油站"统战品牌，为党外人士搭建集"学习提高、展示风采、交流研讨、建言献策、联谊联系"于一体的工作平台。

坚持党管武装，加强军民融合发展和退役军人事务工作。连续四届被评为"双拥模范城"，建成全国首个消防烈士陵园。推动退役军人服务保障体系从"有"到"优"，全面启动优待证发放。提升退役军人就业创业工作质效，汇编《云间军创宝典》，精准服务退役军人就业创业。

（四）政府自身建设协同推进重点领域改革

深化行政审批制度改革。启用区行政服务中心和网上政务大厅，截至2020 年共取消行政审批 169 项、调整行政审批 256 项、承接下放行政审批 76 项。大力推行商事制度改革，核准全市首张工商开办企业"一窗通"营业执照。深化投资审批改革，高标准建设线上"一网通办"、线下一个窗口，出台《松江区社会投资项目审批审查中心实体化运作工作方案》，区审批审查中心率先在全市实体化运作，经验模式在全市复制推广。对照世界银行指标提供优化营商环境"松江方案"，在全市率先执行社会投资小型项目开工零成本，连续两年接受世界银行对中国营商环境的评估，提供 13大类 105 个改革样本，助力中国营商环境排名上升。

加强财政管理，推进国资国企改革。在全市率先完成国库单一账户制度改革，构建国库单一账户体系，全面完成街镇财政资金信息化管理。完成

首批行业协会、商会类社会组织与政府部门脱钩。实施松江国家级经济技术开发区管理体制改革，社会管理职能实现属地化。成立区投资促进服务中心，一门式统筹全区招商引资工作。完成交投、开发区集团公司整合，重组国投、城投、商发、新城、新松江置业5家国有集团公司。自觉承接上海自贸区的改革溢出效应，被上海海关列为首批自贸区创新制度复制推广示范区。

着力职能调整，推进政府机构改革。在全市率先组建区卫生和计划生育委员会，得到国家卫计委和市政府的充分肯定。析出广富林、九里亭两个街道，化解群众需求与社区管理和服务之间的矛盾。取消街道招商职能，成立区投资促进服务中心和两个分中心。因地制宜设置区科创发展办公室、区交通委员会、区政务服务办公室，服务长三角区域一体化发展国家战略、"四网融合"综合交通体系建设、行政审批制度改革等重点领域工作。

三、坚定文化自信，人文松江绵厚历史与新时代文明交相辉映

十年来，松江以"举旗帜、聚民心、育新人、兴文化、展形象"为使命任务，全面落实打响"上海文化"品牌的决策部署，紧紧围绕"一个目标、三大举措"的战略布局，持续推进《人文松江建设三年行动计划》，构筑书香之域、书画之城、文博之府、影视之都，持续推进全域旅游高质量发展。

（一）人文松江内涵不断丰富

2017年5月3日，发布《人文松江建设三年行动计划（2017—2019年）》，成为全市率先发布人文之城建设方案地区。此后《人文松江建设三年行动计划（2020—2022年）》完成编制实施。两轮计划提出构筑以书香之域、书画之城、文博之府和影视之都为特色的文化名城，持续推动人文松江建设往深里走、往高处建，厚植"上海之根"历史文化底蕴。

书香之域文化品牌日益彰显。建成并启用云间会堂文化艺术中心；朵云书院、钟书阁、南村映雪、山脚下的书店、贝叶书店等一大批实体书店成为全民阅读的文化新地标；广富林、九里亭、佘山等8个街镇社区图书

馆完成新建并投入使用。成立人文松江创作研究院和人文松江活动中心，推进"一典六史"编撰，出版《松江人文大辞典》首卷和《松江简史》《松江诗歌史》；编辑出版 200 余本人文松江系列丛书；推出《董其昌》《陶宗仪》《陆机》《侯绍裘》等大型历史话剧；依托"万千百"工程，为基层配送图书 13 万余册，各街镇图书馆、居村图书阅览室均引入"文化松江云"，配备电子图书 60 余万册。举办上海朗诵艺术节、"书香月"、"文明修身·文化寻根"全民阅读、"网络书香·筑梦童行"主题数字阅读、青少年传统文化知识大赛等活动；开展"最美读书目的地"评选，发布松江书香全域地图和旅游线路；全区有公共读书空间 358 个，读书团体 26 个。

书画之城文化名片更加亮丽。举办全国美术高峰论坛、第三届"平复帖"杯国际书法篆刻大赛、长三角九城市书画邀请展、程十发百年诞辰特展、董其昌陈继儒莫是龙书画艺术特展等重要展览、交流活动，持续擦亮"中国书法城"文化品牌。开展程十发《阿 Q 画传》等原作展 200 余个，先后编撰书画作品集 400 余本，全面反映书画文化建设成果。与市文联合作建立书法基地，定期邀请全国、市书画名家为松江书画队伍开展培训。先后组织 42 批次全区文艺骨干和"百姓明星"深入田间、社区等开展"大美云间"接地创作，形成 12 万余件书画艺术作品，共有 210 余人次 450 多件书画作品获得省市以上奖项。全区有书法、美术等国家级会员 43 名，市级会员 96 名，文化志愿者 3800 余名，文化团队 1680 余支。

文博之府文化内涵愈发深厚。广富林文化遗址、董其昌书画艺术博物馆建成并开放；启动松江区博物馆新馆项目，完成姚家圈遗址地下文物埋藏区的科学划定；枫泾暴动指挥所旧址等 5 处区级文物保护单位被公布为市首批革命文物。合理利用已修缮的文物建筑，鼓励街镇打造"一镇（街）一品"文化地标。其中，泗泾下塘历史文化风貌区引入建筑遗产保护教学基地、音乐实践基地；永丰仓城历史文化风貌区引入松江布展示馆、张明艺术馆、张氏米行等项目；中山街道推进云间粮仓文博文创产业园建设；岳阳街道在张祥河宅植入顾绣体验馆和乡愁纪念馆。新增"松江棉布纺织技艺"等 15 个区级非遗项目和 21 位区级代表性传承人，推动顾绣、十锦细锣鼓、叶榭竹编、米糕制作、余天成堂中药文化等非遗项目与高校开展合作；编撰《松江非遗蓝皮书》《松江非物质文化遗产图典》；顾绣应邀参加第二届进博会，叶榭软糕与佘山世茂洲际酒店合作；举办张泽羊肉文化节等非遗节庆活动；建成非遗展示基地 10 个，推动非遗活态传承保护。

（二）上海科技影都建设稳步推进

2017 年，上海市出台"文创 50 条"，提出打造"1+3+X"发展格局，其中"1"指建设松江大型高科技影视基地，松江科技影都由此而来。松江科技影都位于松江南部新城，规划面积为 60.58 平方公里。2018 年，松江成立区影视产业发展领导小组，实现实体化运作。2019 年，松江科技影都升级为上海科技影都，发布影视产业扶持政策和科技影都总体规划。

高标准规划上海科技影都。面向全球征集科技影都规划设计方案，高水准编制完成《上海科技影都总体概念规划》，根据《规划》，松江要在全区范围内按照"异质双核"发展理念，打造"双核驱动、四片联动、八点带动"发展格局。其中，"双核驱动"即以"科创芯""世界窗"为核心，打造行业领先的科技影视产业集聚中心和面向全球的中外影视文化交流之窗。2021 年，市政府印发《关于本市"十四五"加快推进新城规划建设工作的实施意见》中明确提出，松江新城要"加强 G60 科创走廊战略引领作用，发展文创旅游、影视传媒等特色功能"，为上海科技影都新一轮发展带来强大动力。同年，松江区面向全球征集"松江枢纽"地区城市设计方案，在更高层次深化科影都核心区规划。

加快推进重大项目建设。持续加大对科技含量高的龙头企业、后期特效制作企业、影视新业态企业的招商力度，围绕高科技影视拍摄制作，形成集前期创意、影视拍摄、后期制作、宣发放映、衍生品开发等功能于一体的高科技影视产业集群，一批总投资超过百亿元的高科技影视基地及综合影视服务平台等落地科技影都。上海科技影都核心区建设有序推进，华阳湖片区滨水工程开工，松江枢纽片区控制性详细规划获批。重点影视产业项目加速集聚，昊浦影视基地建成启用，华策长三角国际影视产业园、星空综艺影视制作基地、上海车墩高科技影视基地等项目有序推进，启名影视科技创新基地、上海中华职业技术学校落地。上海科技影都影视衍生品开发基地项目示范区内的香地艺术中心对外开放；长三角国际影视产业园 LED 虚拟摄影棚投入使用。

优化影视产业营商环境。强化制度供给，先后出台《影视产业人才高地建设的实施办法》《促进上海科技影都影视产业发展的若干政策》《应对新冠肺炎疫情，促进影视企业健康发展的若干措施》等一系列政策。持续加大对影视产业的扶持力度，2020—2022 年共扶持 99 个项目，拨付金额 5369 万元。成立上海市影视版权服务中心松江工作站，为影视企业提供专业服务，出台促进影视产业发展 16 条升级版政策。连续三年与上海国际影视节中心合作举办科技影都系列活动，上海科技影都的影响力和知名度日益提高。试点成立长三角 G60 科创走廊影视文化产业基金，总规模 10 亿元，用于促进影视文化艺术产业人才培养、科学研究等领域发展。紧抓影视教育实训，鼓励院校加快培养各类影视艺术人才，推进上海中华职业技术学院项目建设，依托松江大学城资源优势和上海大学上海电影学院实践创作中心，支持引进具有国际领先水平的电影教育教学资源和产业合作项目，探索建立院校与基地的影视人才联合培养机制。

影视产业高质量发展态势明显。上海科技影都构建起由核心产业圈层和关联产业圈层组成的影视产业体系，将影视发展建设活动融入城市更新、生态涵养、旅游布局、产业发展之中，形成"全域影视"格局。华策长三角国际影视产业园、星空综艺影视制作基地、上海（车墩）高科技影视基地二期等一批重大影视产业项目落地建设，影视全产业链发展格局在松江基本形成。松江影视企业出品的影视作品屡获佳绩，电影《奇迹·笨小孩》、电视剧《超越》入选中宣部第十六届"五个一工程"优秀作品，电视剧《在一起》《三十而已》在第二十七届上海电视节白玉兰奖评选中获奖，电影《万里归途》《奇迹·笨小孩》《刺杀小说家》等票房均突破 10 亿。2022 年松江影视产业税收达 18.88 亿元，同比 2021 年增长 34.95%。

（三）全域旅游发展全面提速

强化顶层制度设计。2016 年，松江开展国家全域旅游示范区创建，发布《上海佘山国家旅游度假区暨松江全域旅游发展实施意见》《上海佘山国家旅游度假区暨松江全域旅游总体规划》等。2017 年编制《松江全域旅游发展总体规划》，构建"一核一带四区"的全域旅游发展主功能区，形成山城连景、水陆联动、主客共享、全域发展、全民参与的大旅游空间布局。2020年编制《松江区文旅融合发展"十四五"规划》，构建"一核两廊三极"文旅融合发展新格局，增强区域旅游新动力，提升松江旅游高质量能级和核心竞争力。

推动发展"旅游+"战略。培育形成"五谷丰登"全域旅游产品体系，打造乡村旅游"卯田谷"、工业旅游"科创谷"、文化旅游"人文谷"、休闲旅游"会务谷"、主题旅游"欢乐谷"。持续打造"春季问山、夏季拜水、秋季寻根、冬季祈福"四季节庆品牌，辰山草地音乐节成为海内外知名旅游节庆品牌，钟书阁、朵云书院成为上海文化旅游新地标，上海佘山世茂洲际酒店、广富林文化遗址成为国内外游客纷至沓来的旅游目的地，上海世茂精灵之城主题乐园蓝精灵乐园建成运营，乡村民宿、露营、研学、骑行等旅游新业态越来越受欢迎。

旅游公共服务更加便民。截至2022年10月，全区共有1640个公共文化服务设施场馆，总面积达52.3万平方米。拥有各类群众文化团队1700余支，文化志愿者3000余名，"百姓明星"及入围者等文艺骨干1600余名，基本实现"天天有群文活动、周周有文艺讲座、月月有文艺演出、季季有群文赛事、年终有群文展示"。

全域旅游品牌持续深化。2019年，成功创建首批国家全域旅游示范区，并荣获中国文旅融合示范奖。2020年，入选第四批全国旅游标准化示范单位名单。2021年，成功当选首批长三角高铁旅游小城，上海佘山国家旅游度假区入选国家体育旅游示范基地。2017年至2021年，接待游客8353.2万人次，实现旅游总收入559.86亿元，旅游总收入年均增长9.15%，旅游业对地区经济增长的贡献度持续攀升。

（四）全国文明城区首创即成

十年来，松江弘扬伟大建党精神，厚植上海城市精神品格，形成"秉持新发展理念，改革辟路、创新求实，唯实唯干、拼搏奋进"的新时代松江精神，将松江文化记忆和文明根系根植于城市基因。2016年10月，发布《松江区创建全国文明城区五年行动计划（2016—2020）》；2018年2

月，获 2018—2020 年创建周期全国文明城市（区）提名资格；2020 年，成功创建全国文明城区。

顺应"民心"，坚持以人民为中心。大力推进乡村振兴，全国文明村黄桥村成为乡村振兴示范村和宅基地改革双试点。突出全民创建，通过组建"市民巡访团""小小楼组长"，开展"文明随手拍""不文明曝光台"等活动，引导市民参与决策、反映问题、监督治理。36.4 万余名志愿者参与各类志愿服务 3.5 万余项，其中"1 号先锋"党员志愿者充分发挥党员示范引领作用。广富林街道获评"全国最美志愿服务社区"，新浜镇"乡村茶馆课堂"入选"全国最佳志愿服务项目"，上海诚至信律师事务所李辉入选"全国最美志愿者"。

以德"润心"，坚持培育践行社会主义核心价值观。积极传播真善美，传递正能量，持续多年开展"感动松江"道德模范学习宣传活动和"点赞松江人"榜单发布活动。截至 2022 年底，涌现道德模范、先进典型 130多个，发布"点赞松江人"榜单 93 期；积极培育时代新人，开展新时代好少年、优秀少年队员、团员学习宣传活动；充分发挥本区爱国主义教育基地资政育人作用，促进未成年人健康成长；持续深入推进新时代文明实践中心建设，举办理论宣讲、文化文艺、医疗健身等文明实践活动近万场。持续深化市民修身行动，开展"公筷公勺""光盘行动"以及文明交通、文明旅游、文明餐饮、文明养宠等各类专项活动，引导市民提升自身文明素养，在全社会形成良好新风尚。

汇聚"同心"，坚持发挥多元主体作用。实施城市环境、文明服务、文明素养等五大提升行动，以及交通、施工、农贸市场等十大整治行动 73 个项目，启动城市综合环境百日整治会战，在区级联合整治行动中精准解决一批问题。与"国家卫生区""全国双拥模范城"等 10 多项"国"字号创建同步推进，带动全区文明村镇、文明社区、文明单位、文明家庭等群众性精神文明创建主体切实发挥带动示范作用，535 家市区两级文明单位以志愿服务等形式参与全国文明城区创建。2020 年松江区中山街道办事处、正泰电气股份有限公司获"全国文明单位"称号，泖港镇腰泾村、新浜镇胡家埭村、车墩镇联建村获"全国文明村"称号。

四、践行人民城市重要理念，松江人民获得感、幸福感、安全感不断提升

（一）城市有机更新步伐加快

松江新城完成规划修编，新城面积由 60 平方公里调整为 160 平方公里，为促进产城融合，推动新城进一步拓展空间，松江新城被赋予"独立的综合性节点城市"定位。旧城改造扎实推进，完成旧城改造 436 万平方米。全力推进动迁安置房建设，安置在外过渡动迁户近 2 万户。南部新城重点地区启动城市设计，国际生态商务区一期风貌显现。

国家新型城镇化综合试点全面完成。开展低效建设用地超级减量，完成减量 1.46 万亩。开展海绵城市、地下综合管廊建设试点。完成 733 万平方米居住小区二次供水设施改造，新增民防工程 276 万平方米。4G 信号实现城镇区域全覆盖。

轨道交通 9 号线南延伸、22 号线建成通车，有轨电车 T1、T2 线投入运营，沪苏湖铁路开工，北松公路拓宽、黄浦江辰塔路大桥、G60 松江东等高速立交匝道等一批重大基础设施项目相继建成，公交优先战略全面实施，城市公建配套和管理逐步完善。

（二）乡村振兴战略加快实施

围绕"农业强"，家庭农场发展模式日趋成熟。截至 2022 年，全区耕地面积 22.14 万亩，水稻种植面积 15.17 万亩，粮食产量 8.68 万吨；家庭农场共有 844 户，经营面积 13.4 万亩，占全部粮食面积的 89%。粮食亩产连续四年全市第一。2021 年作为全市唯一的单位获评全国粮食生产先进集体。大力推进特色品牌发展，以松江大米、松林猪肉、松江泖蟹、仓桥水晶梨为代表的本地特色农产品品牌化销售率达到 70%。松江大米、仓桥水晶梨分别获得国家地理标志保护产品称号。

围绕"农民富"，不断深化农村集体资产产权制度改革。在全市率先搭建"松江区农村集体资产经营管理平台"，基本实现对集体资产监管的全覆盖，2016 年至 2022 年，农村集体总资产从 555.88 亿元增加到 747.21 亿元，增长 34%。镇村两级分红总额从 2.55 亿元增加到 3.72 亿元，增长

46%。加大农民保障力度，率先建立城乡融合的农民社会保障体系，发放老年农民土地退养补助金；制定家庭农场主参加城镇职工社会保险参保补贴操作办法，使农民作为一种职业在社会保障方面得到切实体现。

围绕"农村美"，加快推进农民相对集中居住步伐，建设平移归并点10个（以点位为计算单位，非平移项目数，项目数为19个），累计完成农民相对集中居住签约6876户（截至2022年的统计数据）。高标准创建乡村振兴示范村，创建市级乡村振兴示范村9个。高品质改善农村人居环境，开展以项目化推进为抓手的农村人居环境整治、优化工程，基本实现生态环境美、特色人文美、田园风光美、河道水系美、行为习惯美的农村人居环境目标，成功创建市级美丽乡村示范村20个，区级37个。2021年被评为全国村庄清洁行动先进县。

（三）社会事业发展健康有序

健全就业扶持政策体系和公共就业服务网络，新增就业岗位超过10万个，城乡居民可支配收入59515元，增幅名列全市前茅。

深化"四位一体"住房保障体系，稳妥推进大型居住社区规划建设，市、区、街镇三级财政共计投资27.17亿元，累计推进实施各类旧住房修缮436.28万平方米，受益群众达6.4万户。

推动教育强基础、建高原、攀高峰，建设华东师大二附中松江分校、上外云间中学等优质教育资源，新建、改扩建学校67所。清腾16幅历史遗留教育用地，消除义务教育阶段起始年级"大班额"问题。落实"双减"政策，素质教育水平迈上新台阶。

开展健康松江建设，加强与交大医学院、中医药大学、九院战略合作，区中心医院升级为三乙综合医院，泗泾医院升级为二甲综合医院，3所医院率先成为上海市区域性医疗中心，被评为"全国公立医院综合改革成效较为明显地区"。户籍人口平均期望寿命84.2岁，三大健康指标始终保持世界最发达国家和地区水平。

实施国家级居家和社区养老服务改革试点、医养结合试点，完成松江社会福利院改扩建，推广全市首家农村互助式"幸福老人村"养老模式。

完成城乡居保、被征地人员社会保障制度改革，城乡居保基金管理受到人社部肯定。社会救助政策不断完善，残疾人社会保障率100%。

（四）社会治理创新持续深化

高标准建设"两张网"，提升城市治理现代化水平。推动城市治理模式创新、方式重塑、体系重构，"一网统管"形成"多格合一"松江模式并在全市推广，建成区、街镇两级城市运行管理中心；"一网通办"打造全方位一体化政务服务体系，"一业一证"改革走在全市前列。

以绣花功夫提升城市精细化管理水平，"三个美丽"建设成效凸显。党建引领创新社会治理，推进基层赋权增能减负，开展居村规范化建设，建立"好邻居"社区服务体系和专业化社区工作者队伍。

平安松江、法治松江建设不断加强，创建国家安全发展示范城市，开展全国市域社会治理现代化试点，创新智慧公安建设应用，防范化解风险隐患，扫黑除恶专项斗争取得压倒性胜利，荣获全国综治"长安杯"四连冠、全国信访"三无区"、全国法治城市创建先进单位。

五、坚持"两山理念"，打造人与自然和谐共生的生态之城

松江区坚持绿色生态发展理念，加大环境治理力度，牢牢守住城市安全底线，全力以赴改善人居环境，实现生态惠民、平安惠民。

（一）不断改善区域面貌

松江区在历年持续有力推进违法建筑、违法用地整治的基础上，依法铁腕稳妥推进"五违四必"区域生态环境综合整治。2016年，全区拆除违法建筑708万平方米，超过前十年拆违总量。消除违法用地1748亩，清拆整治污染企业697家，取缔违法经营4653户，整治群租5321户。九亭地区作为2016年市级重点整治区块，拆违210万平方米，并在全市率先推进"198"区域成片减量，建成"九科绿洲"一期生态林地示范区。2017—2021年，松江区完成低效建设用地减量887.24公顷，依法、铁腕、稳妥开展"五违四必"综合整治，拆违2100多万平方米，啃下了多年想啃但没有啃掉的"硬骨头"。

（二）切实践行绿色发展理念

建设开放共享的生态空间。加强黄浦江上游水源保护区生态涵养林、

山林等养护管理。建成广富林和松南郊野大型生态空间、天马生态廊道，城区绿化覆盖率达 37%，森林覆盖率达 18.5%，位列全市前茅，"九峰三泖"青山绿水、满目苍翠，"九科绿洲"产城融合、绿色发展。十三五期间，创建 2 家国家级绿色（生态）示范园区、4 家国家级绿色示范工厂、87 个市级水稻绿色生产基地。利用滨水空间建设通波塘等一批绿道。2022 年，新建绿地 84.19 公顷、绿道 15.63 公里、立体绿化 1.73 公顷，新改建 10 座公园、4 处开放林地。"出门见绿、推门入园"成为市民生活常态。

加快构建现代环境治理体系。全面推行"双随机、一公开"环境监管模式，推进跨部门联合"双随机"抽查，加快推进生态环境分级分类执法；依托在线监控、卫星遥感、无人机（船）等科技手段，不断优化和丰富执法检查方式。全面实施生活垃圾分类减量，生活垃圾无害化处置率达到 100%，获评全国首批生活垃圾分类示范城市。天马生活垃圾末端处置综合利用和污泥处置中心投入运行。建成天马生活垃圾焚烧厂（二期）、湿垃圾和建筑垃圾资源化处理项目等重大固废处置设置，获评全国首批农村生活垃圾分类和资源化利用示范区，垃圾分类成为新时尚。

（三）深入推进环境污染防治

松江区坚持精准治污、科学治污、依法治污，蓝天碧水净土攻坚战取得显著成效。持续提升水环境治理能力。2016 年，实行以"河长制"为中心、"纳管制"控源截污补短板、"网格制"确保水陆联动无盲区的"三制并举"，加强黑臭河道治理和截污纳管。截至 2022 年，基本完成雨污混接系统改造，清拆整治黄浦江上游二级水源保护区工业企业，完成黄浦江二级水源保护区污水管网工程建设，持续推进污水处理厂提标改造。全面消除黑臭河道，基本消除劣 V 类水体。松江污水厂四期改扩建项目建成投运。河长制、湖长制、林长制全面落实，国考市考水质考核断面全面稳定达标，小昆山镇现代农业示范小流域获评"国家水土保持示范工程"。多措并举持续打造幸福河湖，完成泗泾塘（一期）、淀浦河（二期）综合整治工程，打造高品质的滨水公共空间。

加强土壤污染治理。践行绿色发展理念，开展土壤污染源头防控工作，化肥、农药施用量均实现负增长，督促落实土壤污染防治责任，开展污染地块再开发利用准入管理。

稳步改善大气环境质量。大力推进节能减排，完成燃煤（重油）锅炉清洁能源替代。环境空气质量优良率达 90.4%，$PM_{2.5}$ 平均浓度为 30 微克/立方米。污染防治攻坚战取得积极成效，入选国家"无废城市"建设名单。快速响应中央环保督察，整改有力有效，得到中央环保督察组肯定。积极开展生物多样性保护和环保宣传，创建 2 家市级环境教育基地，全域划定为野生动物禁猎区。

（四）全力建设国家农业绿色发展先行区

深入实施农业供给侧结构性改革，建设浦南绿色发展实践区，美丽家园、绿色田园、幸福乐园"三园"工程亮点纷呈，被评为国家农业绿色发展先行区，乡村振兴进步率、满意度全市第一。全面施行生态耕作制度，数字赋能智慧农业发展，建设全产业链品牌化生产体系，粮食亩产、生猪出栏量连续多年全市第一，绿色食品认证率居全市之首。

六、坚定不移坚持全面从严治党，党的建设开创新局面

十年来，松江区坚持认真贯彻新时代党的建设总要求，自觉用习近平新时代中国特色社会主义思想武装头脑、指导实践、推动工作。

（一）加强思想引领

扎实推进党的群众路线教育实践活动、"三严三实"专题教育和"两学一做"学习教育，党员的政治素质和作风建设进一步提升。党委中心组学习制度不断完善。着力学深悟透习近平新时代中国特色社会主义思想，高质量开展"两学一做"学习教育、"不忘初心、牢记使命"主题教育、党史学习教育和"四史"宣传教育。压紧意识形态工作责任制，获评上海首家"网络安全示范区"。

（二）推进新时代松江基层党建高质量创新发展

全面推进基层党建工作项目化，探索建立区域化党建和网格化党建工作机制。探索以服务创新链、服务创业链，推动以科技创新、党建创新"双服双创"为主题的党建引领长三角 G60 科创走廊建设，发扬"把支部建在连上"的光荣传统，创新组织设置，把党组织建在产业集群上，列

入长三角城市群党建品牌。加强各领域党组织建设，积极探索新业态、新就业群体党建工作，做优农村党建，深化"211+"工程，做实机关党建"1号先锋"品牌。

（三）建设高素质人才干部队伍

树立正确的用人导向，严肃换届纪律，有序推进镇级领导班子换届工作，领导班子整体合力和干部队伍结构进一步优化。出台《新时期以严的要求实的作风加强干部队伍建设的实施意见》，从严从实加强干部队伍监督管理。深入实施人才强区战略，打造形成人才政策扶持体系。按照新时代好干部标准和上海干部特质要求，在"科创、人文、生态"发展主战场、疫情防控、破解民生难题、急难险重任务和复杂艰苦环境中历练识别干部，建设一支忠诚干净担当的高素质干部队伍。

（四）强化正风肃纪，反腐败斗争永远在路上

深化党风廉政建设和反腐败工作，强化"一岗双责"，将党风廉政建设主体责任融于业务工作中，做到守土有责、守土尽责。转职能、转方式、转作风，强化监督执纪问责。聚焦主业，扎实推进纪律检查体制改革，层层压实从严治党政治责任，以零容忍态度抓好执纪审查。严格执行中央八项规定精神，高频监督检查，做到有违必究。加强巡察监督和源头防控，推进"三重一大"制度评估和完善，有效规范权力运行。扛起全面从严治党政治责任，创新落实"四责协同"机制，推进纪检监察体制改革，开展"清风护航G60"政治监督。做强巡察机构，严密政治巡察，高质量完成巡察全覆盖任务。驰而不息纠治"四风"，严控"三公"经费支出和楼堂馆所建设，一体推进不敢腐、不能腐、不想腐，加大以案促改、警示威慑力度，打造松江区廉政教育馆。十年来，以一方风清气正的政治生态确保了一方规范高效的发展生态。

七、打好"三张王牌"，建设人民向往的"科创、人文、生态"现代化新松江

在长三角一体化发展国家战略和上海"五个新城"空间新格局下，松江抢抓上海市委"十四五"规划赋予长三角G60科创走廊、松江新城、松

江枢纽"三张王牌"的历史机遇，高质量建设现代化新松江。

（一）长三角 G60 科创走廊：从秉持新发展理念的基层生动实践，上升为国家战略重大平台

松江深入学习贯彻习近平新时代中国特色社会主义思想，深刻领会习近平同志在上海工作期间作出的重要指示精神，2016 年 5 月创造性提出沿 G60 高速公路构建产城融合的科创走廊——G60 上海松江科创走廊。此后历经 2.0 版沪嘉杭 G60 科创走廊，3.0 版九城共建长三角 G60 科创走廊，再到纳入顶层设计。长三角 G60 科创走廊从秉持新发展理念的基层生动实践上升为国家战略重要平台，先后写入《长江三角洲区域一体化发展规划纲要》、国家"十四五"规划和 2035 远景目标纲要，科技部等国家六部委联合制定印发的《长三角 G60 科创走廊建设方案》，作为《习近平经济思想研究》创刊号唯一的地方高质量发展先进经验向全国推广。2021 年 3 月，国家"十四五"规划和 2035 远景目标纲要明确提出，要"瞄准国际先进科创能力和产业体系，加快建设长三角 G60 科创走廊和沿沪宁产业创新带，提高长三角地区配置全球资源能力和辐射带动全国发展能力"，长三角 G60 科创走廊迎来新的重大发展机遇，从国家战略进一步深化为国家方案、国家行动。

长三角 G60 科创走廊自 2016 年启动建设以来，始终以习近平新时代中国特色社会主义思想为指引，全面贯彻落实习近平总书记考察上海重要讲话精神和在扎实推进长三角一体化发展座谈会上的重要讲话精神，紧紧围绕服务长三角一体化发展国家战略，完整、准确、全面贯彻新发展理念。紧扣"一体化"和"高质量"两个关键，以市场化、法治化为导向，以"科创＋产业＋金融"为抓手，以高标准创新能力建设为支撑，促进长三角基层加强合作和跨行政区域协调联动，着力打造科技创新策源地、世界级产业集群、产城融合典范、一流营商环境，形成资金共同投入、技术共同转化、利益共同分享的协同创新共同体，建设中国制造迈向中国创造的先进走廊、科技和制度创新双轮驱动的先试走廊、产城融合发展的先行走廊。2022 年 6 月，上海市第十二次党代会报告提出，"围绕高水平科技自立自强，深化区域创新协同攻坚，高水平共建长三角国家技术创新中心，

进一步打响 G60 科创走廊品牌"。同年 12 月，中共上海十二届市委二次全会强调，"长三角一体化发展要依托虹桥国际开放枢纽、长三角生态绿色一体化发展示范区和长三角 G60 科创走廊，不断完善市场化机制，强化一体化发展的内生动力"。

随着九城市高质量一体化的发展，其影响力、竞争力加速提升。2018 年至 2021 年，九城市 GDP 总量占全国比重从 1/16 上升到 1/15，地方财政收入占全国比重从 1/15 上升到 1/12，市场主体数量占全国比重从 1/18 上升到 1/16，高新技术企业占全国比重从 1/12 上升到 1/10，登陆科创板的企业家数占全国的 1/5。长三角 G60 科创走廊重大创新成果列入庆祝新中国成立 70 周年大型成就展，先后被国务院评为供给侧结构性改革典型案例、全国高质量发展十大地区之一，高质量发展典型经验得到中央、国家部委、市委市政府充分肯定并总结推广，央视新闻联播、人民日报等中央和市级媒体争相聚焦报道。

（二）松江新城：长三角地区具有辐射带动作用的综合性节点城市

2017 年，《上海市城市总体规划（2017—2035 年）》提出建设包括松江在内的五大新城。2020 年，上海市委明确"中心辐射、两翼齐飞、新城发力、南北转型"的空间新格局，把松江等五个新城建设摆在突出位置。

松江新城规划面积 158.4 平方公里，围绕"一廊一轴两核"打造未来发展战略空间和重要增长极。"一廊"即长三角 G60 科创走廊，体现科创驱动发展的核心动力。"一轴"即城乡统筹发展轴，纵横松江南北、联动城市乡村，促进均衡全面发展。"两核"即"松江枢纽"核心功能区，打造"产城一体""站城一体"的要素资源配置重要门户枢纽；"双城融合"核心功能区，着力促进松江新府城和松江大学城的深度融合。

松江新城聚焦"四大重点区域"塑造新城发力亮点。其中，松江枢纽核心区面积 2.47 平方公里，9 台 23 线接入沪昆高铁、沪苏湖高铁、沪昆普速铁路等国家骨干线路，年均客流量达 2000 万人次，通达 80% 以上长三角主要城市，围绕 G60 科创产业、科技影都、立体枢纽、低碳城区四大特色，打造面向长三角和面向全国的上海西南门户枢纽以及站城一体、具备上海城市副中心能级的新城南部中心。上海科技影都核心区打造全球影视科技体验总部基地和未来影城融合智慧生态社区，成为全球影视创制中心重要承载地、上海文化大都市影视特色功能区。老城历史风貌片区依托松江人文资源禀赋和历史文化遗存，通过植入旅游休闲、文化创意、复合居住功能，传承、更新、提升历史文化遗产价值，建设成为集文物保护与文旅融合发展的传统风貌区。产城融合示范片区包含东西两部分，东部片区含中山国际生态商务区、工业区一期、东部经济技术开发区、车墩片区、新桥片区和G60漕河泾园区（G60科创中心）等，重点提升产业能级、推动产业用地更高质量发展；西部示范区含西部经济技术开发区、小昆山片区等，推进建设集制造、研发、服务多元功能于一体的产业社区。

（三）松江枢纽：面向长三角和全国的上海西南门户

2010年10月，沪杭高铁建成开通，沿线新建的松江南站同步投入运营。近年来，借助长三角G60科创走廊高质量跨越式发展契机，松江南站走向转型升级。2022年6月30日，上海市政府正式批复《松江新城SJC1-0017单元（松江枢纽核心区）控制性详细规划修编》，松江枢纽建设进入新阶段。作为新城发力的战略支点，"松江枢纽"建成后，通达80%以上长三角主要城市，年客流量超2100万人。

松江枢纽核心区规划范围北至沪杭铁路、南至申嘉湖高速、西至毛竹港、东至松金公路，总面积约3.99平方公里，总建筑量约442万平方米。其中，松江枢纽示范样板区面积2.47平方公里，总建筑量约300万平方米。围绕"出站即中心"理念，松江枢纽核心区集聚G60科创走廊沿线商务功能，展现"科技芯·世界窗"目标愿景，打造面向长三角和面向全国的上海西南门户枢纽，集区域高端商务、新城公共中心于一体的"站城融合"的综合性新城中心。

松江枢纽规划构建"十字双轴、四区联动"的总体空间结构。十字双轴为玉阳大道、人民南路，加强商业、商务、文化等核心功能集聚，打造亲站活力界面与功能融合街区。站前商务区集聚区域总部服务功能，营造站—产—城融合共生的崭新都市生活场景，规划以办公、商业、住宅等用地为主；枢纽创芯区基于交通中心与周边用地的一体化开发，与交通空间紧密结合，打造商业、文化、艺术体验目的地，规划以商业、办公、文化、研发等用地为主；创智实践区构建高品质滨水科创产业园区，以研发办公等用地为主；宜居生活区打造满足各类人群居住需求的宜居社区，设置1处区级医疗卫生设施与1处级体育设施，规划以居住、公共服务等用地为主。

以"松江枢纽"为核心，松江作为上海西南门户，着力打造覆盖长三角主要城市的一小时交通圈。以"松江枢纽"为核心的国家高铁网、轨交地铁网、有轨电车网和地面公交网"四网融合"，形成独立的综合交通体系框架，实现"30、45、60"的出行目标，即30分钟实现内部通勤及联系周边中心镇，45分钟到达近沪城市、中心城和相邻新城，60分钟衔接国际级枢纽。

便利市民出行之余，松江枢纽有效带动和激活松江新城南部区域功能提升、带动长三角G60科创走廊九城市科创要素集聚共享。从"松江枢纽"现代物流体系示范集聚区打造铁路、水路、陆路多式联运的智慧物流港；到持续放大高铁时代"同城效应"，进一步激发人流、物流、资金流、信息流等高端要素加速集聚；再到以空间为载体、以枢纽为引擎的"站城融合"综合性新城中心为长三角一体化发展深度赋能，"松江枢纽"成为上海打造国内大循环的中心节点和国内国际双循环战略链接的重要枢纽之一，服务上海和长三角率先形成新发展格局。

回首过去，十年唯实唯干，十年拼搏奋进。松江区在习近平新时代中国特色社会主义思想的引领下，始终坚持以人民为中心，秉持新发展理念，成功走出一条"科创、人文、生态"现代化新松江道路。

展望未来，责任无比重大，使命无上光荣。党的二十大描绘了以中国式现代化全面推进中华民族伟大复兴的宏伟蓝图，松江全区广大干部群众将始终发扬"秉持新发展理念，改革辟路、创新求实，唯实唯干、拼搏奋进"的新时代松江精神，坚持一张蓝图绘到底干到底，在多重目标中寻求动态平衡，在高质量发展中寻求系统优化，在参与国内外竞争合作中提升城市能级和核心竞争力，积极构筑新时代发展战略新优势，创造新时代松江高质量发展新奇迹。

经济建设

2018 年 7 月 18 日，G60 脑智科创基地合作协议在松江签署，并揭牌成立中国科学院脑科学与智能技术卓越创新中心（上海松江）和上海脑科学与类脑研究中心（松江基地）

克隆猴技术和脑智科创基地落户 G60 科创走廊

2018 年 7 月 18 日，中国科学院脑科学与智能技术卓越创新中心和上海市松江区人民政府共同成立"G60 脑智科创基地"，同时"中科院脑科学与智能技术卓越中心（上海松江）""上海脑科学与类脑研究中心（松江基地）"在松江正式挂牌，以克隆猴技术为代表的脑科学与类脑科学技术正式落户上海松江 G60 科创走廊。

建设 G60 脑智科创基地，是中科院、上海市和松江区面向国家重大需求，解决"卡脖子"问题做出的一项重大部署。"G60 脑智科创基地"项目主要包括脑科学与类脑智能产业发展平台、后期产业化平台等核心功能，以"克隆猴"技术为基础，推动重大脑疾病模型研发和产业化，服务"健康中国 2030"国家重大需求，解决脑重大疾病诊断、干预和治疗的关键技术难题。该项目以实现"国家级脑智技术和研发与产业化基地、长三角创新脑疾病诊治研发和产业辐射源点"为愿景，打造覆盖基础研发—转化研究—成果产业化全链条的功能体系，为创建脑科学与类脑技术等高新领域的龙头企业、培育相关产业领域的"独角兽"，为松江区建设长三角地区脑科学与智能领域新高地、上海市建设具有全球影响力的科创中心作出贡献。

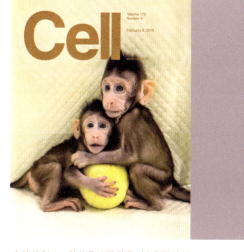

全球首创——体细胞克隆猕猴（中科院神经科学研究所），入选国际顶尖杂志 Cell 杂志，位列 2018"中国科学十大进展"之首

中国科学院脑科学与智能技术卓越创新中心已取得多项世界领先成果，如体细胞克隆猴技术的突破和类脑智能芯片。2018 年初，中国科学院神经科学研究所在世界上首次实现了非人灵长类动物的克隆，被国际生物界评价为近 20 年来全球生物科技里程碑式突破。

2019 年 1 月 23 日，松江区与中国科学院神经科学研究所在佘山"G60 脑智科创基地"进行"生物节律紊乱体细胞克隆猴模型"重大成果发布会，这是国际上首次成功构建一批遗传背景一致的生物节律紊乱猕猴模型。该项成果 1 月 24 日在线发表在权威综合英文期刊《国家科学评论》上。该成果表明中国正式开启了批量化、标准化创建疾病克隆猴模型的新时代，为脑认知功能研究、重大疾病早期诊断与干预、药物研发等提供新型高效的动物模型。

2020 年 6 月 30 日，推进 G60 脑智科创基地建设合作签约暨二期开工仪式在佘山举行。上海市科委与松江区政府就推进脑科学研究与产业化签署了合作框架协议，双方围绕提升科研创新策源能力、推进高新技术成果转化、发展脑智医药产业、优化创新创业环境、提升科普服务能力等方面进行全面合作，共同推进 G60 脑智科创基地建设。

科大智能厂房

科大智能机器人产业基地：
工业机器人及类脑人工智能技术研发和产品孵化的核心基地

2017 年 1 月 18 日，科大智能机器人产业基地奠基仪式在松江区洞泾镇工业区举行。科大智能项目从 2016 年 8 月正式启动、破土动工，到 2018 年 7 月初园区 A 区正式投入使用，历时不到 2 年。

科大智能项目推进过程中，松江区独创"微信群审批制度"。区长坐镇微信群，科大智能项目方的负责人提出问题，群里的分管副区长、项目行政审批的各委办局一把手负责解决，并时时跟进项目进展，打破行政审批时间和空间的界限。这一制度是松江推进供给侧结构性改革、优化制度供给的一次尝试。

科大智能机器人总部园区落户松江还有一段被人津津乐道的故事。当时，因为土地指标的问题，这个 G60 科创走廊的标志性项目差点与松江失之交臂。该项目如今所在的 300 亩地，原本规划为房地产用地，后来被成功调整为先进制造业用地。"这 300 亩土地如果用于房地产开发，再加上后期房产的税收，保守估计能有数十亿元收益"。上海洞泾经济技术开发有限公司相关负责人算了一笔账，相比于科大智能的 4.5 亿元年税收，显然是房地产"来钱快"。是发展房地产，还是先进制造业？松江区委结合松江作为上海先进制造业和实体经济新高地的定位，最终决定将土地减量化腾出的指标优先用于先进制造业的发展，科大智能成为首批受惠者。同样，海尔智谷、修正药业、库卡柔性系统、豪威半导体等一批战略性新兴产业重大项目也得以顺利落地。以土地要素供给为着力点，推动先进制造业发展，实现经济"脱虚向实"，转型升级。

2016 年 12 月，科大智能携手复旦大学类脑智能科学与技术研究院，建立联合实验室，聚焦"基于类脑人工智能"的应用研究方向，结合"人工智能＋产业"的理念，成为类脑智能研究与技术应用的产学研示范平台。双方团队就机器学习、计算机视觉、自然语言处理等多个方面开展了科研项目产业化工作，实验室已成为服务机器人技术、影像智能分析系统、智能物流、智能电气的研发与产业化基地。

科大智能机器人总部园区是总面积 30 余万平方米的智能机器人产业基地，聚集人工智能研究院、机器人研发中心、未来人工智能机器人展示馆等，用于工业机器人、人工智能、服务及特种机器人的技术研发和产业化推广，也是工业机器人及类脑人工智能技术研发和产品孵化的核心基地。

链接二：

腾讯长三角人工智能先进计算中心及产业基地开工建设

2020 年 6 月 6 日，腾讯长三角人工智能先进计算中心及产业基地项目在松江经济技术开发区开工。

该项目总投资 450 多亿元，产业园区占地 236 亩，承担各种大规模 AI 算法计算、机器学习、图像处理、科学计算和工程计算任务，并以强大的数据处理和存储能力为全社会提供云计算服务。该先进计算中心凭借在松江建设 1 个中心（腾讯长三角人工智能先进计算中心）、2 个世界顶尖实验室（优图实验室、科恩实验室）、1 个产业基地（云启基地），成为长三角最大人工智能先进计算枢纽，规模达到全国第一、亚洲前三。

腾讯长三角人工智能先进计算中心 220 千伏主站送电成功 （蔡斌 摄）

　　腾讯长三角人工智能先进计算中心及产业基地项目是长三角一体化又一重要项目，也是上海新基建的标志性项目。2020年3月31日上海市松江区政府与腾讯公司签约，5月27日完成土地摘牌，5月30日拿到项目桩基施工证，6月6日开工建设，前后仅用68天，创造了纪录；3天拿下施工许可证，体现了上海市、区两级共同服务企业发展，双方团队紧密合作、奋力拼搏的精神，创造了"上海速度""腾讯速度"和"松江速度"。

　　2021年6月4日，腾讯长三角人工智能先进计算中心两路220千伏外线一次送电成功，是园区建设的重要里程碑，也标志着首期数据中心的交付进入冲刺阶段。腾讯长三角人工智能先进计算中心建成对于松江的经济收益以及人工智能产业发展、松江的企业、家庭、个人都会产生巨大的积极影响。

国科 G60 数字智慧产业园效果图

全面构建"科创走廊 + 数字云城 + 智慧枢纽"数字化转型

　　2021 年 8 月 9 日，国家科技部火炬中心 2021 年度创新型产业集群试点（培育）名单公布，"松江 G60 科创走廊数字经济创新型产业集群"成为全国首个数字经济领域纳入国家试点（培育）的创新型产业集群。松江新城 G60 数字经济创新产业示范区被授牌全市首批数字化转型示范区。

　　基于此，松江持续发挥数字领域科创优势，围绕"数智 G60"品牌，重点聚焦工业互联网、人工智能、信创商密、卫星互联网等数字经济产业，着力打造"松江新城 G60 数字经济创新产业示范区"，全面构建"科创走廊＋数字云城＋智慧枢纽"的数字化转型功能框架。

工业互联网领域，在"工业互联网国家新型工业化产业示范基地"金字招牌的带动下，松江已集聚工业互联网相关企业 250 余家，工业互联网生态服务涵盖沪苏浙皖等 12 个省市，赋能企业超 30 万家，海尔卡奥斯、用友精智、徐工汉云等一批在全国具有广泛影响力的国家级工业互联网平台纷纷入驻，长三角 G60 工业互联网创新应用体验中心也在此建成启用。

人工智能领域，依托腾讯长三角人工智能先进计算中心及洞泾人工智能国家火炬特色产业基地，松江拥有 20 多家"超算生态"企业、100 余家 AI 重点企业，基本形成"上游核心零部件制造—中游本体制造—下游系统集成服务"完整人工智能产业链，目标是世界级人工智能先进计算枢纽。

信创商密领域，通过引入国家级商用密码检测平台、上海金融信创联合攻关基地、上海信创工程适配中心等科创平台，松江已汇聚中电科上海华诚金锐、上海海量电子等信创和商密领域重点企业 70 多家。

卫星互联网领域，松江启动总投资超 300 亿元的"G60 星座"计划，已成功发射 5 颗试验卫星，初步建成长三角首个卫星制造"灯塔工厂"，可年产卫星 300 颗。同时，北斗时空（上海）大数据融合应用产业基地、航天宏图长三角卫星运营中心等重大项目正加快推进，"天地一体"基础网络建设正加速布局。

松江通过升级产业链、激活创新链、构建生态链，推进"三链"深度融合，着力提升数字产业能级，着力突破关键核心技术，着力完善数字产业生态，构建"数字松江"新发展格局。

链接一：

成为全国首个工业互联网领域的
国家新型工业化产业示范基地

2018 年，松江成为全国首个工业互联网领域的国家新型工业化产业示

海尔工业互联网平台

范基地。2022 年，临港松江科技城获评全市首个也是当时唯一一个"上海市工业互联网标杆示范园区"。

2017 年，具有中国自主知识产权、全球首家引入用户全流程参与体验的工业互联网平台——海尔卡奥斯 COSMOPlat 落户松江。2018 年 2 月 27 日，海尔 COSMOPlat 获批"基于工业互联网的智能制造集成应用示范平台"，成为全国首家国家级工业互联网示范平台。在互联网时代，中国终于诞生了自己的国家级工业互联网平台。2022 年 7 月，世界 500 强、全球工业互联网领域龙头企业海克斯康双智赋能中心项目落户临港松江科技城。

松江聚焦工业互联网创新发展，积极开展以"平台＋生态"为核心、"基地＋基金"为着力点、"供给＋需求"为切入点的创新模式探索，逐步形成了平台相对高端、应用较为丰富、产业相对集聚、生态较为完整的新型工业互联网产业体系。截至 2022 年，松江聚集的工业互联网上下游产业链相关企业中有工业互联网平台 8 家、工业互联网专业服务商 33 家、网络供应商 4 家、网络安全供应商 20 家。此外还有智能硬件企业 189 家、工业互联网领域创新中心 14 家、数据中心 4 家、工业互联网人才培养公共服务平台、国家级商用密码检测中心等。松江工业互联网生态服务已辐射沪、苏、浙、皖等 12 个省市，赋能企业超过 30 万家，连接设备超过 380 万台，带动企业降本 8.6%、提质 7.2%、增效 10.5%，为长三角乃至全国的工业互联网产业创新发展起到了示范作用。

"松江"号、"G60"号卫星发射成功

"松江"号、"G60"号卫星发射成功

2021年8月4日，长征六号运载火箭在太原卫星发射中心成功将名为"松江"和"G60"的两颗多媒体贝塔试验A/B卫星送入预定轨道，从此太空中有了两颗以松江元素命名的卫星，进一步提升长三角G60科创走廊国家战略影响力。

全球多媒体卫星互联网项目自落户松江以来，已完成上海市战略性新兴产业发展项目卫星的研制，分阶段、分步骤、有序验证高速数据载荷、相控阵天线、激光星间链路、高速路由交换等国际先进的关键技术。自2019年底首批卫星发射成功，到此次成功发射2颗贝塔卫星，已完成全部实验卫星的发射，位于车墩镇的地面运控站已完成首期建设并成功进行了跟星和通信测试。卫星互联网产业作为"松江G60科创走廊数字经济创新型产业集群"重点工程之一，正在打造以全球多媒体卫星网络为代表的低轨道、高通量卫星网络产业集群，并向国家科技部申请创新型产业集群。

"G60 星座"产业基地项目效果图

链接三:

"G60 星座"打造长三角首个卫星制造"灯塔工厂"

2021 年 11 月 26 日,松江牵头的长三角 G60 科创走廊九城市"G60 星座"计划发布,"G60 星座"产业基地启动建设。该项目位于临港松江科技城,由松江区、联和投资、临港集团三方共同打造,总投资超 300 亿元,发挥国家级新型工业化产业示范基地的优势,初步建成长三角首个卫星制造"灯塔工厂",打造"G60 星座产业园",以卫星产业制造业引领带动区域传统制造业升级迭代。

项目规划分三期建设,一期项目占地面积 120 亩,建筑面积 20 万平方米,建设数字化卫星制造工厂、卫星在轨测运控中心、卫星互联网运营中心。其中,卫星工厂的设计产能达到 300 颗 / 年,单星成本下降 35%。"十四五"期间完成"152"工程:即建成 1 个全球低轨卫星通信星座,建成面积超 500 亩的卫星互联网产业集群,形成规模超 200 亿的卫星互联网产业创新应用生态。

该项目围绕卫星装备制造主链条，推进卫星互联网领域高端资源的集聚、整合和优化，构建规模化高端制造、卫星网络运营、相关产业衍生培育孵化等协同的多层次产业布局形态，打造全国性的卫星互联网产业高地，为国家高科技产业的创新发展先行先试，提供可复制、可推广的经验，形成具有国际国内引领效应的"天地一体、万物互联"卫星产业标杆示范。截至2022年9月，"G60星座"计划已成功发射5颗试验卫星。

长三角 G60 科创走廊九城市大批企业加入国产大飞机产业链

大飞机产业链：央地融合与先进制造业产业链协作的典范

2020 年 6 月 18 日，中国商飞·长三角 G60 科创走廊产业链合作大会在上海松江召开，合作方围绕服务长三角一体化发展国家战略，以长三角 G60 科创走廊为载体，共建大飞机产业链，打造央地融合与先进制造业产业链协作的典范。

2022 年 8 月 1 日，中国商飞宣布国产大飞机 C919 完成取证试飞。被誉为"工业之花"的航空工业产业链长、辐射面宽、连带效应强，商业大型客机制造对国民经济和科学技术的发展有着重大的带动作用。

作为 G60 科创走廊九城市日常联系的负责单位，长三角 G60 科创走廊联席办成立由九城市经信部门牵头的商飞·G60工作专班，建立供需对接调研摸排、跟踪反馈、研讨分析的常态化合作机制，先后与飞机制造厂、航研所、产促中心、创新谷等开展联合调研100余次，召开各类座谈会、工作推进会50余次，及时掌握商飞产业链供应链合作需求，列出需求清单100余项。在帮助中国商飞完善产业链供应链的过程中，G60联席办逐步探索出一套以跨区域合作为基础，以链助企业来推动固链补链强链的全新合作模式。

此外，联席办与商飞共同建立COMAC创新研究计划(CIRP)，旨在通过创新研究基金引导高校、科研院所开展民机领域的创新研究。2021年，商飞依据这一计划所达成的合作事项，发布了13项大飞机相关专业课题，诚邀各地高校联合攻关破解课题。

在大飞机的研发和生产过程中，为了打破信息壁垒、向产业链上下游配套企业传递合作需求信息，松江充分利用"G60科创云"要素对接平台，该平台的累计注册用户超13万，完成供需对接2.3万次；邀请商飞采供部、上飞院、上飞厂主要负责人为G60九城市企业开展线上线下专题培训会，累计超10万家企业参与培训，实现了需求端和供给端的无缝对接；连续举办四届G60科创走廊科技成果拍卖会，2022年总成交额突破50亿。松江区的这一创造性做法增加了产业链中市场主体的需求，也使得科技成果运营交易得到越来越多市场主体的关注。

在大飞机装机设备领域，2021年，九座城市中有14家企业被列入了商飞的合格供应商名单、3家企业列入商飞的潜在供应商、近千家企业纳入储备库，其中124家企业作为首批重点培养对象。在中国商飞所需的特殊工艺材料类方面，从2020年16家企业40余种产品完成供应对接，到2021年25家企业及70种产品完成供应对接，实现了九城市"从0到1""从1到N"的突破。

C919国产大飞机的发展，不仅在中国首次推出自主知识产权的现代商用大飞机产品，还在中国逐步建立起一张有韧性和带动作用的产业链、供应链网络，长三角G60科创走廊对于国产大飞机产业链、供应链的构建，发挥着重要作用。

2018 年 12 月 20 日，G60 科创走廊机器人产业联盟成立大会暨新产品发布会

链接：

围绕产业链部署创新链，搭建"1+7+N"产业联盟体系

长三角 G60 科创走廊自建设以来，始终对标国际一流，持续推动产业链、创新链、供应链、人才链、价值链的深度融合，九城市"磁吸效应"持续增强，探索出区域高质量协同发展的一条新路径。

长三角 G60 科创走廊聚焦集成电路、人工智能、生物医药等战略性新兴产业，加快建设世界一流先进制造业产业集群，九城市围绕产业链部署创新链搭建了"1+7+N"产业联盟体系。其中，"1"是依托苏州工业园区成立产业园区联盟；"7"即九城市发挥各自产业优势，围绕集成电路、人工智能、生物医药、高端装备、新能源、新材料、新能源汽车七大战略性新兴产业成立产业联盟；"N"即若干分联盟。包括先后成立新材料（金华）、机器人（芜湖）、智能驾驶（苏州）、新能源（宣城）、新能源和网联汽车（合肥）、人工智能（松江）、生物医药（杭州）、集成电路（苏州）、智能装备（湖州）、智慧安防（松江）、通航产业（芜湖）等 16 个产业联盟，在合肥、松江、苏州、金华、宣城、湖州、芜湖等地挂牌成立 11 个产业合作示范园区。

荣获"全国质量强市示范城市"称号

2016 年, 国家质检总局发布公告, 正式命名上海市松江区为"全国质量强市示范城市", 松江成为直辖市中首个荣获这一称号的区县, 示范期为 2016 年 2 月至 2019 年 2 月。这标志着松江区实施质量强区战略、全面提升区域总体质量水平, 取得重大阶段性成果。在上海市 2021—2023 年质量提升三年行动计划里, 明确提出国家级质量示范街镇创建工作, 松江区是全市唯一的"全国质量强市示范城市"。

2012 年 1 月, 松江区委、区政府在全市率先提出实施质量强区战略, 并制定《松江区关于实施"质量强区"战略若干意见》和《松江区争创"全国质量强市示范城市"行动计划》等重要文件。松江区以"魅力松江、崇尚质量"为城市质量精神, 从形成质量强区工作机制入手, 探索形成以纳入国民经济和社会发展规划、纳入政府年度工作报告、纳入财政预算、纳入政府绩效考核、纳入领导班子和领导干部综合评价为内容的质量工作"五个纳入"经验做法, 被写入上海市政府文件及上海市地方标准, 成为上海市推进质量发展工作的重要举措。此外松江区还重点推进行政审批制度改革、区长质量奖等工作。

松江食品生产量占全市的六分之一, 出口食品量占全市的五分之一。全区有种植养殖场 39 家, 食品加工企业 294 家, 其中包括百事、统一、箭牌和雀巢等知名品牌。2014 年 3 月, 松江区获"国家级出口食品质量安全示范区"授牌, 成为上海首个"国家级出口食品质量安全示范区"。同年, 荣膺"质量之光"全国十大质量魅力城市称号。

2016 年以来, 松江区结合区域产业特点与发展方向, 坚持每年新增一个区级质量提升重点产业, 从医械、养老到新材料领域, 着力打造出引领区域高质量发展的"产业引擎"。以医械行业为例, 2020 年, 在质量提升行动的带动下, 松江区医疗器械行业产值突破 30 亿元, 同比增长

松江获评 2014 年度"质量之光"全国十大"质量魅力城市"

66.18%，产品抽检合格率连续两年达到 100%，并涌现出昊海生科等一大批质量竞争力强的标杆企业。

在强化区域内产业质量建设的同时，松江区将质量工作作为加速推进长三角 G60 科创走廊建设的重要着力点，牵头并推动长三角 G60 科创走廊九城市开展质量发展协作共建，常态化举办长三角 G60 科创走廊质量标准论坛，参与航空航天材料等 4 项长三角质量提升示范试点项目建设。2021 年 11 月，制定发布长三角 G60 科创走廊高质量发展指标体系，以高质量发展作为根本目标和核心内涵，围绕创新、协调、绿色、开放、共享等五大发展理念设定了 85 项评估指标，客观评价长三角 G60 科创走廊的发展成就和发展水平。

在推进质量工作创新先试、高质量发展的道路上，松江区始终坚持真抓实干，在上海市对区政府质量工作考核中连续八年获得"A 等"，并六次获得优秀。2021 年，国务院对 2020 年推进质量工作成效突出的 10 个市、区表扬激励，松江区作为全市唯一一个区位列其中。2022 年，松江成功获评全国首个地级市"诚信计量示范区"荣誉称号，累计 6 家企业通过"上海品牌"认证。

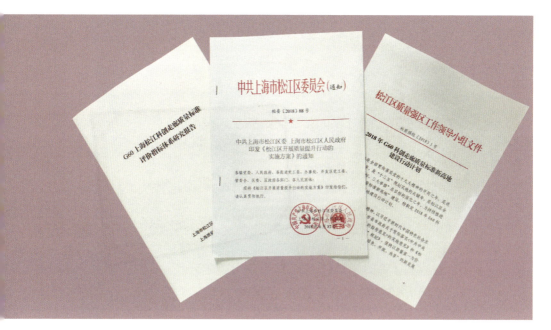

2018年，松江区围绕质量提升发布的相关报告、通知、文件

链接一：

区政府质量奖驱动松江高质量发展

2012年，松江区设立区长质量奖，作为松江区人民政府设立的最高质量荣誉。2016年，松江区将区长质量奖全面升级为政府质量奖，在全市区级层面首个分级设立区长质量奖、区质量金奖和区质量创新奖。

质量变革是提升全要素生产率的必然选择，也是实现高质量发展的必然途径。从2012年的永大电梯到2021年的上海航天精密机械研究所，松江区十年磨一剑，已连续开展9届区政府质量奖评审，共有74家组织和15名个人获得区政府质量奖，获奖组织与个人数量在上海市各区中位列第一，涌现出了昊海生科、正泰电气、飞科等一批质量标杆。近年来，松江支持引导企业和园区参与标准化建设，积极开展上海市标准化试点项目创建，例如上海航天精密机械研究所承担"镁合金材料研发应用标准化"项目试点期间，积极参与镁合金相关的政府类标准制修订，共取得16项上级标准的立项。截至2021年12月，松江区共有各级标准化试点108项，其中国家级14项；企业主导或参与政府类标准制修订累计501项，其中国际标准4项、国家标准336项。

2019 年 3 月 14 日，上海松江昊海生科国际医药研发及产业化基地暨松江区一季度产业项目集中启动仪式举行

链接二：

"昊海生科"成为松江首个登陆科创板的企业，
也是首家"H+科创板"生物医药企业

2019 年 10 月 30 日，中国生物医用材料领军企业上海昊海生物科技股份有限公司登陆科创板正式上市交易，成为松江首个登陆科创板的企业，也是首家"H+科创板"生物医药企业。

昊海生科此次募集的资金主要投向"上海昊海生科国际医药研发及产业化项目"。该项目 2019 年年初被写入上海市 2019 年政府工作报告，3 月 14 日在国家级上海松江经济开发区奠基。昊海生物科技国际医药研发及产业化项目占地 208 亩，以攻克"卡脖子"技术促核心产品落地。

昊海生科一直专注于医用生物材料市场，经过多年的积累，凭借多项成熟"硬科技"，公司在眼科、医美、骨科、外科四个快速增长的细分领域成长为隐形冠军。公司已跃居全球第七大人工晶状体生产商；连续 14 年蝉联国内眼科粘弹剂、手术防粘连剂市场份额冠军；连续 7 年位居国内骨科关节腔粘弹补充剂市场份额第一；连续 7 年占据国内外用重组人表皮生长因子市场第二。依托科技创新与市场营销一体化的高效管理，昊海生科已发展成为中国医用生物材料领域的领军公司，并以 H 股方式于 2015 年 4 月 30 日在香港联交所主板上市。

全国首个跨区域"质量标准"金融服务协议签约仪式

链接三：

全国首个跨区域质量标准金融服务

  2022 年 8 月 26 日，长三角 G60 科创走廊九城市政府首次跨区域共同启动"质量月"活动，并发布了全国首个跨区域质量标准金融服务方案，包括"G60 质量贷""G60 标准贷"，在松江获得过国家、省、市、区质量相关奖项或参与国际、国家行业标准制订的领先企业，可享受额度最高达 8000 万元的纯信用贷款，贷款期限最长可达 3 年。这是上海金融信用产品在质量标准领域的探索创新，通过金融创新放大质量标准效应，支撑质量标准先进企业做大做强。9 月 22 日，全国首个跨区域"质量标准"金融服务协议签约落地，标志着长三角 G60 科创走廊策源地松江在金融赋能质量标准上取得了新的突破。

  长期以来，松江区委、区政府高度重视质量标准工作，持续巩固深化"全国质量强市示范城市"创建成果，坚持将实施质量强区战略、打造长三角 G60 科创走廊"质量标准新高地"作为推动区域经济社会发展的重要举措，全区质量和标准化工作一直走在全市前列。

"零距离"审批代办服务中心

打造一流营商环境的"零距离"综合审批制度改革

  2018 年 2 月 22 日，松江区正式发布并全面实施《松江区 G60 科创走廊产业集群发展"零距离"综合审批制度改革方案》，以大幅削减审批环节和时限、降低创新创业成本、实现全要素供给集约高效配置，加快促进产业集群发展为目标，以"简政放权＋互联网＋店小二"为要义，制定成立集中审批中心；简化项目审批流程；建立区域综评机制；推行全流程预审；提供全程代办服务；提高土地节约集约利用水平；深化互联网政务服务；推进"证照分离""多证合一"改革等八项改革举措。

  为了打造一流的营商环境，松江区早在 2012 年 6 月和 2013 年 8 月，就分别出台了《关于深化产业项目行政审批改革的意见》和《深化建设工程项目行政审批改革的意见》，将产业项目审批时限压缩了三分之二。2016年8月，为助力G60科创走廊建设，区政府又出台了《关于松江区重大工程和重要民生工程行政审批"绿色通道"实施办法》，对重点产业项目和重要民生工程行政审批流程进行了再优化。2017年9月起，为进一步服务G60科创走廊先进制造业产业集群发展，松江区聚焦制度创新，深入调研，历时半年研究制定了"零距离"综合审批制度改革方案。2019年，松江区根据市委、市政府2月18日召开的进一步优化营商环境会议精神，以及时任市委书记李强在《关于国办召开迎接2019年世行营商环境评价专题会议的情况汇报》上的批示要求，结合本区实际，制定并发布了《松江区进一步深化"零距离"改革、优化营商环境，推进G60科创走廊高质量发展的工作方案》，将"零距离"综合审批制度改革推向纵深。

"零距离"综合审批制度改革主要是通过行政审批制度改革，提供精准、有效的制度供给，最终达到让制度性交易成本趋向于无穷小，让政务服务和企业的密切度趋向于无穷大，让政府的办事效率趋向于无穷高的目的，为企业发展创造更加便捷高效的环境，吸引更多国内外优秀企业青睐、落户并扎根G60科创走廊。

2018年3月26日，松江发出审改以来全市第一张社会投资项目施工许可证，创下2个工作日的审批"松江速度"，市联审平台信息报送项目数量松江区居全市首位，占比达全市的四分之一。3月31日，发出全市首张"一窗通"营业执照，所有新设企业可在5日内领取发票、开展经营。11月26日，仅用1个工作日，发出首张全流程项目竣工验收备案证。2018年一季度，海尔智谷、正泰智电港、佐济智能安防、德脉电气等22个先进制造业项目集中开工。

"零距离"改革实施后，时任市委书记李强于2018年4月29日作出批示，充分肯定了松江区的工作。5月，市委督查室、市审改办先后来松江就改革情况进行现场检查、调研，徐汇区、浦东新区、金山区相关部门陆续来松江参观学习，佛山、大连、西双版纳及G60科创走廊其他地市也先后前来学习考察，对松江改革举措和成效给予了高度评价。

2018 年 8 月底，国务院督查组对松江区"零距离"改革成效给予高度评价，并将其作为深化"放管服"改革的典型案例上报国务院。松江连续两年代表上海接受世界银行测评，以优异表现助力中国营商环境全球排名从 2018 年的第 78 位跃升至 2020 年的第 31 位。

链接一：

G60 科创走廊成立金融服务联盟，搭建综合金融服务生态链

长三角 G60 科创走廊深化落实央行"15+1"条金融支持政策，成立 G60 金融服务联盟。该联盟由银行、券商、投行、基金等各类金融机构组成，聚焦融资难、融资贵等问题，依托上交所资本市场服务基地，精细化运作，为企业搭建债权、股权、融资租赁、科创板上市等综合金融服务生态链。截至 2022 年，成员单位已拓展到 428 家。

2019 年 2 月 15 日，G60 科创走廊九城市与上海证券交易所签署战略合作，联合编制 G60 科创走廊指数。双方以上交所单市场形式分别设立

上海证券交易所资本市场服务 G60 科创走廊基地揭牌

"G60 综指"和"G60 成指",重点涵盖 G60 科创走廊九城市区域内所有在上交所上市企业,培育拟上科创板企业,实体化运作上交所资本市场服务长三角 G60 科创走廊基地。

2019 年 11 月 8 日,中国人民银行发布《金融支持长三角 G60 科创走廊先进制造业发展综合服务方案》,推出"信用类科技贷"等 15 条政策措施,G60 综合金融服务平台正式运营。截至 2022 年 7 月,已实现 6 个城市线上平台共联,授信融资总额 1.9 万亿元;推出"G60 科创贷"、批次包等专属科技金融产品,试点跨区域联合授信。

2020 年 2 月 14 日,G60 科创走廊先行先试发行"双创债",合力为科创企业提供金融"活水"。"双创债"与传统的银行贷款相比,具有周期长、门槛低、发行利率低等特点,有利于拓宽科技型企业的直接融资渠道,降低融资成本。截至 2022 年 7 月,累计发行"双创债"48 单,融资金额282.8 亿元,占同期全国已发行总规模的 1/6。

链接二:

"一网通办"拉近长三角距离

2018 年 9 月 28 日,G60 科创走廊九城市率先实施长三角"一网通办",发出首张全国异地办理营业执照和工业产品生产许可证。

同日,30 个事项在"一网通办"同步开通,全国首批 12 张跨省办理证照同步发放。同年 12 月 7 日,在松江实现首张营业执照跨省自助打印,成为打破行政区划、整合政务资源、推动长三角更高质量一体化发展的标志性工作。

在"一网通办"建立的过程中,发布了一系列方案。2018 年 7 月,发布《G60 科创走廊长三角"一网通办"试点方案》。方案着眼"简政放权 + 互联网 + 店小二"改革要义,以跨省市证照审批办理为重点,建立长三角"一网通办"试点机制,实现九城市企业证照"一体受理、一体办证",进一步降低长三角地区制度性交易成本,优化营商环境。2019 年 1 月,《长

2018 年 9 月 28 日，发放异地办理的工商营业执照

三角政务服务"一网通办"G60 科创走廊试点工作方案》发布，方案提出从 2019 年 1 月起在九城市区域内全面试点 30 个事项"一网通办"，着眼九城市综合服务专窗全覆盖、平台服务全面升级、线上全网通办、线下专窗联动等举措，有步骤、有计划地实践国家政务服务平台支撑功能率先落地，进一步强化长三角跨区域业务通办和政务信息数据互联互通。

长三角"一网通办"制度的建立，拉近了 3.0 版 G60 科创走廊内九城市之间的距离。2019 年 3 月，G60 科创走廊九城市被国务院办公厅确定为长三角政务服务"一网通办"工作试点区域。截至 2022 年 9 月，"一网通办"区级平台进驻部门 39 个、政务服务事项 2289 个，实现区级部门及事项线上办理全覆盖，网办及全程网办办件率均达 90%。

链接三：

优化人才服务，聚天下英才共建 G60 科创走廊

2020 年 12 月 30 日，松江发布关于打造长三角 G60 科创走廊众人青睐的人才发展生态的实施意见，以及 3.0 版长三角 G60 科创走廊"1+10"人才政策。

该政策重点从引进、培育、激励、环境等 4 个方面细化了 20 条措施，

G60 上海松江科创走廊人才服务专窗

力求构筑与长三角 G60 科创走廊发展相适应的人才制度，更加聚焦长三角 G60 科创走廊"6+X"产业人才发展需求，更加凸显人才优势，补齐人才服务短板。对作出卓越贡献的杰出人才，可给予最高 1000 万元购房补贴。

2017 年 11 月 14 日，郊区首家海外人才局（外国专家局）在松成立揭牌，为在松外籍人才提供业务办理、政策支持、配套服务等一揽子优质服务。2020 年 11 月 8 日，长三角 G60 科创走廊国家移民政策实践基地揭牌。率先建立了外国人工作、居留"单一窗口"，"一口式"办理外籍人才停居留和工作许可。

近年来，长三角 G60 科创走廊出台并深化落实九城市互认互通人才 18 条政策，创新不唯地域、不限年龄、不唯学历、不唯职称的人才积分制管理，筹措推出人才公寓约 1.5 万套，着力构建"政产学研金服用"创新体系，强化 G60 科创走廊大学科技园创新策源功能。截至 2022 年底，松江全区累计创建院士专家工作站 79 家，连续三年新增数排名全市前列。引进院士专家 329 名，其中院士 22 名，专家 307 名。近两年来，工作站累计与企业开展咨询交流 443 次，培养技术骨干 412 人，项目合作 163 项，产生科技成果 278 项，授权发明专利 103 项，松江院士专家工作站成为产学研合作的重要平台。

松江出口加工区升级为松江综合保税区

2018 年 9 月 4 日，国务院批复同意松江出口加工区整合优化为松江综合保税区。2019 年 10 月 28 日，松江综合保税区揭牌。这标志着松江出口加工区正式升级成为我国开放层次最高、优惠政策最多、功能最齐全、手续最简化的海关特殊监管区域，成为国家开放金融、贸易、投资、服务、运输等领域的试验区和先行区。

2018 年 9 月 4 日，国务院批复同意松江出口加工区整合优化为松江综合保税区

整合优化后的松江综合保税区规划面积为 4.15 平方公里，在保持原有业务的基础上，松江综合保税区聚焦"聚力建设 G60 科创走廊"的要求，依托 G60 科创走廊产业平台与资源，充分发挥综合保税区政策优势，全力支持电子信息代工企业转型升级，打造先进制造业集聚区和配套服务业集聚区。同时积极引进出口型先进制造业企业总部和贸易型企业总部，拓展国内国外两个市场的发展空间，努力打造成为拉动区域经济高质量发展的强劲引擎。

自挂牌以来，综合保税区抢抓转型机遇，以国务院"二十一条"和区政府《关于促进松江综合保税区高质量发展的实施意见》为依据，积极推动制度创新，在海关、税务、银行等单位的大力支持下，实现了多项制度"从 0 到 1"的突破。

2020 年 11 月 24 日，一批进口保时捷品牌整车抵达松江综合保税区，这是进口整车保税仓储展示功能在综合保税区首次落地，松江综合保税区也成为上海首家开展高端进口汽车保税展示业务的综合保税区。新推出的保税仓储功能意味着进口的车辆可在保税状态下存放于保税仓内，暂不缴纳进口关税和代征增值税、消费税，待产品进入国内市场才缴纳相应税款，大大降低车企的物流成本和资金压力。

2020 年，在税务和海关部门的支持下，综合保税区通过多次座谈沟通和调研，争取到了开展贸易类企业"增值税一般纳税人资格"试点，打破原有试点仅适用于加工贸易类企业的局限，成为上海唯一先行先试的综合保税区。除此之外，还积极实施了"分类监管""选择性征税""FTA 账户试点"和"医疗器械及食品经营公共注册仓"等制度创新。制度创新让优质企业纷至沓来，综合保税区曾经创下平均每两天就有一个新项目落地的"松江速度"。经过多年的高速发展，已经形成了以广达集团、富士康集团为龙头，区内配套企业共同发展的"雁行式"发展态势，打造了电子信息、集成电路、新能源、汽车配件、现代物流等"一业特强，多业发展"的产业布局。截至 2021 年底，综合保税区共落户 474 家企业，吸引外商总投资 24.5 亿美元。

近年来，松江综合保税区在工业总产值、贸易总额贡献、制度创新、新业态发展和培育等方面均交出亮眼成绩单：在 2020 年全国综合保税区发展绩效评估中取得全国第四、东部地区第三的历史佳绩，2021 年继续名列全国第四，东部地区第二，进出口总值位居全市综合保税区第一，2022 年名列全国第五，东部地区第三，全市综保区之首……成为上海乃至全国的进出口和转口贸易的重要平台，对外出口已经覆盖北美、南美、欧洲、日韩及东南亚等地区。在"双循环"新发展格局下，松江综合保税区已成为长三角地区链接国内、国际两个市场的核心枢纽。2022 年，松江综合保税区实现进出口总额 373.08 亿美元，比上年增长 4.3%。

上海松江出口加工区

松江工业区在全国创造4小时通关"松江速度"

2000年4月27日，松江工业区获国务院批准成为上海首个出口加工区。

松江出口加工区坐落于长三角G60科创走廊沿线，由A区和B区组成。A区位于松江工业区规划区域内，规划面积3.55平方公里，分二期建设，一期是全国首批15家出口加工区试点单位之一。在A区取得较大成功的基础上，国务院于2003年3月14日又批准设立松江出口加工区B区，位于松江科技园区内，规划面积2.98平方公里，2003年12月底封关运作。2001—2008年，松江出口加工区连续8年蝉联全国出口加工区进出口总额第一，并在全国创造了率先达到货物进出口4小时通关的"松江速度"。

2007年，松江出口加工区列入首批出口加工区功能拓展试点单位。2014年，作为首批复制上海自贸区政策的区域之一，松江出口加工区陆续引进跨境电商、保税展示两项新业务。2016年，松江出口加工区先后成为"企业增值税一般纳税人资格试点"和"仓储货物按状态分类监管"试点。

截至2019年6月底，松江出口加工区内累计有136家企业落户，其中规模以上工业企业33家，业务范围涵盖化妆品、酒类、食品、平行汽车、机器人等，税收总额28508万元，进出口总额128.62亿美元。

2013 年 3 月，经国务院批准，松江工业园区升级为国家级经济技术开发区

链接二：

松江工业区升级为国家级经济技术开发区

2013 年 7 月 10 日，具有 20 多年历史的上海市郊首家市级工业区——松江工业区正式改名，挂牌为国家级松江经济技术开发区。成功升级"国家队"后，松江经济技术开发区以国家级经济技术开发区的新身份，提升经济效益和社会效益，增强资产资本优质化的硬实力和管理服务精细化的软实力，实现园区由单一的工业经济向多元的综合经济转变，促进"产"与"城"的融合。

松江工业区的前身松江经济技术开发区建立于 1992 年 5 月，位于松江镇东部，俗称松江东部工业区。开发区首期开发 2.55 平方公里，以 3000 万元作为启动资金，利用松江城的基础设施，实行"联网合体，滚动开发"。1993 年 5 月 20 日，工业区内第一家外资企业——上海东洋电装有限公司奠基。

1994 年 5 月 13 日，上海市政府批准将松江经济技术开发区列为市级工业区，改称上海市松江工业区，为上海市郊县首家市级工业区，占地

20.56 平方公里。至 2010 年，园区面积扩大至 43.69 平方公里，分中部、东部新区、西部科技园区和国家级出口加工区四大区域，集聚了广达集团、台积电、百事可乐、雀巢、日立、三井复合等一大批实力雄厚的世界 500 强企业和国际著名公司。

升级后的松江经济技术开发区东部是以新兴制造业为内涵的中小企业创新产业园；中部是以行业主导为内涵的外商投资集聚产业园；西部是以智力、智慧、智能为内涵的科技产业园；出口加工区是以自由贸易为内涵的综合保税园区。2018 年，园区总产值规模位居上海市级以上开发区第一位。在 2022 年国家级经济技术开发区综合发展水平考核评价中，松江经济技术开发区从全国第 38 名跃升至全国前 20 强，排名第 11 位，进出口总额位列全国第三。松江经开区跻身东部地区 10 强，在上海国家级经开区中排名第一。2022 年，上海松江经济技术开发区获评国家级绿色工业园区、2022 年度优秀跨境电商园区。

临港科技城一角

上海市首个"区区合作、品牌联动"示范基地

——临港松江科技城

2015 年，上海市首个"区区合作、品牌联动"示范基地——临港松江科技城建立。临港松江科技城核心园区位于松江区新桥镇、九亭镇，是长三角 G60 科创走廊"重要技术创新策源区"和"重大成果转化承载区"。先后获得国家知识产权试点园区、国家小微企业创业创新示范基地、上海市产业园区转型升级试点园区、上海市"创业孵化示范基地"等多项荣誉，尤其是"区区合作、品牌联动"这一开发机制得到了中央和上海市委市府领导的高度肯定，被誉为产业园区开发的"新桥模式"。

2016 年，"新桥模式"入选上海市供给侧改革经典案例，开始成为

"可复制、可推广"的样板与典范。G60 上海松江科创走廊建设推进大会上，松江区政府、临港集团签署了《关于全面深化"区区合作品牌联动"推动临港松江科技城建设的合作备忘录》。借助科创走廊的带动和辐射效应，临港松江科技城和 G60 科创云廊所在区域"以产兴城、以城促产、产城融合"的新高地已初具规模，为松江区新桥镇、九亭镇的产城融合水平发挥了重要提升作用，有力推动了长三角 G60 科创走廊从基层实践上升为国家战略。

临港松江科技城在机制创新、产业升级、城市更新、服务集成、国有资产和集体资产共同增值保值、土地集约利用等方面取得良好成绩：2022 年园区实现营收超 1400 亿元，贡献税收超 32 亿元。在上海市 104 家开发区综合评价中，小型园区综合排名榜单上连续 5 年位列前三；综合发展指数、发展质量位列第二，亩均税收、亩均产出位列前五；获评上海市第二批特色产业园区，并在上海全球投资促进大会上进行发布，成为上海全市唯一的工业互联网特色园区。

身处长三角 G60 科创走廊创新策源地的重要承载区，临港松江科技城在"区区合作、品牌联动"模式的持续驱动下，以工业互联网产业为特色，迈出了产业经济更高质量发展的坚定步伐。2020 年，获评全市首个"工业互联网标杆示范园区"，全面进入"区区合作、品牌联动"模式 3.0 版本的实践阶段。

2022 年 8 月，上海临港松江科技城成功入选国家知识产权强国建设试点园区，全市仅 2 家。2022 年 11 月 17 日，临港松江科技城获"国家知识产权强国建设试点园区"授牌，"长三角 G60 科创走廊知识产权培训教育基地"揭牌。截至 2022 年 9 月，园区企业累计专利申请超过 13000 件，其中授权发明专利 1148 件，PCT 专利申请 152 件，有效注册商标 16190 件。园区已获批多项知识产权资质荣誉，包括上海市知识产权运营服务集聚区、上海市首批商标品牌创新创业（G60 临港松江科技城）基地、知识产权维权援助中心工作站、知识产权调解工作室和商标品牌指导站等。

链接一：

黄桥科技园以"集体建设用地入市"
实现"区区合作、品牌联动"机制升级

2020 年 12 月 2 日，漕河泾开发区黄桥科技园奠基仪式举行。泖港镇黄桥村以"集体建设用地入市"的方式，合作建设"漕河泾黄桥科技园"。这是一条"探索科创发展带动乡村振兴"的新路，也是实现"区区合作、品牌联动"机制再升级的新模式。

黄桥村地处圆泄泾、斜塘江和横潦泾（黄浦江上游）的交界处，即黄浦江的源头，故黄桥素来享有"浦江第一村"的美誉，是全国 33 个区县农村宅基地改革示范点之一，也是上海市唯一一个乡村振兴示范村创建和农村宅基地改革"双试点"。

黄桥科技园由 13 栋办公楼组成，合计约 10 万立方米，是以电子信息、生命健康等产业为主导，以柔性系统研发为亮点，以融合都市文创、乡村风貌为特色的产业园区。

漕河泾开发区黄桥科技园奠基仪式

作为临港松江科技城的重要组成部分，漕河泾黄桥科技园以产业发展带动村镇集体经济发展，以高科技产业带动当地农民就业，实现泖港镇集体资产、农民集体利益的保值、增值，为泖港镇的乡村振兴注入产业新动力。

链接二：

"世界之最"的城市产业长廊
——G60 科创云廊

2015 年 9 月 29 日，上海临港松江科技城南部新兴产业综合体正式奠基。这条被誉为"世界最长"的城市产业长廊开工建设，标志着园区从单纯的产业空间逐渐向"生产—消费"综合空间转变，产城融合的 3.0 版产

G60 科创云廊（宋辉　摄）

业园区发展新路正越走越顺、越走越快。

上海临港松江科技城南部新兴产业综合体又称"G60科创云廊"，位于松江区新桥镇，由国际著名建筑师拉斐尔·维诺里主持设计，1.5公里长的城市产业长廊堪称"世界之最"。22幢80米高的建筑，呈点状式和板式分布在长廊内。项目1至3层采用庭院式建筑风格，用游廊、咖吧、喷泉、空中绿化等将所有建筑连成一体。每栋楼都有屋顶花园，并由太阳能光伏面板整体覆盖，远看就像一条巨大的云廊。云廊云顶是世界上体量最大的铝合金网壳结构，密布300万颗航空铆钉，安装精度至0.2毫米，全都由手工操作，好比空中"绣花"。

G60科创云廊一期项目10栋80米高的高层建筑于2021年4月30日正式投入使用。二期项目在一期基础上继续向南延伸。

链接三：

打造具有全球影响力的卓越科创园区
——长三角 G60 科创之眼

2022年6月30日，"长三角G60科创之眼一期"开工，总投资21.89亿元。"G60科创之眼"位于九新公路以西，莘砖公路以南，紧邻G60高速和科创云廊二期，总用地面积约1100亩。项目以打造"具有全球影响力的卓越科创园区"为总体目标，以数字信息技术、商业航天及卫星互联以及智能终端等产业为核心，与周边园区形成错位互补。

"G60科创之眼"开发主体为上海长三角G60科创经济发展集团有限公司，其中上市公司上海临港持股50%、松江国资40%、新桥镇10%。新桥镇99%的持有人是新桥镇农民参股的"新桥经济联合社"。

"长三角G60科创之眼"项目取意"眼睛"，寓意着"以科创之眼，扬产业之帆，建未来之城，筑世界之窗"，建成后与G60科创走廊交相辉映，与松江新城遥相呼应。建成后的G60科创之眼将引进企业500—800家，开发体量100万平方米，以"小尺度、大空间、高活力"的建筑设计理念，

"长三角 G60 科创之眼"效果图

　　充分践行"产城融合、功能完备、生态宜业、智慧低碳"的设计思路。

　　"长三角 G60 科创之眼"是长三角 G60 科创走廊的重要承载区和发展引擎，致力于成为全球科创新地标、高端产业新高地，是长三角面向世界的重要窗口。它以"化茧成蝶、科创蝶变"为主题，与临港松江科技城和云廊综合体联动发展，代表松江正着眼科创"蝶变"、产业"裂变"、要素"聚变"，加快提升资源配置和辐射带动能力，构筑产城融合新地标，同时更好服务长三角区域产业转型升级、经济高质量发展。

简仓涂鸦《稻田守望者》

由老建筑改造而来的特色"网红打卡地"
——云间粮仓

  2019 年，松江区人民政府启动了对云间粮仓的改造，将荒废多年的老粮仓，以"商业＋文创"形式改造更新为文化创意园。一时间，云间粮仓成为松江最潮打卡地，也成为上海郊区城市更新的一个生动样本。

  云间粮仓地处通波塘和人民河交界处，西依通波塘，南傍人民河，占地面积 136 亩。康熙皇帝两次下江南，都曾在此登岸。

1949 年 5 月，松江解放，当时云间粮仓是苏南行政公署的所在地。专署粮食局所建的粮库和中粮松江公司第一粮库在 1953 年 4 月合并后称"南门粮库"。随后诞生米厂、面粉厂、饲料厂等一批粮食仓库及工厂，见证了新中国成立以来粮食行业的发展演变。1998 年后，南门粮库的功能逐渐淡化，衰落的步伐不断加速。后来，粮仓被分给 100 多个小业主，一个大粮仓里混杂着五金、仓储、广告等好几种业态，经营混乱，再后来，这些小业态也萧条了。

云间粮仓现有 60 余栋建筑，分为艺术展示互动区、万国啤酒文化区、科技创意体验区、时尚网红打卡区、户外体育运动区。粮仓内的各类建筑根据自身空间特点被改造成功能不同的空间。其中，苏式仓俗称"万担仓"，是一种散装粮平房仓，作为新中国成立后苏联的援建项目，是中苏友好的产物，在全国已不多见。云间粮仓现存数十座完好苏式仓，经过修旧如旧的更新改建，作为展馆、剧场为游客提供服务。除此之外，房式仓里开设了艺术家工作室，简易仓则改造成为潮流民宿。高 24 米、直径 5.5 米的八栋筒仓是云间粮仓的标志性景观。原来这里是供松江面粉厂存储原料的，现在披上了巨幅筒仓涂鸦《稻田守望者》——4 位宇航员行走在稻田中，手持水稻，仰望星空，蕴含的是松江大米航天育种的主题。

云间粮仓中，还有一处砖砌建筑为光绪二十年《重修普照寺碑记》的发现地，于 2019 年被公布为松江区文保点。在云间粮仓的改造中，原址保留下的老粮仓是重要的历史文化资源，也是园区内最好的景观。改造方案不仅仅局限于对旧有风貌的恢复，也注重对老建筑的活化利用。土圆囤，是 1971 年为响应"普遍建设谷仓、建设战备仓"号召，一把泥一把草建起来的，每个土圆囤内径 8 米，可存粮一百吨。现在土圆囤消失不再，原址新崛起一个大运动场。

改造后的云间粮仓焕发出前所未有的生机，被评为上海市民"家门口的好去处""夜游上海好去处"。

泰晤士小镇

泰晤士小镇文创休闲街区入选上海特色商业街区

  2015年,泰晤士小镇文创休闲街区入选上海特色商业街区。2022年3月1日起实施的《松江区关于加快特色商业街区建设的若干政策》是松江区首个真正扶持特色商业街区建设的政策。政策以"政府引导、企业为主、市场运作"为出发点,将特色商业街区的投资改造主体、运营管理主体列为扶持对象,从街区改造补贴、街区运营奖励、审慎包容监管三个方向进行扶持,加快推进特色商业街区建设。

  特色商业街区是传播城市文化、彰显商业个性、承载商业内涵的主要窗口,是全力打响"上海购物"品牌的有力抓手,也是服务长三角G60科创走廊高品质生活和建设长三角独立综合性节点城市名片的重要载体。截至2022年,松江区有两个市级特色商业街区,分别是泰晤士小镇文创休闲街区和松东路餐饮文化特色街。

松江印象城外景

链接二：

上海西南"商业＋文化＋体育"新地标

——松江印象城

2021 年 11 月 21 日，松江印象城正式开业。这一综合商业体致力于打造上海西南"商业＋文化＋体育"新地标，助力松江打造独立的综合性节点城市，推动松江高质量发展高品质生活产城融合新高地建设。

松江印象城地处松江新城核心，东衔松江新城总部研发产业板块，西邻广富林文化遗址，南接松江大学城，北倚佘山国家旅游度假区，建筑面积约 15.5 万平方米，地上四层建筑面积约 7.4 万平方米。作为国内首个植入"宝可梦"IP 的商场，松江印象城以"多次元对话世界"为主题，打造"二次元"与"三次元"的社交与消费场景。此外，还融合松江作为"上海之根"的广富林文化，让传统文化与现代商业体碰撞出别样的火花。在场景设计方面，松江印象城打造了"烟火气场""剧院广场""后花园""像素广场""放空间"等十大特色消费体验场景。其中 6500 平方米的自然景观公园拥有秋千、蹦床、迷宫等互动装置，是多元化的家庭陪伴空间。而户外主广场 1350 平方米的"水泥公园"，则是上海少有的大型专业滑板场地。商场引入 15 家全国首店及特色定制店，101 个品牌的上海西南品牌首店及特色定制店，此外，还有 127 家松江首店。开业两周就有客流 105 万，营业额 1.28 亿元，在大众点评页面的粉丝数跃居松江第一及西南四区第二。

2022 年 5 月，松江区公示印象城二期规划，范围东至人民北路，西至定恒路，南至广富林路，北至银泽路，主干道环绕，交通通达。该地块土地规划面积约 7 万平方米，商业总建筑面积约 26 万平方米。

中山街道商务区夜景

链接三：

中山街道获评上海市第一批
"一刻钟便民生活圈"示范社区建设试点单位

2022年7月，中山街道获评上海市第一批"一刻钟便民生活圈"示范社区建设试点单位。"一刻钟便民生活圈"，是服务半径在步行15分钟左右范围内，以社区居民为服务对象，以满足居民日常生活基本消费和品质消费等为目标，以多业态集聚形成的社区商圈。

中山街道分为南片府城和北片新城，此次试点范围主要为中山街道商务区部分。辖区内拥有万达广场、五龙广场等商业综合体，满足了居民"一站式购物、休闲、娱乐"需求；永辉、麦德龙等大型超市为居民采购日常用品带来便利；各类生鲜超市、药店、理发店、美容养生商铺等一应俱全，满足了居民全方位的生活服务需求。同时区域内阅览室、老年活动室、社区党群服务站、中小学等各类生活教育设施齐全。五龙湖休闲公园、商务区中央大草坪绿地、黄渡浜滨河健身步道、环河滨河绿道等公共空间，为市民提供了休闲娱乐的户外空间。

政治建设

总结"松江县各界人民代表会议"经验，激发松江首创精神

在人民代表大会制度的探索和发展史上，各界人民代表会议是人民代表大会的雏形。1949 年 8 月，中央发出"三万以上人口的城市和各县均应召开各界人民代表会议"的指示，强调不论新区（即新解放区）老区的各县，一律举行各界人民代表会议。9 月 2 日，毛泽东在给华东局书记的一封电文中指出"新区各县的各界代表会议我们尚无经验，请你考虑选择上海附近一二个县亲自领导，开一二次会试试"。9 月 30 日至 10 月 4 日，松江县第一届第一次各界人民代表会议在城东邱家湾天主教堂召开。10 月 13 日，毛泽东在给华东局书记的回电中表示"松江会议成功，极为欣慰"；同时向各中央负责同志发出《转发松江县召开各界人民代表会议经验》的电报，要求全国各地"一律仿照办理"，并强调，"这是一件大事。如果一千几百个县都开起全县代表大会来，并能开好，那就会对于我党联系数万万人民的工作，对于使党内外广大干部获得教育，都是极重要的"。在毛泽东的大力推动和松江经验的示范下，召开各级各界人民代表会议成为全国性的运动，对各地民主建政进程产生了积极推动作用。松江县各界人民代表会议的创新与探索、经验和影响，融入了新中国政权建设的历史洪流，作为"值得全国人民注意的一件大事"，永远载入党的历史。

2019 年，以切实挖掘和传承松江人大精神品牌力量为着力点，松江围绕"松江县各界人民代表会议"进行深入宣传研究，精心组织系列纪念活动，重温毛主席的亲笔批示精神，传承和发扬民主建政的宝贵经验，奋力推动"松江县各界人民代表会议"首创精神成为松江人大工作的品牌和特色，并探索做好新时代地方人大工作的有效途径和方法。

8 月 6 日，松江区人大常委会与复旦大学选举与人大制度研究中心联合举办"回顾与展望：松江县各界人民代表会议 70 周年纪念与新时代地方

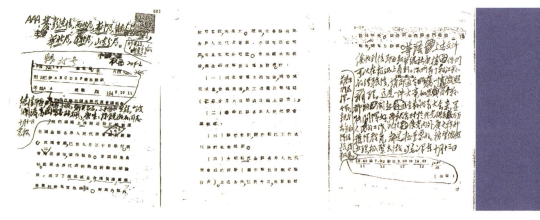

1949年9月30日—10月4日，松江县各界人民代表会议在松江邱家湾天主教堂召开。10月13日，毛泽东作出批示，"松江会议成功，极为欣慰"，并要求全国各地"一律仿照办理"。图为批示手迹（松江区档案馆　供图）

人大工作发展——学术研讨会"。来自北京、上海、广东、江苏、浙江、安徽、山东、湖南、陕西、甘肃10个省市的40余名人大专家和工作者集思广益，以"松江县各界人民代表会议的历史价值与现实启示""新时代人大工作的挑战与对策——纪念松江各界人民代表会议70周年""松江人大与中国地方人大创新模式"等为主题，充分讨论松江县各界人民代表会议的历史意义、现实意义和时代意义，通过总结经验规律，探索做好新时代地方人大工作的有效途径和方法。

　　10月12日，松江区召开纪念"松江县各界人民代表会议召开70周年"座谈会，重温1949年松江民主建政光辉时刻，传承发扬70年前的宝贵经验。会议指出，"松江县各界人民代表会议"印证了党的领导是国家政权建设的核心力量，体现了松江干部为人民谋幸福的初心与勇立潮头、勇挑重担的使命担当，彰显了松江人民敢闯敢试、勇为人先的首创精神。会议强调，要进一步加强对"松江县各界人民代表会议"重要意义的挖掘、阐释和宣传，提炼经验、总结规律、启迪思想，更好推进当前各项工作，让"松江县各界人民代表会议"的研究和运用在全市乃至全国产生一定影响，成为松江人大的品牌和特色。

2020 年 12 月，长三角 G60 科创走廊九城市人大工作交流会暨人大代表企业联盟成立大会召开

链接一：

倡导建立长三角 G60 科创走廊九城市人大工作交流机制

2019 年 10 月 18 日，首届长三角 G60 科创走廊九城市人大工作交流会在松江区召开。本次会议为纪念"松江县各界人民代表会议召开 70 周年"系列活动之一，旨在深入贯彻习近平总书记关于坚持和完善人民代表大会制度的重要思想，主动适应新时代长三角一体化发展的任务和要求，深化九城市人大之间的交流交往和互学互鉴，努力为助推 G60 科创走廊建设、服务长三角地区更高质量一体化发展贡献人大的智慧和力量。

会上，九城市人大共同签署《关于建立长三角 G60 科创走廊共建城市人大常委会主任联席会议制度的协议》《关于建立长三角 G60 科创走廊共建城市人大常委会主任联席会议制度的协议》。两项协议是九城市人大提高政治站位和思想认识，主动顺应发展趋势、时代要求和阶段特性，在党的领导下更好地发挥职能优势，彰显法治保障作用之举，有助于加强相互学习和交流，共同把握发展机遇，发扬勇于探索、勇于担当的精神，在更多领域开展务实合作，推动长三角 G60 科创走廊建设走在长三角更高质量一体化发展的前列；有助于深化制度供给，着力推进区域的规则一致、标准统一，破除市场分割和行政壁垒，为推进改革攻坚和制度创新作出积极贡献。

黄桥村基层立法联系点

链接二：

黄桥村设立全市唯一村级基层立法联系点

2020年7月，黄桥村被确立为市人大常委会基层立法联系点，成为全市唯一一家村级基层立法联系点。

为进一步发挥黄桥村立法联系点民意直通车作用，松江区人大常委会建立以黄桥村基层立法联系点为引领、全区16个街镇村（居）委会为民主实践共同体单位、链接全区人大代表"家站点"的"1+16+X"工作格局。

与此同时，区人大法制委整合区内司法机关、法律院校、律师协会、法学会等资源，成立法律援助团队，为基层立法联系点建设提供智力支持。各街镇人大指导辖区内民主实践共同体单位、人大代表"家站点"开展意见建议征询和基层民主实践探索，逐步形成覆盖全区的立法联系点建设工作合力。

从黄桥村立法联系点的示范引领，到共同体单位和"家站点"的全覆盖，立法修法建议采集网络从1.0版升级到2.0版，意见征询的范围扩大，民意直通车的站点变多，更多接地气的民声得到传递和表达。2022年，黄桥村立法联系点发动16个民主实践共同体单位和全区人大代表"家站点"，先后参与《上海市消费者权益保护条例（修订草案）》《上海市乡村振兴促进条例（草案）》等12部法规草案征求意见工作，举行760次宣传释法、问卷调查、座谈交流等活动，征求6600人次意见建议，汇总形成修改意见373条，其中25条被市人大常委会采纳。

人大代表跟踪监督，助力浦南居民用上天然气

2019年底，浦南地区居民终于告别使用多年的液化气罐，用上天然气

浦南天然气管网建设是松江区政府"十二五"期间的实事项目，也是区人大四届五次会议提案项目。受制于规划选线变更调整、叶新公路拓宽工程等因素，项目被推迟，整体建设速度缓慢。

2014年3月，在松江区第四届人民代表大会常务委员会第五次会议上，10位代表联名递交"关于加快推进浦南地区管道燃气建设的议案"，提出"浦南地区因为经济欠发达、人口分散，管道近在咫尺，却无法感受天然气带来的便捷，至今仍在使用液化钢瓶，生产、生活很是不便，群众要求早日通气的呼声很高"，表示加快浦南地区燃气管道建设，尽早通气"是方便群众生活的现实需要""是节能减排的需要""是实施黄浦江水源保护的需要""是推进新型城镇化建设的需要""是实施城乡统筹、城乡一体化发展的客观需要"，同时提出"落实资金和责任部门，明确时间表""分轻重缓急，分步实施管道建设""选点建设LNG液化钢瓶组充装气化站，先在镇区内铺设管网，待条件成熟，实现镇域管网与主干网的联通"等可行性建议。

此份提案得到区政府的高度重视，区发改委于当月提出启动浦南地区天然气主管网建设计划；建管委（当时为建交委）于2014年4月4日会同多家部门研究协调关于加快推进浦南地区天然气管网建设相关事宜，进入绿色通道的浦南天然气项目全面提速。2017年，黄浦江输气"大动脉"打通，浦南燃气管道建设逐渐完善，环网格局基本成型。2017—2019年，共有27000余户浦南居民用上了清洁、方便的天然气。

2021 年 4 月 30 日，《联合时报》头版以《擦亮委员参与基层社会治理品牌》为题，宣传报道松江区政协"协商在一线"工作品牌

"小平台"助推"大协商"，松江政协全力打造"协商在一线"

　　2019 年 5 月以来，松江区政协深入贯彻"人民政协为人民"根本宗旨，全力打造"协商在一线"工作品牌，坚持调研在一线开展、平台在一线搭建、情况在一线了解、问题在一线协商、共识在一线形成，充分发挥政协协商基层社会治理效能。

　　2020 年 11 月，按照"沉下去、在一线"的工作思路，区政协出台《深入推进"协商在一线"平台建设实施意见》，开始搭建"一室一家一站"三个履职平台。全区 18 个地区联络组建立委员联络站，明确一名街镇副书记担任负责人，落实场所、经费等"五件配套"，确保市、区两级委员全部下沉一线。同时建立专委会协商工作室、界别委员之家，明确功能定位和工作要求，形成平台在一线搭建整体合力，构建专委会、界别和地区联络组互联互动、各具特色、相得益彰的"协商在一线"工作格局，用政协"小平台"助推一线"大协商"，助推区域"大发展"。

平台建成后，如何与基层进行有效衔接？松江政协采取的办法是"六个一"工作任务：制订一份履职计划、开展一次课题调研、牵头一次专题协商、联系一个对口村居、参与一次信访接待、参加一批社区活动。按照"1+N"模式精准选题，采取"会场＋现场"方式，做到开门协商，打造基层一线移动的协商平台。通过对协商内容、操作流程的明确规范，探索出推进"大事、实事、难事，大家来协商"等12种协商模式共同运行。同时，固化委员沙龙、海聊会等特色工作，打造提案工作政协和政府"双政发力"工作品牌，为基层社会治理提供高质量协商资源，促进问题在一线协商解决。

如何推进政协协商向基层延伸？各方力量的"融合"是关键。按照"联、融、嵌"的工作方法，松江政协充分利用街镇党群服务中心、社区服务中心等现有资源，突出政协标识度；在强化议事功能的同时，出台《关于加强和改进凝聚共识工作意见》，形成加强思想政治建设、广泛凝聚共识、凝聚人心力量三个方面18项具体举措，着力提升"协商在一线"履职平台政策宣讲、读书交流、联系群众功能。同时，深入打造"委员书店""委员书房""委员书站""委员书吧"，鼓励委员当好党的政策宣传者、群众利益维护者、社会和谐促进者，充分发挥党和人民群众的桥梁纽带作用。

如何在实际工作中发挥品牌引领作用？松江政协着力推进"一委一题一精品、一室一家一站一品牌"建设，强化协商工作室"微调研"，不断夯实履职基础；拓展委员之家"微讲堂"创建工作，凸显联系群众、凝聚共识功能；持续加强委员联络站"微协商"，充分展现基层治理成果；做实委员"微课堂"、机关"微论坛"，提高机关服务保障和委员一线履职能力。

松江政协相关工作成效和特色做法，得到了中央及市级媒体的多次报道和充分肯定。

2022 年 8 月 25 日，九城市政协共商长三角 G60 科创走廊更高质量发展第二轮首场活动在松江举行

链接一：

松江政协牵头九城市政协联动履职服务长三角一体化

2016 年以来，G60 科创走廊经历了"源起松江""联通嘉杭""九城共建""纳入国家战略"等发展阶段。在此背景下，松江政协立足新时代政协工作新方位新使命，聚焦助力打造长三角 G60 科创走廊国家战略重要平台，联合嘉兴、杭州、金华、苏州、湖州、宣城、芜湖、合肥等 8 城市政协签署共建协议，开展联动履职。

2018 年 8 月，松江区政协牵头举办"聚智聚力、共建共享——九城市政协共商 G60 科创走廊更高质量发展"活动。九城政协齐聚松江，共同签署《助推 G60 科创走廊更高质量发展共建协议》，缔结为友好政协，确立活动轮值、联系会晤、调研分析、建言献策等 4 项协作机制。在协议的指导下，九城政协积极探索建立互联互通、协同高效的工作机制，并在实践中不断完善，包括：建立九城市政协秘书长联席会议制度，定期开展座谈、走访交流；成立九城市政协常设秘书处，做好各项工作的协调联系、服务保障工作；建立信息报送制度和信息员队伍，及时汇报九城市政协在助力 G60 科创走廊一体化、高质量发展中的工作动态等。

在松江政协的牵头引领下，九城市政协紧紧围绕长三角一体化发展国家战略，聚焦《长三角G60科创走廊建设方案》，持续打响九城政协联动共建品牌，聚智聚力、共建共享，为更好服务长三角一体化国家战略和构建新发展格局持续贡献政协人的智慧和力量。

链接二：

"浦江之首"慢行系统的诞生
——以"协"成事，以"商"求同

　　位于松江西南一隅的石湖荡镇，因黄浦江发源于此，有着"浦江之首"的美称。松江对"浦江之首"的开发建设已持续多年，2020年，在选择协商议题时，"浦江之首"进入了石湖荡镇联络站委员们的视野。当年，石湖荡镇联络站选择的切入口是针对步行交通和自行车的"慢行系统"，主要精力放在该项目瓶颈的破解上。当年3月，石湖荡镇联络组成立了"打造'浦江之首'慢行系统"课题调研组，在详尽调研的基础上，召开了5次协调会，并举行专题协商会，达成项目建设的多方共识，最终使改造项目快速落地推进，原本"养在深闺人未识"的区域得以顺利开放。仅在2020年国庆长假期间，"浦江之首"就吸引了万余名游客慕名而至。

　　"浦江之首"慢行系统是石湖荡镇联络组"协商于民"政协委员工作站提交的"履职佳作"，也是五届区政协开展专题协商，为区域发展出谋划策的一道亮丽缩影。2017—2021年五年间，区政协不断加强对基层政协协商民主广泛多层制度化的实践探索，形成十二种协商形式和操作规程，先后聚焦"推动G60科创走廊更高质量一体化发展""加快科技影都华阳湖核心区建设""产业工人队伍建设改革""浦南绿色发展""社区治理""小区垃圾房改

2020年6月22日，区政协石湖荡镇联络组召开"打造'浦江之首'慢行系统"专题协商会

建"等发展热点、民生焦点，开展各类协商194次，并举办"5G的推广与应用"等10场企业家委员沙龙活动，谋良策、促发展，以实际行动发出"好声音"，为松江经济社会高质量发展提供强大的智力支持。

链接三：

一份农村养老提案架起民生、民情连心桥

近年来，我国人口结构老龄化趋势日益明显，特别是随着城市发展速度加快，农村人口往城市迁移，乡村留守老人比例增多，农村养老压力日益增大，已成为不容忽视的社会问题。

区政协委员蒋秋艳是幸福老人村负责人。履职期间，她把目光聚焦农村养老问题，与其他委员共同提交了提案《关于鼓励创新探索老

在蒋秋艳的呼吁和倡导下，幸福老人村在叶榭镇堰泾村成立

年农民养老模式的建议》。提案中，蒋秋艳立足自身工作观察和广泛调研数据，提出了完善相关补贴政策、农村宅基地改造为老年农民养老机构、打破长者照护之家床位上限等建议。这一提案受到了相关单位的及时回复与积极承办，松江农村养老问题愈发受到重视。

蒋秋艳的举动，是区政协委员关注民生、反映民情的一个缩影，折射出区政协关注民生福祉、彰显政协担当的大作为，反映了政协委员们以实际行动拓宽履职渠道，让一个个紧贴民心的提案应运而生、落地生根的履职担当。2017—2021年，区政协共收到提案961件，很多都是关于办好人民满意的教育、促进卫生与健康事业发展、加快养老服务体系建设、强化食品安全监管等关乎百姓切身利益的提案，推动了一大批民生问题的及时解决。

获评第四批"全国法治县(市、区)创建活动先进单位"

2018年,松江区荣获第四批"全国法治县(市、区)创建活动先进单位"称号,这是全国普法办对普法依法治理工作取得显著成绩的地区授予的最高荣誉,也是衡量一个地区文明程度、管理水平、法治建设、社会和谐的重要标尺。

近年来,松江将法治城区建设作为全区工作重点,整合资源、发挥优势,创新机制、改进方法,构建全方位、多渠道、立体化的法治城区创建工作格局。

首创行政机关负责人出庭应诉制度,提升依法行政能力

党委办事依法、遇事找法、解决问题用法、化解矛盾靠法是依法行政的根本。为加快推进行政机关负责人出庭应诉工作,2014年5月1日,松江在全市首创出台《关于加强本区行政机关负责人行政诉讼出庭应诉和旁听审理工作的实施意见》,这比新修改的《行政诉讼法》正式确立行政机关负责人出庭应诉制度早了一年整。

2015年,在全市所有区县行政案件中,松江法院审结的行政案件机关负责人出庭应诉率最高,为70.3%。松江将依法行政工作列入年度工作计划,将区政府组成部门年度依法行政工作报告制度列入考核,制定并实施重大行政决策合法性审查制度和重大行政决策终身问责制度、责任倒查机制等。在实践上,建立并实施行政执法人员持证上岗制度及行政执法记录全过程制,建立并实施行政执法责任追究制度。同时,按照工作需要打造强有力的法治队伍,街镇层面设立专职法制工作人员,在全区层面落实了政府法律顾问制度。

为松江发展提供更多法律服务，建设一流法治环境

一流的营商环境需要一流的法治环境，近年来，松江在推进法治环境建设，尤其是在法律服务供给方面不断探索创新。

2017 年 6 月至今，区司法局联合区社工委开展"法律直通车"、"百场法治讲座进企业"活动，面向全区各类企业开展民法典、企业合规、优化营商环境等法律法规宣传，覆盖 400 余家企业，提升广大企业职工法治意识，助力打造一流法治化营商环境。

为进一步整合资源，优势互补，区司法局和区总工会就加强劳动争议调解和职工法律援助等工作形成合作新机制。2017 年 11 月，区总工会成立"松江区职工法律援助中心"，为职工提供咨询、代书、调解、仲裁诉讼等一门式服务，推动法律援助维权服务阵地向街镇、工业园区和基层企业延伸。截至 2022 年底，全区工会系统共参与法律援助案件 46898 件，共计为职工挽回经济损失 7.3 亿余元。

创新拓展普法宣传教育载体，营造良好法治文化

松江区贯彻落实党的十八届四中全会要求，结合本土文化特色，大力建设社会主义法治文化。在市民群众身边建设嵌入式、融合式、浸润式的法治文化阵地；打造参与式、互动式、体验式的法治文化活动。陆续形成"方塔法治园"等上海市社会主义法治文化品牌阵地 7 个、"上海法治楹联

征集评选活动"等上海市社会主义法治文化品牌活动3个。

2013年,"上海法治楹联征集评选活动"落户松江。活动将法治元素与书法、楹联等非遗文化相结合,受到广大楹联爱好者的关注,吸引全国各地包括港澳台楹联爱好者的广泛参与。活动两年一届,历经五届十年,累计收集法治楹联作品2万余件,不仅培育了"沪上楹联第一村"泖港镇黄桥村等一批法治楹联推广阵地,还获评上海市社会主义法治文化品牌。

"法治松江"公益广告大赛、"小城杯"公益之星创意诉讼大赛等,是松江区司法局与上海视觉艺术学院、华东政法大学等高校合作举办的法治实践活动,凭借新颖的形式,每年吸引大批大学生参与,受到业内和全国关注。将法治教育融入教育教学体系是松江青少年法治文化培育的一大特色,区公安局、区法院、区检察院、区司法局、区教育局等单位通过举办"学宪法、讲宪法"、"校园法治文化节"等活动,推进习近平法治思想进校园进课堂进头脑。全区累计建成上海市依法治校示范校66家,93所中小学校聘任法治副校长115名,实现"一校一法律顾问"全覆盖。松江二中获评"全国依法治理创建活动先进单位",区检察院荣获最高检"法治进校园"全国巡讲活动表现突出单位。

链接一:

松江开出上海首张"城管免罚单"

2020年9月1日,松江城管对某汽车维修保养店开具了上海首张适用《城市管理轻微违法违规行为免罚清单》的决定书。

8月25日,松江区城管执法局岳阳街道中队执法人员在巡查中发现,一家机动车维修保养店铺内有店员在沿街道路上清洗车辆,路面污水横流。执法人员现场对该店负责人李先生进行了教育批评、责令其改正,并对该行为立案调查。经过约谈得知,该店已违反《上海市市容环境卫生管理条例》相关规定,依规责令改正后,李先生仍可能面临300元以上3000元以下的行政处罚。8月30日,执法人员再次对现场执法检查时发现,李先生已经改正错误。因当事人的该违法行为是首次被发现，并且没有造成危害后果，事后也及时改正，依据《上海市城市管理轻微违法违规行为免罚清单》遵循"包容＋审慎"的原则，执法人员在9月1日开具了上海首张不予行政处罚决定书。

2020年9月1日，松江区城管执法局开出本市首张适用《城市管理轻微违法违规行为免罚清单》不予行政处罚决定书

上海城市管理免罚清单于2020年5月份出台，是该领域全国首个省级层面免罚清单。12项免罚事项共涉及市容环卫、文明施工、房屋市场管理等，都是平时容易发生、也容易被人们疏忽的行为。通过免罚清单，如果市场主体有违法违规行为，同时符合情节轻微、及时纠正、没有造成危害后果的，将不予行政处罚，从而避免"一刀切"执法，激发市场活力，促进经济持续健康发展。

链接二：

全过程人民民主助力破解停车难题

为破解小区因停车难而引发的一系列乱象，居委会、业委会、物业"三驾马车"通力协作，志愿者们群策群力，让小区道路重现通畅有序。松江广富林街道保利西子湾小区这一实践全过程人民民主案例上榜"2022年度上海市法治建设十大入围案例"名单。

近年来，随着业主车辆保有量增加，乱停车现象层出不穷，矛盾越来越多。保利西子湾小区靠近轨交9号线松江大学城站，更加剧停车难问题。面对业委会刚成立又缺乏相关台账记录的局面，居委会组织一批志愿者，一方面摸清小区车辆底数，实地排摸小区地面空间，拓展新的停车区域；另一方

居委会、业委会、物业与社区志愿者群策群力

面，成立"幸福家园"智囊团，动员小区居民集思广益，共同参与规范制定。在居民的群策群力之下，西子湾小区停车综合管理方案出炉。根据新方案，办理月租停车的业主需提交房产证、身份证、行驶证资料，由物业、业委会、居委会三方共同审核；小区业主停车实行阶梯式收费、总量控制、每户首辆车优先；提高外来车辆临时停车收费标准；实行"违停三色单"，半年内累计三次违停则次月取消该车月租停车资格。此外，引入社会停车资源，与小区南广场车辆管理公司约定，对小区业主实行与小区内相同的月租停车标准。

新方案实施初期，一些业主提出反对。但随着小区停车乱象的改善，质疑的声音渐渐减少。如今，小区业主都能自觉遵守停车规范，生命通道畅通无阻。

正是通过破解停车难题，西子湾摸索出了一条全民参与、依法治理的新路径。社区工作者、网格长依托"民情搜集站"收集民意，居委会、物业、业委会等参与联席会确定议题，小区业主等组织议事论证方案，社区成员代表会议表决征询，共同推动西子湾小区各项工作的开展。

链接三：

"小城杯"公益之星诉讼大赛点亮法治火炬

2012年，首届"小城杯"公益诉讼创意大赛在松江启动。

第七届"小城杯"公益之星创意诉讼大赛中，参赛队员阐述《诉苹果公司iPhone12 不配备充电器》案件

　　大赛通过创意诉讼比赛的形式，鼓励法律学子关注民生、关注社会热点，投身公益事业与法律实践，维护公众利益。大赛起初由上海小城律师事务所发起，松江区司法局、华东政法大学国际法学院共同举办，后续相继联合上海市司法局、上海市律师协会、松江区人民检察院、上海市公益诉讼研究中心、松江区法学会、松江区律工委共同发展壮大，成为多方协办并广泛参与的大型赛事，形成政府部门引领、社会力量积极响应、合力推动的良好局面。2019 年"小城杯"公益之星创意诉讼大赛被命名为"首批上海市社会主义法治文化品牌"，写入 2021 年上海市法治宣传教育工作要点。

　　经过十余年的发展，"小城杯"公益之星创意诉讼大赛所产生的效应，逐步走出上海，走向全国，相继诞生了"诉上海国拍行拍牌手续费格式条款案""诉上海迪士尼禁止游客携带食品入园规定不合理案""诉新东方学习卡余款无法提现案""诉苹果公司 iPhone12 不配充电器案"等典型案例，引起整个社会对公益维护的关注，激发社会各界的参与热情，也折射出全社会法治建设的进步与发展。

围绕主线，紧扣主题，携手画好松江民族工作"三圈"同心圆

近年来，松江区民族工作坚持以"铸牢中华民族共同体意识"这一工作主线为径，以"共同团结奋斗、共同繁荣发展"主题为轴，瞄准突破方向，抓住工作重点，深化创建内涵，扩大共享范围，携手各方共同画好"三圈"同心圆，大力营造中华民族一家亲的社会氛围。

挖掘优势资源共享，画好辖区民族团结共同体核心圈

成立以区委书记为组长的民族工作领导小组，领导全区民族工作部署、落实、督导工作。成立上海市首家民族团结促进会，17个街镇实现民族团体分会全覆盖。

在全市率先开展"三级网络两级责任"试点工作，将民族事务纳入"网格化管理"，融入政务服务"一网通办"和城市运行"一网统管"平台。打破街镇、村居之间的界限壁垒，打造民族工作"区块链"，初步形成由民宗职能部门、17个街镇民族团结进步工作领导小组、若干个民族团体分会、志愿者服务队组成的"1+17+N"民族团结进步创建工作网络体系。

在打造"松江会客厅"过程中，筹建集"民族团结教育基地、民族文化创作基地、城市民族工作研究基地、休闲旅游打卡景点"为一体的"松江民族团结共同体展示馆"。

联创联建载体共享，画好地校民族团结共同体友邻圈

大学城7所高校与松江区7个街镇，按照"区域毗邻，专业对口，岗位匹配，相互支持"的原则，开展民族团结进步创建共建活动，围绕"社会融合、帮困助学、公益活动、学习交流、实习就业、智力支持"等合作

项目达成共识，并于 2020 年 6 月份举行签约仪式。东华大学与广富林街道开展"唱好四季歌，画好同心圆"主题活动，岳阳街道与立信会计金融学院共同开展铸牢中华民族共同体意识"金点子征集"活动，2020 年岳阳街道被评为"第八批全国民族团结进步示范区示范单位"。

推荐松江区民族团结促进会理事、东华大学纺织品设计与产业经济系主任张瑞云为松江区政协委员，实现地校人才深度融合共享。华东政法大学与泗泾镇联合开展大学生"社区助理"暑期实践活动，进行岗位专业化、定向化培训，提升了大学生适应社会、融入城市的能力素质。

2020 年，成立"松江区少数民族大学生创业就业指导中心"，建立 5 个"松江区少数民族大学生实习就业基地"，聘请 12 位创业就业指导老师。2021 年 6 月，在大学城首次举办"松江区高校毕业生少数民族专场招聘会"，31 家企事业单位、600 多名各民族大学毕业生参加招聘会。

跨区互动合作共享，画好长三角民族团结共同体联合圈

围绕"合作发展共赢、人才培养共抓、创新成果共享"合作项目，深入研究长三角 G60 各项经济发展、创业创新扶持政策，开设民族产业孵化园区，推出"领头雁"计划，形成九城市民族特色企业联合会，组织人才挂职交流和参观学习。

围绕"民族传统共承、文体活动共谊、公益事业共做"合作项目，充分发掘保护长三角 G60 地区民族特色文化、文物资源，定期举办长三角 G60 民族文体活动。

围绕"流动人口共管、交流平台共建、热点问题共议、舆情管控共推、安全风险共治"合作项目，探索建立少数民族流动人口跨地域协作机制，发挥九城市少数民族界别人大代表、政协委员作用，联合调研提写九城市共同关注的民族民生议案、提案。

围绕"创新理论共学、城市建设共融、共同体意识共铸"合作项目，定期组织民族理论学习和体会交流，共享理论学习及研究成果。创建"石榴籽工程"品牌，精心策划铸牢中华民族共同体意识主题教育实践活动，强化各族群众对中华民族和中华文化的认同。

链接一：

上海首家侨务法治研究机构在松江成立

2021 年 5 月 8 日，上海首家侨务法治研究机构"上海涉侨法律服务研究与交流中心"在松江成立，为进一步拓展和深化中心实务基础，华东政法大学"新侨驿站"同步成立。

中心以华东政法大学侨联为基础，依托上海市侨联和华东政法大学相关研究单位，吸收上海市相关研究机构和侨联系统相关领域专家、学者的研究力量，对接上海市侨务工作法治保障方面的需求，开展具有针对性的理论和实务问题研究。

中心以建成"侨务政策的高端智库""侨务法治的研究中心""侨务人才的培养基地"和"侨务法律的交流平台"为目标，对接"地方侨联＋高校侨联＋校友会"和"基层侨联＋海外华侨华人社团"两项机制建设，创新内容方法，发挥政法院校法学学科优势，探索打造涉侨法治高端智库，打造"大侨务"格局优势，最大限度凝聚侨心侨力，推动经济发展、社会进步，同时为政府决策和制度创新提供智力支持。

2021年5月8日，上海首家侨务法治研究机构"上海涉侨法律服务研究与交流中心"在华东政法大学成立

11 月 8 日，"华侨华人与中国市场法律保障与服务论坛"上，中心与上海市侨商联合会、"6 天 +365 天"一站式交易服务平台及金诚同达（上海）律师事务所达成合作意向，围绕在全球化背景下继续做好涉侨法律保障与服务工作同向发力。

链接二：

松江知联会：固守圆心、扩大共识

1995 年，在松江县委统战部的指导下，松江县知识分子联谊小组成立，这是由松江无党派知识分子中有一定代表性的人士组成的，具有统战性、知识性、民间性的社会组织。

知联小组成立的宗旨是：加强本区各界党外知识分子的团结、交流和合作，充分发挥党外知识分子的作用，为松江经济、政治、文化和社会建设作贡献。主要任务包括两方面：一是学习和宣传党的方针政策，收集党外知识分子的意见和建议以及利益要求；二是充分发挥会员的潜力优势，围绕县委、县政府的中心工作建言献策，为松江的经济发展和社会发展作出贡献。

2005 年 6 月，知联小组升格为上海市松江区知识分子联谊会，当时会

疫情期间，知联会会员充分发挥自身优势、积极履行社会责任

员已从最初的十几人发展到 80 多人。2007 年，松江区知联会的组成和结构进行重大调整，会内已经加入各民主党派的成员统一退出会籍，知联会成为真正意义上的无党派知识分子的代表团体。除了会员联谊外，更加突出了其聚合智力优势、服务松江发展的特点。

近年来，知联会不断加强与本区各界党外知识分子之间的交流和合作，充分发挥联谊会的团结、教育、服务和管理功能，积极引导广大党外知识分子建言献策、帮困扶贫、民主监督、联谊交友，以实干实绩推动长三角G60 科创走廊更高质量一体化发展。

链接三：

侨眷罗克平：为城市发展提出更多"金点子"

2021 年 12 月 29 日，时任上海市委书记李强会见了上海市优秀人民建议获奖者代表、松江区侨眷罗克平。

2020 年 7 月，上海市人民建议征集办公室成立。2021 年，罗克平共提交 17 条人民建议，其中《关于"十四五"期间健全"养老顾问"制度的建议》荣获 2021 年度上海市优秀人民建议；《关于建立上海"老专家智库"

的建议》被直接吸纳写入《上海市"十四五"规划纲要》。他提出的人民建议三次得到上海市领导的批示，不少其他建议也都取得较为明显效果：地铁申通集团收到《关于在地铁黄陂南路站设立中共二大会址指示牌的建议》后，及时作了吸纳改进；上海市健康促进中心收到《关于在上海市区部分户外公共场所（交通枢纽、公园、体育场馆等）实施禁烟令的建议》后，回复表示："您的意见建议也正是我们想要积极推动和开展的重点工作之一，将会更有利于促进我们工作的开展。"

多年来，罗克平先后为各级政府撰写100多条人民建议

作为一名侨眷，罗克平将自己撰写人民建议的收获和体会分享给海内外的亲友，鼓励他们为上海的发展和管理建言献策，让上海更美好。罗克平表示：随着社会的发展，人民建议大都与城市建设、城市管理、老百姓生活和社会公益事业息息相关，我在为上海城市精细化管理提出人民建议的同时，也提升了自身的人生价值，使夕阳红生活更丰富更精彩，大家要一起努力实践"人人都是城市的软实力"。

2013 年建军节，方松街道与驻松部队双拥联欢活动

连续四届成功创建"全国双拥模范城"

松江有着"拥军优属、拥政爱民"的光荣传统。十年来，全区军民按照习近平总书记关于"新形势下，双拥工作只能加强、不能削弱"的重要指示要求，紧密围绕"一个目标、三大举措"战略布局，促进双拥工作高质量开展。在 2020 年 10 月 20 日举办的全国双拥模范城（县）命名暨双拥模范单位和个人表彰大会上，松江区第四次荣获"全国双拥模范城"称号。这一"四连冠"不仅是松江的城市荣誉，更是全面展示全区军地共建共育成果的重要窗口。

2014年第一个烈士纪念日之际，小学生们在松江烈士陵园献花

十年来，松江各级党委、政府视军队如长城，把军人当亲人，想方设法稳军心、固长城，将官兵事当成分内事，把家常事定格为公家事，化难事为易事，为现役军人排忧解难，为部队建设添砖加瓦。

随着军队调整改革，国防大学政治学院数百名官兵从全国各地来到松江，"后路""后院""后代"这"三后"问题，成为驻松官兵关注的焦点。对此，松江区高度重视，带领工作组先后十多次上门现场办公，全力推进解决学院土地规划、配套建设等相关问题，帮助解决学校周边公交线路、家属就业、子女入学、转业干部安置等方面的问题。例如，针对公交线路问题，根据部队驻地布局协调增设部分公交站点，打造从学院经轨交9号线佘山站到家属院的公交"专属"线路191路B线；针对官兵就业问题，松江坚持在每年的"春风行动"中搭建退役士兵公益性招聘平台，组织就业安置综合培训，积极推岗就业。

在加快推进区、街镇、居村三级网络的退役军人保障体系建设过程中，全区共设有街镇级退役军人服务站17个、居村级服务站334个。此外，松江还落实优抚对象帮困结对制度，建立健全双拥工作志愿者队伍，形成上下贯通、军地互联，纵向到底、横向到边，全方位、多层次的双拥服务网络。

新浜镇退役军人服务站是三级网络建设中的典型案例。服务站位于新浜镇赵王村村西的大方庵（即枫泾暴动指挥所），站内设有服务大厅、来访接待室、活动室、荣誉室、阅览室等，开展包括退役军人就业创业、困难帮扶、走访慰问、来访接待、政策咨询等一站式综合服务。与此同时，新浜镇成立一支居村退役军人工作联络员队伍，依托居村退役军人服务站，及时收集各类退役军人和其他优抚对象信息，做到"一人一档"，畅通"四尊崇、五关爱、六必访"机制，把对退役军人的关心关爱落到实处。

十年来，驻松官兵也把驻地当故乡、视人民为父母，在向能打仗、打胜仗聚焦的同时，践行人民军队的宗旨，积极参与生态保护、抢险救灾、平安创建、军民共建等活动。松江的老兵们退伍不褪色，用实际行动续写军民鱼水情。由 56 名铁道老兵组成的文化宣传志愿服务队，穿军装、唱军歌、讲军史，在国家大剧院斩获合唱金奖，先后深入机关、学校、社区、部队演讲铁道兵故事 180 余场，已成为松江最具军人特色的党建品牌；荣获庆祝新中国成立 70 周年纪念章的小昆山镇老兵王福，常年坚持在社区讲述军人初心故事；曾被朝鲜政府授予军功章的志愿军老兵朱俊贤，先后 9 次出入朝鲜收集战争资料，主动向"上海志愿军文献馆"捐赠了 1.5 万元和数百件战地藏品，牵头编撰的《松江儿女在朝鲜》让许多珍贵史实得以留存。

近年来，驻松部队中涌现出不少先进典型和感人事迹。"全军敬老孝亲之星"曹飒、"全军优秀共产党员"李峰、"全军学雷锋先进集体"国防大学政治学院学员 23 队、"共青团中央学雷锋先进集体"武警机动二支队"学雷锋三班"等不断用实际行动践行宗旨、服务人民。

链接一：

全国首个消防烈士纪念园在松江落成

2021 年 4 月 2 日，全国首个消防烈士纪念园在松江落成。

2021 年 4 月 2 日，全国首个消防烈士纪念园在松江落成

　　纪念园位于松江区烈士陵园内，占地近 15 亩，采取园林化设计，包括英雄广场、纪念碑、镜面水池、纪念墙、生命之柱、消防主题雕塑、长明火等纪念元素。室内还建有以"永恒的闪耀"为主题的上海消防英烈纪念馆。

　　其中，消防烈士纪念碑的造型宛如一座老式消防瞭望塔，镌刻着"赴汤蹈火为人民"七个大字，总高 11.9 米，寓意消防代号"119"，塔身高为 8.1 米，寓意消防救援队伍的军旅荣光。在纪念墙后的草地上，竖立着排列有序、高低不一的 42 根石柱，代表新中国成立以来上海消防的 42 位烈士，以牺牲时间排序，石柱的不同高度代表不同的年龄。42 位烈士中，最小的 19 岁，最年长的 55 岁。主题雕塑与纪念碑遥相呼应，名为《蹈火者》，消防员群像头戴防护头盔，身穿灭火救援服，手握消防斧、消防水带、水枪，身背获救群众，脸上刻满坚定勇毅，象征消防员是勇敢的逆行者，把烈火挡在跟前，把群众护在身后。

　　上海消防烈士纪念园除供消防救援指战员和烈属们缅怀先烈外，还作为"初心之地"的红色地标，面向公众开放，是开展爱国主义教育、红色精神教育的思政教育基地。

双拥剪纸作品展示

链接二：

"1234" 模式：以非遗作品促进双拥建设

2020 年 11 月，松江区双拥办、拥军优属基金会、退役军人事务局、退役军人服务中心共同启动非遗双拥传统文化进社区活动。活动以"汲取非遗文化之神、弘扬双拥传统之魂"为主题，让松江非遗文化走进社区，让松江双拥工作根植红色文化、传统文化基因。

此项活动在松江 17 个街镇退役军人服务站陆续开展，根据不同街镇退役军人服务站的需求，提供剪纸、绘画、书法、古琴、丝网版画、面塑等课程，通过非遗传承人的手把手教学，以艺术形式展现双拥工作的生动实践和军民鱼水情意。

围绕非遗传承与双拥工作的互融互通，松江已形成以非遗作品促进双拥建设的"1234"松江模式："1"是指从战略高度把非物质文化遗产传承与双拥融合作为创新双拥工作的重心；"2"是指区退役军人事务局成立松江区非遗文化传承基地和非遗技能培训基地；"3"是落实双拥工作进部队、进校园、进社区的"非遗三进活动"；"4"是围绕叶榭竹编、永丰木贴画、岳阳剪纸、车墩丝网版画四项内容，开展非遗传承与双拥融合的作品创作和展演活动。

《云间军创宝典》封面及目录

链接三：

全市首家编印退役军人专属就业创业政策汇编
——《云间军创宝典》

2020 年，松江区退役军人事务局在全市首家编印退役军人专属就业创业政策汇编——《云间军创宝典》，进一步精准服务退役军人就业创业，向退役军人全面提供就业创业各阶段所需政策法规依据、各类问题解决途径和综合性指导方案。

《云间军创宝典》结合松江区产业发展实际和退役军人双创实践需求，分别从背景概况、政策法规、服务阵地、成长技能和风采展示等五个部分为退役军人详细介绍和解读就业创业各阶段所需政策法规依据、各类问题解决途径和综合性指导方案。2020 年共计发放 2700 余册，为退役军人实践创新创业提供更权威、更清晰、更便利的指导和帮助，有效增强退役军人对各类政策的知晓度和运用能力，激发了广大退役军人的就业创业热情。

2021 年，松江区退役军人事务局联合上海市拥军优属基金会松江区工作委员会，再次升级编印纸质版《云间军创宝典（2021 版）》。新版《云间军创宝典》不但在内容上对各职能部门的各项政策进行了更新调整，还新增对现代农业相关产业政策的补充收录。

2012 年九亭镇网民沟通会

九亭镇"网民沟通会"创新社区管理模式

九亭镇是城乡接合部，面临很多输入性问题，这是从未碰到过，也没有解决先例的。在这种情况下，如何汇集民智、共同营造良好的社会管理环境？九亭镇探索出了"网民沟通会"这一可借鉴模式。

九亭镇共有小区论坛 80 多个，认证业主数量 5000 多人，版主 300 多人，网民 10 万余人，部分网民在东方网、搜房网等具有较大影响力。九亭镇充分利用网络的便捷性和即时性，自 2013 年起两个月召开一次"网民沟通会"，在加强与群众的良性互动等方面开展积极探索，包括：

线上及时响应。通过政府网站、"九亭社区"博客、"九亭生活圈"微博、搜房网各小区论坛等，定期收集和辨析舆情，及时发布信息，为群众排忧解难，解惑答疑。通过沟通和引导，使网民们逐步回归到理性，认识到"与其抱怨埋怨，不如大家同心共识、群策群力"，"要用行动改善生活，而不是光去抱怨政府和社会"。

线下加强沟通。通过召开"网民沟通会"等方式，把网民代表请进来，与相关职能部门面对面的沟通，一方面汇集民智民意，共同探讨问题解决方案，另一方面通过网民、版主们的特殊身份，及时、准确向居民宣传政府相关信息。2014年4月，有网民爆出九亭高科技园区有锂电池生产厂家的消息，一下子成了九亭各大小区论坛上的热帖，跟帖回复达400多条，网上点击率一度超过10万，引发越来越多的九亭网民对落户的锂电池厂网上投诉。对此，九亭镇除了在网上积极回应外，还组织20余名网民、版主代表进行实地参观考察，了解该公司的建设、生产情况，普及"锂电池"产品科学知识，通过网民的解释、宣传，多数居民逐步消除对锂电池的疑虑，备受关注的"锂电池"事件得到有效化解。

分类处置、主动作为。对能够解决的问题，保证当场答复。当网民反映北九亭区域内没有公园时，相关部门及时答复：在北部商务区已规划一个占地约50亩的休闲公园。不能当场答复或无法解决的问题，则进行耐心解释。对于网民们多次提出涞坊路能否打通七宝沪星路的问题，相关负责同志多次实地勘察，并邀请市建交委、市城市规划院等专家现场调研。但经综合分析后认为，打通此路难度较大，目前还不能实施。镇里及时把真实情况告知网民，最终得到大家的理解。对发生在群众身边反映强烈的突出问题，即知即改。如在一次网民沟通会上，有网民提出在九亭地铁站附近，存在肆意堆放渣土及乱停机动车等问题，严重影响交通。会后，相关部门快速组织整改，整理出一片简易停车场，并配有绿化带。镇里的反应速度让网民们觉得满意又欣慰，这种解难事、办实事、即知即改的工作作风也提高了政府的公信力。

"网民沟通会"是九亭镇政府在实践中探索出的"镇管社区"创新做法之一。通过这一平台，已经形成政府与社区居民线上线下全方位交流、共同为解决民生问题出谋划策的可行模式。

链接一：

松江融媒构建新型对外传播体系

"上海松江"客户端英语频道界面

2021年11月30日，"2021年度全国地方党媒融合发展创新示范项目"揭晓，松江区融媒体中心的"融媒体背景下构建对外传播体系的实践创新"项目上榜，成为上海地区唯一入选项目。

2019年7月1日，松江区融媒体中心与上海外国语大学新闻传播学院共同签署共建全球传播实训基地框架协议，开启松江融媒国际传播新时代。基地下设一个众创空间和八个特色实验室，包括上外多语种国际舆情实验室、国家话语与对外传播实验室等。由上海外国语大学新闻传播学院联手澎湃新闻打造的"全球事实核查平台"等项目落户基地，为松江区融媒体中心拓展对外宣传业务提供智力和平台支撑。

2020年，依托实训基地，松江区融媒体中心与上海外国语大学新闻传播学院在"上海松江"客户端共同主办上线英语频道，成为上海市16个区级融媒体中心推出的首个英语频道。专业教师、外籍专家、业界导师、本硕学生及松江区融媒体中心记者、编辑等30多人共同组成英语频道编辑部工作团队。

在运营过程中，"上海松江"客户端英语频道创新宣传方式，主动设置议题，实现国际传播双向发力。2020年10月起，英语频道相继推出"走进松江新农村""走进科技园区""外国人在松江""上海非遗文化"等系列策划，从小切口出发，采用更加贴近海外受众的语言、风格和选题等，将"硬新闻"进行"软化"。通过音视频、图文报道等多媒体形式和故事化表达方式展开英语新闻报道。截至2021年12月1日，英语频道累计发布相关新闻报道493条。

群众代表走进区政府常务会议并发言

链接二：

7名代表走进区政府常务会议
讨论新一轮松江区清洁空气行动计划

2018年11月28日，松江邀请区人大代表、区政协委员、区政府法律顾问、媒体记者、环保领域专家、企业及群众代表共7人走进区政府常务会议会场，就实施新一轮松江区清洁空气行动计划这一议题，听取汇报并建言献策。

为了让列席人员充分了解议题，以便及时搜集情况，有针对性地发表意见，区政府办公室提前一周把汇报材料送到列席者手上。列席人员提前就议题开展调查研究、列出问题清单、提出意见建议。会议紧紧围绕实施新一轮松江区清洁空气行动计划展开，围绕如何更好地监测空气质量、倡导绿色出行、加快新能源车推广等热点议题，7名利益相关方代表踊跃发言、各抒己见，开展热烈讨论。

近年来松江区坚持以公开为常态，不公开为例外，以"五公开"为重点，把公开透明理念贯彻到政府各项工作中，政务公开工作步入制度化、规范化、法制化的发展轨道。此次邀请利益相关方列席会议，是对决策公开的探索和落实，松江在探索实践的基础上，进一步完善顶层设计，拓展公开渠道，加强平台建设，全面深化决策、执行、管理、服务和结果公开，稳步提升行政决策的科学化、民主化水平，助推法治政府、创新政府、廉洁政府和服务政府建设迈上新台阶。

市民在窗口咨询问题

链接三：

政府信息公开服务窗口提供查阅、受理、咨询一站式服务

为进一步通畅信息公开渠道，方便市民提出申请，松江区政府根据市委市政府《关于全面推进政务公开工作的实施意见》要求，从2017年底开始筹备集中查询（受理）点的实体化运作，为查询（受理）点配备专职的工作人员，开展业务培训，强化现场服务能力。

2018年，松江区政府信息公开集中查阅（受理）点入驻区档案馆查阅服务中心，开设服务窗口，为公众提供主动公开政府信息查阅、受理依申请信息公开申请等一站式服务。

查阅服务中心设置政府信息自助查阅机、摆放政府主动公开信息的纸质文件，同时新增政府信息公开的人工服务窗口。窗口会告知市民如何填写具体精确的申请事项，引导向哪个部门申请，同时建议市民选取哪种方式获取信息。市民只需要提供有效身份证件，填写完整联系方式和电话，一般15个工作日内便可收到相关部门的挂号信或电子邮件，回复查询事项。部分信息工作人员现场便可给予答复，也会指导市民如何使用自助查询机自行查阅。

设置集中查询（受理）窗口，既符合市委、市政府提出的做好集中受理点现场服务的工作导向，又切实方便有需要的市民查阅获取政府信息，真正规范并优化了依申请公开的管理和服务。

高质量推进政务服务"一网通办"、城市运行"一网统管"

近年来，松江牢牢抓住"一网通办""一网统管"这两项城市治理的"牛鼻子"工作，在科学化、精细化、智能化上下功夫，聚焦"高效办成一件事"和"高效处置一件事"，坚持从群众需求和城市治理突出问题出发，通过"两张网"推动"人民城市"建设，不断提升城市治理现代化水平。

2021年是"一网通办"改革拓展年，松江持续深化"一件事"主题集成服务应用，通过办件数据及流程分析，将多个部门的多个事项合并为"一件事"，新增大学生实习见习、征地养老人员服务保障等13个"一件事"；"一业一证"改革覆盖至25个行业，累计发出500余张《行业综合许可证》；完成医疗保险零星报销等13个事项"好办快办"升级，比改革前平均减少时间68%、减少材料46%、减少跑动次数81%、减少填写字段57%。截至2022年9月，全区累计上线48个区级"一件事"，办件量近20万件。

办事更方便的同时，"一网通办"不断优化。2022年，松江区依托"一网通办"平台建设，变被动为主动，推动一批惠企利民政策精准推送，甚至"免申即享"。比如，区总工会在全市率先推出"在职职工住院天数理赔"全程网办业务，只要打开"随申办"App"松江旗舰店"，上传相关业务所需的电子证照和材料照片，完成线上申请，后台审核通过后，理赔款自动到账，实现了办事"零跑动"。

此外，线上服务能级进一步提升，通过"看不见"的流程优化再造，让"看得见"的服务提速增效。截至2022年9月，"一网通办"区级平台入驻部门已增加至39个，事项达2289个；"随申办"松江旗舰店累计接入服务447个，访问量超2300万人次；企业专属网页精准推送6000余条政策与通知，新增33类企业画像标签及特色档案，实际办件网办率超85%。

2020年初，区城运中心成立后，始终以"一网统管"为牵引，聚焦"高效处置一件事"，逐步构建起"区级统筹、两级指挥、三级联动"的

位于松江商圈的"一网通办"宣传　　　　松江区中山街道城市运行综合管理中心

"1+18+X"城运体系格局和"全域感知、全程协同、全时响应"城市运行管理网络，形成应用枢纽、指挥平台、赋能载体"三合一"城运智能管理平台，为城市高效、安全、有序管理提供保障。

"城市大脑"背后，是密织的数据信息网络。截至2022年9月，区城运中心平台共接入公安、综治、水务等视频约1.3万个，物联感知设备2.2万个，对接相关委办局数据形成城市运行数字体征518项，构建气象环境、能源监测、人口规模、经济税收、文明旅游和卫健概况6个城市体征主题库，有效支撑区级平台的个性化分析、展示、研判决策等功能。面对量多面广的市民诉求，2021年4月，区城运中心依托"一网统管"平台建设，上线12345上海市民热线"智能派单"功能，以标准化、信息化、智能化手段，压缩12345热线工单内部流转时长，市民诉求在5分钟内快速派发至相应承办部门，大大提高了"接诉即办"的效率。截至2022年，日均自动派单占比量从起初的15.82%提升到51.49%，准确率达到93.54%。

为全面提升数字治理能力，2022年，松江启动区城运平台二期项目，重点推进视频中台、物联中台、AI中台和指挥平台建设，进一步夯实数字治理底座，提高"观管防处"的一体化高效作战能力；推动城市"生命线"智能感知和预警系统建设，不断提高城市智能化管理水平，助力行业监管和基层赋能；构建更为完善的城市数字体征体系，汇聚城市运行各类数据，全面掌握城市运行态势，实现全方位监测、全维度研判。

2018年3月31日，松江区市场监管局发出全市首张工商开办企业"一窗通"营业执照

链接一：

发出上海首张"一窗通"营业执照

在上海市着力推进工业互联网及智能制造高地建设的大背景下，企业营业执照办理的快慢直接影响到企业下一步的布局和业务的发展。2018年3月31日，松江区市场监管局发出全市首张工商开办企业"一窗通"营业执照。"一窗通"是上海市统一开办企业网上申报平台，包含两个功能，一是实现开办企业工商营业执照、公安刻制公章、税务涉税事项的在线申报，二是提供银行开户预约、社保用工办理等服务。

"一窗通"服务平台的运行，实现了企业设立登记由"网下受理为主、网上受理为辅"转变为"网上受理为主、网下受理为辅"。平台开通以后，工商、税务以及公安等部门的数据实现实时交互共享、环节同步并联办理，在5日内确保本市所有新设企业税务领取发票，开展经营。而在此前，完成这一系列审批程序需要22天。

"一窗通"平台的正式启用，是松江区深入落实"放管服"改革，加快行政审批制度改革，大力优化营商环境的一个缩影。2018年1月5日，本市首张"不见面审批"工业产品生产许可电子证书在松江区市场监管局办理发出。此后，松江发布以"简政放权＋互联网＋店小二"为要义的《G60科创走廊产业集群发展"零距离"综合审批制度改革方案》，在全市率先开展全流程预审，企业从拿地到完成开工许可，最快只需15个工作日。

松江把审批权力放在离企业和市场主体最近的地方，推进互联网"不见面审批"，构建新型政商关系的举措，进一步优化营商环境，使政务服务生态更加高效便捷。

链接二：

发出全市首批"不见面审批"工业产品生产许可证

2018年1月5日，受上海市质量技术监督局委托，松江区市场监管局办理发出全市首张"不见面审批"工业产品生产许可电子证书，简化审批程序，为企业减负。

位于松江的上海众志卫生用品有限公司的许可证书将于当年2月6日到期，公司经办人员在有效期届满30日前通过网上提交申请，1月5日上午9时54分，公司负责人在市质量技术监督系统协同平台上填妥许可证申请资料，点击提交键。经松江区市场监管局网上许可审批，9时58分，审批流程办结，公司在市质监局网上办事平台下载到电子证书，成为上海首批享受该证"不见面审批"服务的企业。而在此前，这一过程短则三个月，长则半年，至少要去窗口2次，仅材料筹备要费时2周左右。

从提交申请到审批发证在4分钟内完成，如何实现？关键在于将现场审核程序后置，通过在线预先服务指导，对企业"点对点"辅导，把需要补充的内容推送给企业，减少到窗口排队的时间，提高审批效率，使服务更有针对性。

简化审批程序后，如何在事中事后实行监管？通过"不见面审批"获得许可证的企业，一旦在现场审查的后置环节被判定为不合格，政府部门将在10天内立即启动并实施快速退出工作程序，撤销行政许可并办理注销手续。

2018年1月5日，松江区市场监管局办理发出全市首张"不见面审批"工业产品生产许可电子证书

松江区中山街道城运智能综合管控平台

链接三：

打造"一网统管"松江样本

到 2035 年，松江新城常住人口预计达到 110 万。面对人口规模的扩大，如何精细治理城市？传统方式和人海战术显然难以为继。依托技术力量，松江区初步建成具备城市运行生命体征的管理展示平台，从而打造出"一网统管"的松江样本。

为了使数字技术根植于松江区城市运行"一网统管"治理数字化转型，松江着力打造城运中台，从技术赋能、场景应用等方面出发，建成涵盖经济发展、平安治理、城市运行、民生服务等多方面的个性化场景应用。2021 年初，上海发布全面推进城市数字化转型的意见，提出推动"经济、生活、治理"全面数字化转型，"一网统管"正是治理数字化的重要内容。此后，松江区城运中台加快建设，AI 中台、物联中台、视频中台等推动城运中台成为城运系统的应用枢纽、指挥平台和赋能载体。特别是在 AI 技术支撑下，城运中台可以具体应用在城市品质提升、明厨亮灶、平安校园、河道治理、智能 AI 巡检、城市生命体征等场景中，实现对城市运行事件全天候、全过程的自动管理。

松江区"一网统管"设计具有长远视角，不仅部署 AI 应用平台，还设计数据标准平台以及算法训练平台。在"一网统管"的过程中，已有的场景能够支持未来产生的场景，并通过"一网统管"系统的自动训练去支持新的场景。在空间的架构设计上，松江也处于领先地位，相比其他地方烟囱式、平台式的架构，松江提出二级架构建设，既有区级层面的统一训练和赋能，也有街镇节点的计算，解决了重复建设的问题。

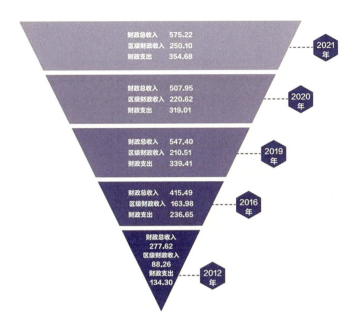

单位：亿元

财政总收入	575.22	
区级财政收入	250.10	2021年
财政支出	354.68	
财政总收入	507.95	
区级财政收入	220.62	2020年
财政支出	319.01	
财政总收入	547.40	
区级财政收入	210.51	2019年
财政支出	339.41	
财政总收入	415.49	
区级财政收入	163.98	2016年
财政支出	236.65	
财政总收入	277.62	
区级财政收入	88.26	2012年
财政支出	134.30	

2012、2016、2019、2020、2021 年松江区财政收支情况

"财政大管家"引导街道实现体制改革与职能转变

  2015 年，上海市推进"创新社会治理加强基层建设"工作，全市街道全部取消招商引资，内设机构精简，推动街道工作转向"公共管理、公共服务、公共安全"。街道不招商后，经费如何保证？松江区财政局充分发挥财政在"创新社会管理、加强基层建设"中的保障作用，引导街道做好体制改革与职能转变，为基层创新社会治理探明了一条路径。

  为确保街道工作正常运转，松江区建立街道财力保障新机制，确保街道所需工作经费足额保障。一方面取消财力结算方式，对街道经费实行区级全额保障。另一方面，按照街道所承担的社会管理职能和各项社会事业发展需求，结合区级财力状况，安排支出预算。2016 年是街道纳入区本级预算管理的第一个完整年度，全年松江区财政用于岳阳、方松、广富林、九里亭四个街道实际执行数 65541 万元，其中民生保障、城市管理和维护、社会治理、党建服务四项内容支出 46411 万元，占总支出额的 70.8%，四项内容支出额较 2015 年街道职能转变之前增长 82%，2017 年四项内容的预算数则在 2016 年支出基础上再增长 26.9%。

对照部门预算管理新要求，区财政局还重点针对各街道在预算编制、预算执行中存在的问题，研究有针对性、可操作性强的对策措施。一方面排摸各街道上年度支出情况，控制和压缩一般性支出；另一方面，鼓励街道经费向民生保障、基层建设和重点项目倾斜，支持为民办实事。

通过"压缩"和"倾斜"，财政资金下放至街道，解决了街道工作资金来源问题。没有了招商压力，"管理"和"服务"成为街道工作的重点，街道工作重心转移到公共服务、公共管理和公共安全等社会治理工作上，特别是对"五违四必"环境综合整治、中小河道治理、"老街坊"改造等方面加大工作力度，推动街道的管理顽症得到有效解决。

为确保工作资金能够既规范又高效地使用，2017 年初，区财政局印发《关于修订完善街道预算管理工作的通知》，对各街道办公用房维修装修、房屋租赁，以及车辆管理、食堂管理等事项的预算管理工作内容及要求进行修订完善。

在做好基本财力保障的基础上，区财政坚持效益导向，加快推进"转方式、重监管、强服务"，探索操作性强、复制度高的街道财政投入新机制，进一步提高财政资金的使用效益。一方面，设立"文明城区建设专项资金"保障街道民生和应急抢修项目及时落实，有效增强街道自治能力，发挥社会协同作用。另一方面，杜绝资金使用中的违规问题，强化专项资金的事中、事后监管。各街道专项资金的使用管理纳入财政大监督体系，以不定期检查和年末绩效后评价相结合的方式，推进专项资金监督检查结果在财政资金管理工作中的实际应用，规范各街道项目资金使用流程，提高财政资金的使用效益。

析出的九里亭街道风貌

链接一:

九亭镇、方松街道"一拆为二",
化解行政管理、资源配置不足矛盾

　　松江区九亭镇是全市 21 个常住人口超过 20 万人的"大镇"之一,常住人口超过 30 万;方松街道是全市 8 个区域面积大于 20 平方公里的街道之一,除松江大学城约 11 万人口外,常住人口超过 20 万。两个地区接近中小型城市规模,但行政资源、公共服务资源等按照镇级、街道建制配置,总量不足和分布不合理问题较为突出。

　　2015 年,为加快基本公共服务设施配套和布局,九亭镇和方松街道各自"一拆为二",分别新设立一个街道。7 月 29 日,析出的"九里亭街道"和"广富林街道"举行揭牌成立大会。

　　从方松街道析出的广富林街道办事处地点为人民北路 2456 号,街道办事处行政区域范围为:东至通波塘,西至油墩港,南至文翔路,北至辰花公路;区域面积为 19.05 平方公里,人口 19 万余人,下辖 10 个居委会(筹备),管辖小区 19 个。

　　从九亭镇析出的九里亭街道办事处地点为九杜路 333 号,街道办事处行政区域范围为：东至小涞港，南至沪松公路，西至 G15 高速公路，北至 G50 高速公路；区域面积为 6.79 平方公里，人口 11.5 万人，下辖 13 个社区居委会（其中村改居 1 个）及 1 个村改居委会的北部地区。

广富林街道和九里亭街道成立后，配置相应的行政管理和公共服务资源，化解了群众需求与社区管理服务之间的矛盾。街道把工作重心放在公共服务、公共管理、公共安全工作上，也有利于做深、做实社区管理服务，促进经济的转型升级，保持镇域内经济的可持续发展。

链接二：

松江区机构改革：因地制宜设置三个特色机构

2019 年 2 月 26 日，松江区机构改革方案公布。根据方案，本次改革后，松江区共设置党政机构 45 个，包括 1 个纪检监察机关，12 个区委工作机关，32 个区政府工作部门。

在调整优化区委、区政府机构职能外，方案因地制宜设置三个特色机构，分别是：

设置区科创发展办公室，作为区政府工作部门，履行科技创新和制度创新为主的区域合作职责，负责城市间日常对接、联络和协调，研究解决跨区域合作的重点难点问题等职责，推动 G60 科创走廊建设，推进区域协同创新融合发展，服务长江三角洲区域一体化发展国家战略。

继续设置区交通委员会，作为区政府工作部门，主要承担全区交通管理职责，加快推进松江"四网融合"综合交通体系建设，构建面向长三角、以"松江枢纽"为核心的综合交通格局，缓解日益严峻的交通问题，方便群众出行。

设置区政务服务办公室，作为区政府工作部门，主要承担推进本区域行政审批制度改革、监督全区机关效能建设、协调和管理全区政务服务事项等职责，进一步推进审批服务便民化，统筹行政审批、公共资源交易统一集中管理。

一图读懂松江区机构改革方案

链接三：

为全市推广公务卡制度改革贡献先行先试经验

与现金结算相比，公务卡结算能够实现支出的透明化、规范化，是管好公共资金"钱袋子"的有效手段。

松江从2009年开始公务卡改革工作，2010年覆盖所有区级机关，

松江区文广局公务卡管理实施办法

2017年8月18日发布的《松江区文广局公务卡管理实施办法》

2013年进一步推广到所有街镇。2016年，上海市纪委把松江作为进一步完善和推进公务卡制度改革的先行区，为全市推广此项工作贡献先行先试经验。

在深入调研、摸清底数的基础上，松江出台《进一步完善松江区公务卡制度改革的实施意见》。《意见》将实施公务卡消费对象从原有的基础扩展到全区纳入财政预算管理单位，包括党政机关、国有企事业单位、镇属集体企业。《意见》对公务卡日常结算和管理、监督、特殊情况处理都进一步细化规定，列出公务卡使用的"正面清单"，并进一步细化清单内容，将原来16项公款结算的强制性内容扩大到19项。同时，推出不具备用公款结算的项目"负面清单"。

在推行过程中，一些单位自主试点成立票据审核中心（办公室），设立专职票据审核员，将财务票据审核关口前移，支出不合规、票据不完整以及未按规定使用公务卡（转账）结算的票据，一律不能进入领导签审环节。

截至2016年底，松江区内公务卡持卡数达4939张，公务卡及转账强制结算目录执行率达到99%，现金用量大幅下降，预算单位现金使用率仅2.1%，松江区圆满完成深化公务卡改革试点工作。

链接四：

深改革、优结构、促监管，打造国资国企高质量发展松江样本

2016—2020年，松江区"政企分离"和公司制改造基本完成，第二轮国资国企改革顺利收官，区域性国资国企综合改革稳步启动。

五年内，松江全区国有企业资产总量从702亿元提高到877亿元，增

一图读懂《松江区国资国企改革发展"十四五"规划》

加 175 亿元；净资产从 326 亿元提高到 455 亿元，增加 129 亿元。净利润平均数比前五年净利润平均数增长 93%，保值增值率年均超过 107%。整体资产负债率从 53.5% 下降至 48.0%，减少 5.5 个百分点。提前四年完成中央关于国有资本收益收缴比率提升至 30% 的要求，落实商发集团 10% 国有股权划转社保基金规定。

在政企分离基本完成的基础上，第二轮国资国企改革启动。其间，10 家区管国有企业、2 家区直接考核企业以及 3 家委管企业合并重组为 7 家区管集团。2016 年先后完成交投、开发集团的整合，并在 2017 年揭牌国投、城投、商发、新城、新松江置业 5 家国有集团公司。改革启动以来，转让与企业发展战略不符的全资子公司 2 家，注销亏损或者无竞争力的"小、散、弱"型全资子公司 10 家，退出或者收回低效对外参股公司 8 家，5 年内"关、转、并"低效企业总计 20 户。

立足"管好资本、放活企业"相统一，完善企业领导人员任期制契约化管理，制定领导人员经营业绩考核办法；坚持工资总额预算管理，实行工资总额与企业效益挂钩、与劳动力数量脱钩；开展专项审计，启用信息管理平台，确保关键领域重点环节监管措施到位。同时，加大授权放权力度，鼓励改革创新容错机制，增强企业活力效率，推动国有资本和国有企业不断做强做优做大。

文化建设

仓城风貌

发布首轮《人文松江建设三年行动计划（2017—2019）》

2017 年，松江区发布《人文松江建设三年行动计划（2017—2019年）》（以下简称《计划》），公布人文松江建设 11 个类别 31 项主要任务，在全市率先构建现代公共文化服务体系。

《计划》以打造"书香之域、书画之城、文博之府、影视之都"为总体目标。其中，"书香之域"以中华"二陆"读书台为历史底蕴，传承中华民族求知上进的读书精神，传承松江历史上文以载道、歌以咏志的文化传统，加强大学城与松江文教禀赋的深度融合，倡导全民阅读，建设书香社会。"书画之城"以"中国书法城"为基础，以董其昌书画艺术博物馆和程十发艺术馆为研究展示基地，推陈出新，普及提高，涵养市民审美情趣和人文素养，推出中华书法"祖帖故里"和书画之邦传统艺术传承品牌。"文博之府"以广富林文化遗址公园和历史文化风貌区为依托，保护与利用并举，改造与复兴同步，打造留存"上海之根"文化记忆的博物馆集聚区和非遗技艺传承区。"影视之都"以文化为引领，以车墩影视城和仓城影视园为基础，着眼南部新城高品质规划，形成高科技、国际化影视产业集聚中心，建设松江科技影都。

《计划》提出的主要任务包括：深化落实社会主义核心价值观、形成"一轴四圈五区"文化空间新布局、构建现代公共文化服务体系、推进书画文化建设工程、构建优秀传统文化传承体系、打造文艺精品力作、加大宣传教育力度、全民行动和学雷锋志愿服务、推进文化创意产业跨越式发展、深化文化与旅游融合力度、构筑文化人才高地、加强对外文化交流合作等。其中，"一轴四圈五区"文化空间新布局成为亮点。"一轴"指衔接古今的历史文脉轴，即海上寻根广富林、浦江烟渚春申堂、中华"二陆"（陆机、陆云）读书台、董其昌书画艺术博物馆、程十发艺术馆和人文松江活动中心。"四圈"即以广富林文化遗址公园为主体的根文化圈、以方塔园和区博物馆为主体的府城文化圈、以中山街道为主体的文商旅融合的商务文化圈、以松江南部新城科技影都为主体的影视文化圈，以点带面，辐射带动周边区域整体发展和文化内涵提升。"五区"指统筹推进永丰仓城、泗泾下塘、中华"二陆"读书台、华阳老街、米市渡等五个历史文化区域。

2017—2019 年，首轮《计划》用三年时间把松江初步建设成为了市民更具人文素养、城市更具人文魅力、乡村更具人文气息、科创更显人文智慧、旅游拥有人文天地的文化强区，使"人文松江"成为上海建设全球卓越城市的一个新亮点。

《松江人文大辞典》彰显"上海之根"历史文化底蕴

"一典六史"之《松江人文大辞典》(总类·民俗卷)

作为人文松江建设的重点工程，八卷本《松江人文大辞典》编纂工作自 2019 年初启动，2020 年 12 月首卷出版。2021 年 1 月 1 日，《文汇报》专版刊发主编陆军撰写的总序，指出《松江人文大辞典》的编纂思路及目标愿景：

雄厚的历史背景，璀璨的人文景观，独特的经济优势，使《松江人文大辞典》以丰富的史料为时代留下一部恢宏的松江历史文化长卷成为一种可能。在这部长卷中，有对松江各个历史时期文化发展的概括，有对松江文化名人与传世佳作的记述，有对松江文博、胜迹、景观的介绍，有对千百年来松江百姓衣食住行、市井生活等文化细节的记录。其收录范围求广泛，引用资料求翔实，记述内容求精细，是我们的编纂团队所共有的思想共识与行动准绳。

我们希望，这部大辞典能体现出这样几个特点：第一，词条与释文的统一，所选词条详略得当，所撰释文有源可溯，尽力做到史料翔实，剪裁有方，描述规范。第二，地方性与全国性的统一，所选"松江"词条"不越位"，通过窥一斑而知全豹。第三，学术性与实用性的统一，编纂大辞典的根本目的一是为学者提供专业知识的参考指南，二是为普通民众接受人文教育搭建一个"大课堂"。第四，历史性与现实性的统一，词条内容不设上限，下限原则上截至 2019 年。其间，凡人文领域的历史和现状、人物和作品、团体和活动等皆分卷设目。

链接二：

第二轮《人文松江建设三年行动计划（2020—2022 年）》发布

2020 年 11 月 19 日，松江区发布《人文松江建设三年行动计划（2020—2022年）》，这是在首轮三年行动计划收官的基础上，为人文松江新三年建设的谋篇布局。新一轮《计划》共制定 13 项重点任务，梳理五大类49 项项目清单，明确 4 项核心项目和 12 项重点项目。

2020 年 6 月 13—15 日，全国首部抗疫题材原创话剧《护士日记》上演

从总体要求看，新一轮人文松江建设坚持"四大原则"，即：坚持对标国际、区域协同；坚持文脉传承、彰显发展；坚持城乡统筹、服务民生；坚持聚焦特色、文旅融合。

从发展目标看，紧紧围绕构筑以书香之域、书画之城、文博之府和影视之都为特色的文化名城这一目标没有动摇，紧扣持续深耕厚植"上海之根、人文松江"文化品牌，进一步彰显"松江特质"、讲好"松江故事"，让人文松江成为推动松江经济社会发展的重要支撑和核心竞争力。

从实现途径看，呈现"四个'向'"特征：推动"纸面"向"地面"落实，推进一批重点文化设施、项目尽快落地实施，进一步拓展和丰富松江城市发展内涵；加快资源向产品转化，推动一批蕴含文化价值的古建筑、历史文化风貌区修缮和保护性开发，推动优秀文化资源的创造性转化、创新性发展；强化项目向现象培育，推出一批展示松江形象、服务人民群众的文化工程，形成一批体现松江底蕴、展现松江水平的文化品牌，着力培育具有松江特色的现象级文化产品；实现品质向生活提升，进一步深化文旅融合，高质量推进以人文松江为特质的全域旅游发展，为人民群众提供更高品质的生活体验。

云间会堂文化艺术中心夜景

云间会堂文化艺术中心为市民提供一站式文化服务

2022年9月，松江文化地标——云间会堂文化艺术中心开放。该项目整体工程建设历时4年，囊括松江区文化馆、图书馆、文化资源配送中心、云间剧院、云间会堂艺术展厅和小剧场，总占地面积约4.8万平方米，为市民提供参观艺术展览、观看文艺演出、参与群文活动和借阅图书等一站式公共文化服务。

云间会堂文化艺术中心距离松江南站1.9公里，与醉白池公园隔岸相对。通过与醉白池公园整体考量，在视觉上采用借景手法，将公园景观引入文化艺术中心。屋顶呈起伏绵延之势，犹如一本打开的书籍。建筑外立面以深浅相间的竖形装饰，表达"琴与乐"意象。室外景观运用中式园林技法。南侧广场采用堆土形成起伏地形，以松、云、石为点缀，中轴以镜面水池形成倒影，营造"九峰三泖"意境；中心区域采用缓坡造型，突出"松景"和"双鹿"雕塑，形成"二陆读书台"景观；下沉式中庭用灵璧石、太湖石和泰山石造型，辅以"枯山水"手法，演绎"天马三高士"人文典故。

云间会堂文化艺术中心一改文化机构分散在城区各处的格局，将文化馆、图书馆、文化资源配送中心等机构在物理空间上整合到一起，以统一的形象呈现在市民面前，通过资源共享、平台共建、服务共用，形成文化建设的合力。

钟书阁（泰晤士小镇店）

本土实体书店持续输出品牌文化，打造"城市书房"

钟书阁、朵云书院、南村映雪、山脚下的书店、中国旅游书店……近年来，松江"最美书店"、特色书店集群成为人文松江的重要组成部分，松江本土实体书店持续输出品牌文化。

"南村映雪"书店位于泗泾老街，由清末民初的管氏宅修缮改建而成，是新华书店推出的一家新概念文化书店。这个富有诗意的书店名中，"南村"取自元代寓居泗泾的大学者陶宗仪所编著的《南村辍耕录》，"映雪"则取自元代泗泾藏书家孙道明书斋"映雪斋"。书店依托原有古宅构造，一砖一瓦、一雕花一棱角展现古建筑原有的风貌，让读者在这座百年老宅里

山脚下的书店

"南村映雪"新华书店

朵云书院

享受慵懒惬意的阅读时光。

朵云书院位于广富林文化遗址内徽派古建筑群中，整栋建筑分为上下两层，内设阅读、文创、展览、讲座、品茗等多个功能空间，外设"松石境"与"水云乡"两个景观庭院。朵云书院倡导"书＋茶"慢生活方式，读者可在这里边读书边喝茶，感受中式传统阅读方式的美好。

立足松江多年的钟书阁是松江老牌"最美书店"。该店上下两层共有 6 个特色区域，存放有10 万余册书籍。钟书阁每年举办一千多场活动，包括钟书大讲堂、名家分享会、亲子教育等，将文化内容以更丰富的形式呈现给读者。

位于佘山文化绿洲园区内的"山脚下的书店"，从特殊地标"山"的特征出发，将"树林"意象转化为"书林"，把山间林中穿行的自然体验融于书店设计中，打造"简单生活、归于自然、潜心阅读"的体验。

在仓城历史文化风貌区内，有一家以"不借不卖只能看"为特色的书屋——未觉书屋。书屋里藏书近万册，大都是旧书，其中还有不少本土人文类书籍和孤本。车墩镇华阳老街有一家庆阳书屋，建在朱叔建、朱季恂等人的故居，书屋藏书 3000 余册，种类包括江南文化、社会百科、少儿读物、农业科技和美食养生等。"云间书房"位于九峰路 2 号，在这里读者可扫码免费畅听一万余部精品付费专辑，现场还精选 200 余册图书供读者阅读。书房巧妙融入 G60 科创云廊、广富林文化遗址等松江特色坐标，让读者在阅读的同时，了解茸城特色风情。

这些"最美书店"、特色书店在松江逐渐聚集，把"最美场景"和"人文空间"相结合，成为城市文化的载体，承担文化传播的重任，让书店成为人文综合体验场所，让人文松江的氛围愈加浓厚，为读者打造可以深度体验的"城市书房"。

链接一：

秀南读书会，一个成立20余年的"五星级"学习团队

2022年10月，永丰街道秀南读书会荣获"2021—2022年度上海市学习团队工作室"称号。

自2001年创建以来，秀南读书会先后组织读书活动300余场次，为上万人次的居民提供丰富学习内容。读书会成员大都是老年人，年龄从55岁到80岁不等，半数是党员。读书会凭借"相约星期三""听听国家事""聊聊社区情""说说心里话"等丰富活动营造其乐融融的氛围，先后荣获"上海市老年标准化学习团队""上海市优秀老年人学习团队""上海市五星级老年学习团队""上海市离退休干部先进集体"及茸城"最佳老干部集体"等荣誉称号。

2012年以来，读书会规章制度越来越规范，组织的学习活动更加高效有序。在永丰街道社区学校师资和资金支持下，读书会成立书法楹联组、摄影组、剪纸小组等，吸引更多成员参与学习。随着活动稳步开展，读书会调整学习内容，推出三门必修课：时事必修课、生活必修课和实践必修课。此外，每年的必修课还包括"学党史、感党恩、跟党走"

秀南读书会荣获"2021—2022年度上海市学习团队工作室"称号

教育活动，健康杂谈、垃圾分类、安全防范、法律知识等讲座，以及观看红色主题电影、线上线下参观博物馆、纪念馆等体验活动。

20余年来，秀南读书会为推进街道读书学习团队建设，提升城市文明程度与市民文明素养，营造"多读书、读好书、善读书"的良好氛围发挥了积极作用，成为成员们的精神家园。

链接二：

"稻香、书香、满秋香"：金秋田野里的文化盛宴

2021年10月25日，佘山镇举行美丽乡村第四届"稻香书香满秋香·山言粮语"新时代文明实践读书活动。爱书人相聚在丰收的田野，参与诗、书、舞、乐等多种形式的表演、分享、体验活动。

活动发布佘山"猫悦"全民阅读公益项目，为居民开辟阅读空间，倡导全民参与读书。由居民们自发形成的佘山群众读书品牌"爱悦读书会"资深会员畅谈阅读与人生。"爱悦读书会"最初由镇政府机关、企事业单位、村（居）委会的40名爱书人发起，之后吸引300多名会员参与，并推出《爱悦》刊物，已成为佘山特色读书品牌，影响力不断扩大。

爱书人相聚在丰收的乡村田野，参与诗、书、舞、乐等多种形式的表演、分享、体验活动

近年来，佘山镇着力推进以新镇村为试点的上海市学习型乡村建设，激发乡村发展的内生动力和创造活力，努力建设本土文化品牌项目，丰富乡村文化繁荣发展。"稻香、书香、满秋香"读书活动是佘山镇推进学习型乡村建设、丰富乡村文化重点培育的文化品牌，也是一场全民参与、内涵丰富的文化盛宴。

佘山外国语实验学校图书馆

链接三:

以高品质阅读项目助推书香校园建设

松江坚持以高品质阅读项目助推书香校园建设,让阅读成为撬动学生核心素养落地的支点。以佘山外国语实验学校为例,校内既有融合世界版图分区、构造馆内"地球村"的大型图书馆,也有利用教学楼走廊、楼梯拐角空间改造而成的"迷你图书馆"。小学、中学两校区图书馆总面积近2000平方米,有纸质藏书28053册。学校以"每一个孩子都是悦读家"为理念,立足"书·声"五艺课程,创新读书行动载体,打造校园"阅读大本营",通过阅读培养学生思维能力,锻炼学生的"听、说、记、创、演"能力。

除创设良好读书环境,高品质阅读项目也在松江校园内有序实施。泗泾五小从开发诗词文化阅读课程《玫玫姐姐讲古诗》起步,形成区域辐射的"云听天下",再到涉足经典小古文赏析的"云下听书"亲子共读坊,阅读成为滋养学生生命的有声力量。在上外云间中学,以《论语》为载体的跨学段、跨学科、跨文化阅读向纵深推进,中国传统文化经典阅读呈现出

"写、画、演、辩、讲、创"等多元融合的综合学习生态。

在松江，阅读不只在校园。各校聚焦"整本书阅读、人文阅读、科普阅读、经典阅读、亲子阅读、数字阅读"等读书项目，打通课内与课外、互通学校与家庭、融通校园与社会、联通阅读与生活，多渠道、全方位推进全员阅读。

祖帖故里　云间墨韵——上海松江书法晋京展

松江书法首次以"云间书派"集体面貌在北京亮相

　　作为中华书法"祖帖故里"和书画之邦，松江书法自"天下第一帖"——晋代陆机《平复帖》开始，到宋元米芾、苏东坡、赵孟頫、杨维桢，明清莫是龙、董其昌、陈继儒等，再到近代以来陆维钊、白蕉、程十发等，直至当下海上书坛的松江现象，历经 1700 余年，源远流长，绵延不断。在奠定江南书法文化传统根基的同时，也启发并推动了近代以来海派书法文化的变革与发展。

祖帖故里　云间墨韵——上海松江书法晋京展

2018 年 10 月 26 日—11 月 4 日，"祖帖故里　云间墨韵——上海松江书法晋京展"在中国美术馆举办。这次展览是松江书法首次以"云间书派"的集体面貌在京亮相。展览涵盖陆机、董其昌、陈继儒、程十发等松江历史文化名人以及现当代松江书法家的优秀作品，以 139 件古今书法篆刻精品为脉络，配以图文并茂的松江书法图史文献墙，展示松江书法文化发展的历史与演变轨迹。其中，既有"二王"书体创规之前的先声，也有宋元文人书体变革的印记；既有明代台阁体的立破与文人书法的蔓延播布，也有明末"云间书派"的集大成；既有清代馆阁体的应时而出，也有清中后期碑学风潮下新格局的滥觞；既有近现代书画大家的汲古出新，也有当代书家的新意新腔。

展览以中国美术馆一楼 1、8、9 号三个展厅为主展场。1 号厅选取上海方塔园、醉白池公园等江南园林格局，设计园林式照壁与碑廊环绕景致，融入《平复帖》元素，突出祖帖故里的书法文化渊源。厅内展出明代"松江书派"领军人物董其昌的《蝶恋花》《戊申·临怀素自叙帖》《临张旭怀素高闲帖》等 10 余件珍品，还有董其昌的老师莫是龙的《与原正书》《晋书·王羲之与谢万书》等多件力作，以及明代"华亭派"领袖之一陈继儒的《岁朝云物诗》《虎丘南去诗》《苏轼杂文》等精品。这些作品中，既有行书、楷书、草书诸体，又涵盖了手卷、条幅、尺牍、扇面等多种形式。厅内同时展出明代草书代表人物张弼的《题詹耳载酒堂》，著名抗清义士夏允彝的象牙篆刻《夏允彝印》，康熙皇帝御用代笔人沈荃的《沈文恪公书画真迹》《临米芾蜀素帖》《太皇太后大德景福颂》等多件作品，清代诗人张祥河的《门有蒙承》等。

8号和9号厅展出陆维钊、白蕉、程十发、马相伯、杨了公等近现代名家的35件书法篆刻作品，以及54件当代书法篆刻作品，包括14件上海市书法家协会主席团成员作品和通过征集并经专家评审后的40件入展作品。

本次"松江书法晋京展"，既是全力打响"上海文化"品牌的一个缩影，也是"人文松江建设三年行动计划"的一次成果展示。松江以"中国书法城"为基础，以董其昌书画艺术博物馆和程十发艺术馆为研究展示基地，不断推陈出新、普及提高，涵养市民审美情趣和人文素养，推出中华书法"祖帖故里"和"书画之邦"传统艺术传承品牌，充分彰显了松江书法推动"上海之根"枝繁叶茂，上海文化繁荣兴盛的蓬勃活力和广阔发展前景。

链接一：

中书协正式命名松江区为"中国书法城"

自三国两晋南北朝以来，松江即以书法驰名天下。据考证，松江留名史书的书法家达283名。西晋时期，松江陆机书写了目前传世最早的名家法帖《平复帖》；至明代，以董其昌为核心，在莫是龙、陈继儒等的共同努力下，开创了明代书法史上第一个地域书派——松江书派。近几十年来，在各级展赛中，松江书法家保持着频频获奖、入展的良好纪录，通过举

小昆山镇翔昆苑法治文化社区书法广场上，居民在书法台上练字

办大型书法活动、研讨会以及书法普及、书法教育等群众性活动，松江书法的影响力不断加强。

近年来，松江区委、区政府自觉把书法作为一个亮点凸显，将提高和普及书法作为提升松江城市文化品位的有力手段，从组织、经费、硬件设施上，给予充分保障。以此为基础，松江区决定创建"中国书法名城"。全区重点挖掘、整理松江书法资源，夯实书法名城创建基础，主要就松江博物馆、程十发艺术馆馆藏书法墨迹、民间收藏书法作品和松江范围内主要书法碑刻遗存，编写松江历代书法文献选介专题资料；搜集有关松江书法历史和当代书法活动的大量翔实资料、图片和视频，拍摄《祖帖故里 书法松江》专题片；编辑出版《云间翰墨——松江历代书法作品集》《中国书协六届三次理事会理事作品集》《云间翰墨——松江当代书法作品集》等。

2012 年 11 月 21 日，松江区被中国书法家协会正式命名为"中国书法城"。书法名城的创建活动，大大地激发了全区书法创作者们的热情，全区书法创作活动丰富多彩、创作成果显著突出、创作队伍日益壮大，充分展示出松江书法事业蓬勃的活力和广阔的发展前景。

链接二：

全国首家董其昌书画艺术博物馆开馆

2018 年 12 月 25 日，作为人文松江建设三年行动计划的重大实事项目之一，董其昌书画艺术博物馆正式开馆，成为全国首家董其昌专题馆。

董其昌，晚明松江府华亭县人（原籍上海县人），字玄宰，号思白，别号香光居士，晚明时期集诸家大成的艺坛领袖，在书画创作、理论创新和书画鉴藏三大领域各有造诣，是中国书画艺术史上的杰出人物，对明末及以后中国绘画审美方向的发展产生巨大影响。而醉白池曾是董其昌生平饮酒会友的觞咏处。

2015 年 12 月，董其昌书画艺术博物馆开工建设，从征集整理相关史料文章，到土建装修布展，耗时 3 年。该馆建筑面积 1500 平方米，其中新

董其昌书画艺术博物馆内景

建建筑面积 1200 平方米。功能布局分为主展厅、交流展厅、办公等三个区域。主展厅内共展出各类展品 90 余件套，其中书画作品 80 件套。在这些书画作品中，包括董其昌和松江书派、画派作品真迹 30 件套。此外，交流展厅内展出程十发书画作品真迹 20 件套。展览较为全面地反映了董其昌的生平及其所处的松江府的历史文化底蕴，以及他对后人的影响。

董其昌书画艺术博物馆的建立，进一步深化了松江历史文化传承，也是全力打响"上海文化"品牌的重要举措。

链接三：

"平复帖杯"国际书法篆刻大赛擦亮"祖帖故里"名片

相传一千多年前，西晋文学家、书法家陆机在黄麻纸上致友人的一封信札，开篇一句"彦先赢瘵，恐难平复"，成就书坛《平复帖》。因为比王羲之的《兰亭序》还早了数十年，《平复帖》也被后人称为"祖帖"，是北京故宫博物院书画类文物的重要藏品。

2009 年，松江作为陆机的故乡和出仕前的隐居之地，举办"平复帖杯"国际书法篆刻大赛，2013 年举办了第二届，两届征集投稿总量超过

第三届"平复帖杯"国际书法篆刻大赛作品展示

8000件。2019年12月24日，第三届"平复帖杯"国际书法篆刻大赛入围作品展开幕。大赛由上海市书法家协会、中共上海市松江区委宣传部、上海市松江区文化和旅游局、上海市松江区文学艺术界联合会等联合主办。作品在中华艺术宫展出至12月30日，2020年1月在松江美术馆展出。其间，共从来自12个国家和国内33个省、市、地区的2551件投稿中评选出200余件作品。

除了书写历代诗词歌赋外，大赛鼓励大家书写对《平复帖》的内容以及对上海文化、上海之根的认知和感受。通过大赛及展览，擦亮了中华书法"祖帖故里"名片，也向全国乃至世界书法爱好者推广了松江的历史文化。

广富林文化遗址

广富林文化遗址：上海城市根脉的文化地标

　　作为松江着力打造的文化功能区，广富林文化遗址承载着先民的历史文脉。早在 6000 多年前的新石器时代，松江原住民就在如今的广富林一带繁衍生息。水网密布、土地肥沃的广富林地区，孕育了崧泽文化与良渚文化。4000 多年前，北方的王油坊先民迁居到广富林，与当地原住民一起创造了南北文明相互交融的广富林文化。

　　1958 年，广富林村民在开挖河道时，意外发现为数众多的陶器残片、石器等文物。第二年，上海市文物保管委员会在文物普查中确定此处为古

广富林文化遗址夜景

文化遗址。1961 年，上海市文物保管委员会在此进行试掘，发掘出两座良渚文化墓葬。广富林是上海最早发现良渚文化墓葬的两处遗址之一，1984年被公布为第三批上海市文物保护单位，之后十余年间广富林未再进行考古发掘。

近年来，在国家文物局、上海市文物局、上海市规划局等单位的大力支持主导下，十支专业考古队伍对广富林除核心保护区外的控制区域进行全面挖掘，取得了极大的考古成就，从而为松江打造上海城市根脉文化地标提供了重要和关键证据。2013 年，广富林遗址被国务院核定公布为"第七批全国重点文物保护单位"，2016 年被中国考古学会评为"2011—2015年度田野考古三等奖"，这不仅是对广富林田野考古工作的表彰，更是对广富林保护理念的肯定。

广富林的核心价值在于地下的珍贵史前遗存，所以园区的开发建设始终注重保护原生态肌理。在实施保护和治理前，区域内的所有河道、池塘、树木、古道以及历史建筑等，都进行拍照、测绘、编号。园内所有建筑都经过当地老人回忆、家族传述、史书记载和宅基地分布，以及树、道、河等形成的地域板块等生态肌理、人文肌理所推理出来。园内众多专题展示馆具有复合展示功能，外观和内容互为补充，让参观者在享受中华传统美感的过程中了解历史，记住历史。

2018 年 6 月 26 日，经过 10 多年开发，广富林文化遗址中的广富林文化展示馆、陈子龙纪念馆、朵云书院等十余个展馆同时开放。2020 年 9 月 26 日，外观酷似三个瓦罐的广富林考古遗址展示馆对外开放，馆内陈列广富林考古发现的代表性文物珍品。2021 年 6 月 1 日起，广富林文化遗址取消大门票，免费向市民游客对外开放公共区域。

近年来，园区运营团队根据不同时节，结合多种形式，持续举办广富林灯会、考古研学、陶艺研学、山水露营、主题夏令营等各类以广富林文化为背景的文旅活动，并结合自身特色，设计开发一系列融合广富林文化历史特征及景区建筑特色风貌的文创产品。

2019 年，广富林文化遗址获评"第四批全国旅游标准化示范单位"；2020 年，获批国家 4A 级旅游景区，同年获评"上海市全域旅游特色示范区域"。作为集建筑文化、宗教文化、农耕文化、博物馆文化、科普教育、美食文化、创意文化、休闲旅游文化于一体的综合性景区，历经多年打造的广富林文化遗址以创新形式呈现古文化历史，展示古风新韵，成为千年历史与现代松江的对接之地。

链接一：

澎湃新闻对话泗泾镇党委委员张晔：
泗泾下塘历史风貌区的保护、更新与利用

澎湃新闻：泗泾下塘历史风貌区是从什么时候开始保护、更新与利用的，从起步开发到现在是怎么样的一个思路？

张晔：2007 年，泗泾下塘历史文化风貌区被列为上海市历史文化风貌区。2013 年，下塘村被列为国家级的历史文化名村。2017 年，在区委区政府的大力支持下，泗泾的文化保护与更新利用启动，包括动迁、古建筑的修缮、业态的导入等。比如"三宅又一生"，原来是明代到民国不同时期建造的三幢老建筑：管氏宅、程氏宅、孙士林宅，修缮之前破损十分严重。经过整体的修缮后，我们导入了一些业态，比如孙士林宅成为上海交大建

泗泾"三宅"内景

筑遗产保护教学实践基地，依托其科研背景设立传统木构实验室，开展研究课题，成为地方的历史建筑木构件检测、修复的基地。通过这些业态导入，老建筑焕发了新生。

澎湃新闻：所以泗泾古镇在文保建筑方面不仅是修缮，更重在活化与利用。

张晔：对，从泗泾古镇的未来看，特别是聚焦于文保建筑的利用方面，我们一直坚持几点：

一是时代性。文保建筑不能单纯地修旧如旧，修的目的是活化与利用。很多古建筑修缮好之后就做一些内部参观，这个有点可惜。文保建筑要注入新的内涵和内容。

二是地方性。泗泾的古镇就是泗泾的，修古镇不是平地造一个摄影棚或者摄影基地，而是要留住自己的乡愁，要把原来的东西保存下来，传承下去。

三是文化性。文化的一些项目、业态等，即便有商业，也要和文化很好融合，不要让人觉得低端、喧嚣。

四是公益性。我们不希望把古镇做成一个非常纯粹的商业项目或者旅游项目，所以邀请一些高校或者艺术家参与进来提供工作室，做一些展览、论坛和讲座，并要求对外开放。

总体来说，泗泾整体的保护、更新、利用思路是按照"古典、高雅、优美、时尚"的功能定位，以保护历史文化遗产、梳理历史文化脉络、传承历史文化基因、赋能新时代泗泾高质量发展为主线，融合创新业态，通过文创文旅、酿造工坊、民俗民宿等举措，将下塘建设成为集中体现泗泾历史文化特色的文化旅游休闲区、文化传承展示区、文化产业消费区。

（来源："澎湃新闻"客户端，《对话 | 留住古镇泗泾的千年人文，并不仅是修旧如旧》，2021年3月2日）

链接二：

松江顾绣亮相进博会，向中外来宾展现古雅之美

顾绣发轫于明代嘉靖年间，不仅是一门土生土长的上海手艺，更是松江府的绣中瑰宝。相比其他刺绣作品，出身于大户人家的顾绣带着一种天然的婉约端庄气质，要求从业人员必须兼具民间绣艺与书画修养，且制作费时耗工。

进博会上的顾绣展示

2006 年，有着 400 多年历史的顾绣被列入第一批国家非物质文化遗产名录。与此同时，松江积极推动顾绣进校园活动，区文旅局先后与上海工程技术大学、上海视觉艺术学院签约，开展了一系列顾绣传承与应用课程。

2019 年 5 月 23 日，教育部中华优秀传统文化传承基地（顾绣）在上海师范大学正式挂牌成立。11 月 8 日，第二届中国国际进口博览会在上海举办，现场首次增设"非物质文化遗产暨中华老字号"展区，被称为"画绣"的松江顾绣亮相进博会，在"石库门"里向中外来宾传递古雅之美。其间，时任上海市委书记李强来到松江顾绣展位前，驻足观看顾绣传承人钱月芳及其弟子的现场展示。李强叮嘱展区负责人要进一步创新推介方式，讲好上海故事，呈现城市底蕴，让更多的非遗和老字号焕发出新的生机活力。

链接三：

四条"海派城市考古"线路串联经典地标、展现城市魅力

作为物华天宝的"文博之府"，松江近年来利用区域内丰富的历史遗

万人拍方塔

迹和古建筑群，打造起一座深藏在国际化大都市中没有围墙、不设围栏的"城市露天博物馆"。

2022年9月，区文旅局发布四条"海派城市考古"线路，包括"富林寻根之旅""仓城访古之旅""府城古韵之旅"和"佘山人文之旅"线路，串联起松江"城市露天博物馆"中具有深厚文化底蕴的经典地标，让市民游客切身感受松江几千年的历史与文明。

广富林考古遗址是一处新石器时代遗址，保留着众多珍贵的史前遗存，填补了长江下游新石器时代晚期文化谱系的空白。此次推出的"富林寻根之旅"线路包含了广富林考古遗址展示馆、广富林文化展示馆、三元宫、知也禅寺、古陶艺术馆、朵云书院、骨针广场以及集贤园。"仓城访古之旅"包含张氏米行、未觉书屋、存在艺术空间、松江布展示馆、杜氏雕花楼、东八文物修复展示馆。仓城历史文化风貌区内保留着大量明清和民国时期的建筑，共有文物保护单位（保护点）128处，其中市级文物保护单位2处，区级8处，文物保护点118处。"府城古韵之旅"包含云间粮仓、方塔园、云间第一楼、唐经幢、袜子弄、上海醉白池公园、观鲈楼。"佘山人文之旅"包含东佘山园、西佘山园、天马山公园、小昆山公园。

2020 上海科技影都发布会

上海科技影都：面向全球的中外影视文化之窗

　　得益于松江优越的区域地理位置、深厚的人文历史底蕴和影视产业要素集聚等基础，近年松江影视产业迎来历史性发展机遇。

　　2017 年，上海市出台"文创 50 条"，提出打造"1+3+X"发展格局，其中"1"即指建设松江大型高科技影视基地，松江科技影都由此而来。松江科技影都位于松江南部新城，规划面积为 60.58 平方公里，秉持"科创芯、世界窗"异质双核发展理念，是长三角 G60 科创走廊策源地松江"一廊九区"的重要组成部分。2018 年，松江区成立区影视产业发展领导小组，下设办公室实现实体化运作，全力推进科技影都建设。2019 年 6 月，《上海科技影都总体概念规划》发布，松江科技影都升级为上海科技影都。根据规划，上海科技影都重点布局四大区块：华阳湖区块布局高品质影视

华阳湖片区效果图

文娱综合体、文化演艺场馆、商业酒店服务集群等，目标是建设成科技影都的文化地标、影视文化艺术的活动中心。高铁枢纽区块依托南站枢纽商务区，布局影视版权交易、金融服务等功能。永丰区块打造影视创制企业集聚地、影视双创孵化基地和实训基地。车墩区块依托上影集团龙头企业带动作用，发挥上海影视乐园 4A 级景区的品牌优势，打造集拍摄、制作、体验于一体的影视特色小镇。

在上海科技影都核心区建设之外，松江搭建完善政策体系，持续优化产业营商环境，包括：充分发挥影视版权服务中心松江工作站、上海科技影都影视协同创新中心等机构的职能，整合产教研各方资源，建立长效影视配套服务机制和协拍联络机制；持续开展上海科技影都影视节系列活动，积极参与影视产业重要展会，举办影视产业项目创投会，鼓励影视企业聚焦主旋律作品、上海题材、松江题材，带动标杆出品集聚；充分发挥国家文化出口基地仓城影视文化产业园区的优势，扩大上海科技影都的影响力。

此外，松江区试点成立长三角 G60 科创走廊影视文化产业基金，总规模 10 亿元，用于促进影视文化艺术产业人才培养、科学研究等领域发展。同时，紧抓影视教育实训，鼓励院校加快培养各类影视艺术人才，推进上海中华职业技术学院项目建设，依托松江大学城资源优势和上海大学上海电影学院实践创作中心，支持引进具有国际领先水平的电影教育教学资源和产业合作项目，探索建立院校与基地的影视人才联合培养机制；用好松江新城人才政策，对上海科技影都建设有卓越贡献的影视人才给予专属服务；多措并举，在科技影都集聚一批、培养一批、沉淀一批专业影视人才。

上海科技影都启动建设后，长三角国际影视产业园、星空综艺影视制作基地、上海（车墩）高科技影视基地二期等一批重大影视产业项目相继落地松江。2021年，市政府印发《关于本市"十四五"加快推进新城规划建设工作的实施意见》，明确提出松江新城要"加强G60科创走廊战略引领作用，发展文创旅游、影视传媒等特色功能"，为上海科技影都新一轮发展带来强大动力。截至2022年11月，松江共聚集7000余家影视企业，基本实现影视全产业链发展。

链接一：

松江科技影都亮相，打造国际一流的大型高科技影视基地

松江影视产业依托上海影视产业的发展，从20世纪90年代末开始起步，经过20余年，逐步成为区域经济转型发展的新引擎。

上海仓城影视文化产业园（张金贵 摄）

2018 年 6 月 18 日,《松江科技影都总体发展策划》(以下简称《策划》) 发布。根据《策划》, 松江科技影都坚持"人无我有、人有我高、人高我特、人特我合"原则, 打造全球影视创制中心重要承载地、上海文化大都市影视特色功能区、松江科创文创双轮驱动及产城深度融合的示范区。

松江科技影都主攻特效工业, 构筑由前期创作、影片拍摄、后期制作、放映发行、影视教育等核心产业圈层和影视装备、影视旅游等关联产业圈层组成的影视产业体系。根据《策划》, 松江科技影都致力于完善"一核两翼"发展格局。立足华阳湖服务核心, 布局高品质影视文娱综合体、文化演艺场馆、商业酒店服务集群等, 把华阳湖地区建设成为科技影都的文化地标、影视文化艺术的活动中心。依托郊野公园生态基底, 以玉阳大道串联起车墩和仓城两大影视发展组团: 车墩组团依托上影集团龙头带动作用, 打造集拍摄、制作、体验于一体的影视特色小镇; 仓城组团依托松江枢纽区位优势, 打造影视创制企业集聚地、影视双创孵化基地、影视实训基地。松南郊野地区依托郊野公园和松江滨江岸线, 打造若干影视主题田园和科技影都水上门户。

链接二:

车墩镇打造长三角重要影视文创产业集群

车墩镇位于长三角 G60 科创走廊和上海科技影都核心板块。作为上海科技影都"一核两翼"的重要组成部分, 近年来车墩镇深化在长三角 G60 科创走廊中的定位, 坚持在上海科技影都建设中彰显特色, 打造长三角重要影视文创产业集群。

车墩镇融入"科技 + 影视"核心链, 抓住国家文化产业发展和上海建设"全球影视创制中心"等重大机遇, 积极打造长三角影视文创产业集群, 高标准建设全球影视创制中心的重要承载地、上海文化大都市的影视特色功能区、松江科创文创双轮驱动的示范区。车墩影视特色小镇成为上海科技影都建设的重要载体, 成功纳入全市"1+3+X"影视产业发展格局, 环

车墩影视基地

华阳湖区域被列为上海科技影都核心区。近年来，随着上海影视乐园二期、昊浦影视基地建成使用，1905 国际数娱影视产业园、启名影视科技创新基地、上海文化产权交易所影视版权服务平台、上海科技影都影视协同创新中心等一批重大项目和创新平台落地，车墩影视产业形成集聚效应，不断推进影视创作、后期制作、版权交易、宣发放映、衍生品开发等价值链贯通，提升"产业＋影视"价值链。

借助上海科技影都、松江新城建设的契机，车墩镇影视产业势头强劲。截至 2022 年 10 月，车墩镇累计引进影视文创企业 3700 多家，实现税收 30 多亿元。

链接三：

"小"影棚拍出"大"场景，
首个 LED 数字虚拟摄影棚在松江落成

2022 年 2 月 22 日，首个 LED 数字虚拟摄影棚在松江长三角国际影视中心完成调试并对外开放展示。随着该技术的落地，上海科技影都拥有了全国乃至全球最领先的数字虚拟摄影棚。

华策集团首个 LED 数字虚拟摄影棚

该摄影棚有别于以往使用绿幕拍摄，将数字场景直接投射到 LED 屏上，能更好地实现虚拟场景的交互，在技术上可以达到全球最高标准的电影级 LED 拍摄环境。该摄影棚占地较小、效果逼真等特征，使其可广泛用于影视、广告、短视频、直播等多个领域。从家居环境到办公环境，从古代到现代，一年四季、全球各地，LED 数字虚拟摄影棚的数字场景库中约有 300 个虚拟场景可供选择，通过一块屏幕就可以"秒切"场景，现场拍摄达到视觉图像同步，节省后期大量特效制作的时间。对剧组而言，不仅可以减少外景地的拍摄、转场，以及大型场景的搭建、拆景工作量与成本，还能在疫情之下打破时空壁垒，让剧组足不出"沪"就能完成各种场景的拍摄。

此次 LED 数字虚拟摄影棚在松江的长三角国际影视中心落成，意味着松江在与传统的大型外景地、大型摄影棚的竞争中，找到了更适合自己的技术方向，有助于松江影视文化产业以数字化、科技化转型为核心，打造一站式服务平台，为加快国内影视产业发展提供新思路。

广富林希尔顿酒店

成功创建首批国家全域旅游示范区

　　2012—2022 年，松江持续探索"旅游＋"全域全要素融合发展，高质量打造国际大都市文旅标杆区。2017—2021 年，松江接待游客 8353.2 万人次，实现旅游总收入 559.86 亿元、年均增长 9.15%。2019 年，成功创建首批国家全域旅游示范区，并荣获"中国文旅融合示范奖"。2020 年，入选第四批全国旅游标准化示范单位名单。2021 年，成功当选首批长三角高铁旅游小城，上海佘山国家旅游度假区入选国家体育旅游示范基地。

　　2012—2022 年，松江实现由景点旅游模式向全域旅游模式转变，创新探索形成以项目建设引领、文化节庆兴旅、公共服务升级、贯标创特提升、旅游人才强旅、旅游产业融合等六大工程为抓手的全域旅游发展路径，深

辰山草地交响音乐会

入打造旅游目的地形象。2017年编制《松江全域旅游发展总体规划》，构建"一核一带四区"的全域旅游发展主功能区，形成山城连景、水陆联动、主客共享、全域发展、全民参与的大旅游空间布局。2020年编制《松江区文旅融合发展"十四五"规划》，构建"一核两廊三极"文旅融合发展新格局，增强区域旅游新动力，提升松江旅游高质量能级和核心竞争力。

同时，松江推动"旅游+"战略，打造乡村旅游"泖田谷"、工业旅游"科创谷"、文化旅游"人文谷"、休闲旅游"会务谷"、主题旅游"欢乐谷"，培育形成"五谷丰登"全域旅游产品体系。辰山草地音乐节成为海内外知名旅游节庆品牌，钟书阁、朵云书院成为上海文化旅游新地标，上海佘山世茂洲际酒店、广富林文化遗址成为国内外游客纷至沓来的旅游目的地，上海世茂精灵之城主题乐园蓝精灵乐园建成运营，乡村民宿、露营、研学、骑行等旅游新业态也越来越受欢迎。

全区各街镇也依托各自文化底色推出具有地方特色的文旅活动，如佘山推出"诗漫佘山"，泖港镇举办"泖田书香"读书节，叶榭镇推出民俗文化节，石湖荡推出农耕文化艺术节，张泽羊肉美食文化旅游节已连续举办14届……在松江全域形成"可触摸、可进入、可体验、可分享"的特色文旅融合空间。

为加快推进文旅深度融合，2017年松江在全市率先制定两轮《人文松江建设三年行动计划》，其核心就是围绕"书香之域、书画之城、文博之府、影视之都"为特色的文化名城，持续推动人文松江建设往深里走、往高处建。截至 2022 年 10 月，松江共有 1640 个公共文化服务设施场馆，总面积达 52.3 万平方米。全区拥有各类群众文化团队 1700 余支、文化志愿者 3000 余名、"百姓明星"及入围者等文艺骨干 1600 余名，基本实现"天天有群文活动、周周有文艺讲座、月月有文艺演出、季季有群文赛事、年年有群文展示"。

十年来，松江在文旅深度融合上精准发力，将"上海之根"松江打造成主客共享的美好生活新空间，并以全新的姿态，激发全域旅游新活力，书写了"远看青山绿水，近看人文天地"的诗意栖居新篇章，打造了令人向往的"诗和远方"。

链接一：

"五谷丰登"全域旅游体系，
让松江处处可游、时时宜游、人人乐游

松江是首批国家全域旅游示范区，为打造"处处可游、时时宜游、人人乐游"目的地，推出了"五谷丰登"全域旅游产品体系。

何为"五谷丰登"？一是"三农＋旅游"的阡田谷产品。位于浦江之首的浦南四镇各具特色，新浜的牡丹、荷花，泖港的菊花、五厍田园的采摘，叶榭的羊肉、大米，石湖荡的大闸蟹、江南第一松等，都是必游必看必尝的。二是"工业制造＋旅游"的科创谷产品。包括"美食赏味之旅""科技影视之旅"两条工

新浜镇荷花节

业旅游线路，以及来伊份零食博物馆等。三是"历史文化＋旅游"的人文谷产品。包括广富林、佘山天文台这两个全国文保单位以及唐经幢、方塔、照壁、元代清真寺、清代醉白池等303处文物遗址。四是"会务休闲＋旅游"的会务谷产品。如全球网红地佘山世茂洲际酒店，被誉为"世界建筑奇迹"，是生态修复＋旅游的典范之作，创造了全球人工海拔最低的酒店世界纪录。五是"休闲娱乐＋旅游"的欢乐谷产品体系。包括上海欢乐谷、玛雅水公园以及上海影视乐园、天马赛车场、世茂深坑秘境、辰山植物园、月湖雕塑公园等。

链接二：

亲历者说：在松江，每处都是独特的风景

以前松江景点很少，而且交通不便利，能在方塔前拍张照片都觉得很风光了。如今，区内有许多地方都可以游玩，单是在佘山周边就有森林公

上海醉白池公园

园、辰山植物园、欢乐谷、月湖雕塑公园等众多景区，还有中央公园、思贤公园、泰晤士小镇等供市民茶余饭后散步的地方。现在的松江和以前真的不一样了，高楼林立，交通便利，绿树成荫，有了大都市的感觉。我今年67岁，退休后每天早晨去公园散步、下棋，呼吸一下新鲜空气，然后再回家看看报纸、看看电视，生活很惬意。现在出行可以选择自驾，也可以选择公交，想要休闲游可以逛方塔园、醉白池公园，年轻人想要刺激一点的可以去欢乐谷，城里人想要体验乡村生活可以去浦南农家乐，还可以去广富林文化遗址感受"上海之根"的文化魅力……这些处处都彰显着松江厚重的文化。现在的松江每处都是独特的风景，每个地方都有自己的节庆活动。时间过得很快，松江一直没有停下过发展的脚步，我的亲戚到了松江后看到这里的变化，简直不敢相信自己的眼睛。我带着亲戚，从北到南把松江逛了个遍，亲戚感叹道："现在的松江一个字——美！"生活在松江，我特别满足。

（本文整理自2018年12月松江融媒体中心对方松街道居民张建的采访）

链接三：

"世界建筑奇迹"
——佘山世茂洲际酒店

2018年11月15日，世界上首家深坑酒店，同时也是全球人工海拔最低的酒店——上海佘山世茂洲际酒店开业。

世茂洲际酒店位于佘山国家旅游度假区内，海拔负88米，是世界首个建造在石坑内的自然生态酒店。从设计开始就一反向天空发展的传统建筑理念，向地表负88米开拓建筑空间，成为人类建筑设计理念的革命性创举。深坑酒店与迪拜帆船酒店同时入选世界十大建筑奇迹中的酒店类奇迹，并被美国国家地理频道《世界伟大工程巡礼》、美国Discovery探索频道《奇迹工程》等连续跟踪报道。

上海佘山世茂洲际酒店

  自 2006 年立项，世茂深坑酒店建设工程便备受关注。因酒店在特殊地质上选址，在建造过程无经验可借鉴，面临众多施工挑战，仅论证方案就长达七年。2013 年，酒店正式动工。负向施工、坑内建筑的消防、防水、抗震……在建设实践中，深坑酒店项目建设团队克服了 64 项技术难题，取得 5 项发明专利、14 项实用新型专利，先后荣获 2015 年上海建筑施工行业第二届 BIM 技术应用大赛一等奖以及 2015 年中国建设工程 BIM 大赛卓越工程一等奖等奖项。

  酒店主体建筑由地表以上 2 层及地表以下 88 米的 15 层构成，拥有共336 间客房。尤值一提的是设计独特的水下复式套房：首层设有接近深坑水面的户外露台和卧室，而起居室则位于水面以下，采用先进的水族馆设计技术，给游客带来独特的感官体验。这座建造在深坑里的超五星酒店，无愧于"世界建筑奇迹"，充分满足游客对旅游品质的需求。

成功创建全国文明城区

2020年11月20日，全国精神文明建设表彰大会召开，松江获"全国文明城区"称号，辖区内中山街道办事处、正泰电气股份有限公司，泖港镇腰泾村、新浜镇胡家埭村、车墩镇联建村，石湖荡镇洙桥村顾仲珍家庭分获全国文明单位、文明村镇、文明家庭称号。2016年10月，松江启动全国文明城区创建工作；2018年2月，获2018—2020年创建周期全国文明城市（区）提名资格。此后3年创建周期中，松江依靠顺应"民心"、以德"润心"、汇聚"同心"等举措，成功实现全国文明城区创建目标。

其间，松江始终坚持顺应"民心"，以人民为中心的发展思想贯穿文明城区创建全过程。推进436万平方米旧房改造，新改建学校67所；市容环境质量监测连续15年郊区第一，森林覆盖率全市第二；全国文明村黄桥村成为乡村振兴示范村和宅基地改革双试点；开展交通违法行为大整治，启动25条城区主干道路"白改黑"实事项目；全区报警类警情连续三年保持两位数下降，获得全国社会治安综合治理"长安杯"三连冠。通过组建"市民巡访团""小小楼组长"，开展"文明随手拍""不文明曝光台"等活动，引导市民参与决策、反映问题、监督治理。号召机关党员干部争当"1号先锋"，带领市民群众踊跃参与志愿服务，累计开展文明创建志愿服务项目达480余个，参与志愿者超5.6万人次，广富林街道获评"全国最美志愿服务社区"，新浜镇"乡村茶馆课堂"入选"全国最佳志愿服务项目"。

松江始终坚持以德"润心"，坚持培育和践行社会主义核心价值观，全面构筑道德风尚高地。以"松江好人"厚植"道德沃土"，连续三年发布"点赞松江人"月度榜单43期，连续开展五届"感动松江"道德模范评选，涌现出各级道德模范、先进典型109名，选树松江好人500多人。全方位

2020 年 11 月，松江获"全国文明城区"称号

培育时代新人，先后共 81 位学生获评市级新时代好少年、优秀少先队员、优秀团员等称号。启动新一轮《人文松江建设三年行动计划》，打造"书香之域、书画之城、文博之府、影视之都"四大文化名片。以"我们的节日"为主题，广泛开展春联进农户、元宵书画笔会、清明祭英烈等品牌活动，展现新时代传统节日新气象。充分发挥松江区 11 家爱国主义教育基地和 130 多家学生社会实践基地作用，激发未成年人爱国主义情怀。全面启动新时代文明实践中心建设试点工作，建成"三级多点"阵地体系。举办理论宣讲、文化文艺、医疗健身等文明实践活动 3700 余场。持续深化市民修身行动，开展"公筷公勺""光盘行动"以及文明交通、文明旅游、文明餐饮等各类专项活动，在全社会形成良好新风尚。

松江始终坚持汇聚"同心"，坚持发挥多元主体作用，形成多方参与、良性互动的社会治理新格局。本轮全国文明城区创建活动与"国家卫生区""全国双拥模范城"等 10 多项"国"字号创建同步推进，带动全区文明村镇、文明社区、文明单位、文明家庭等群众性精神文明创建主体发挥带动示范作用，495 家市区两级文明单位以志愿服务等形式参与全国文明城区创建。印发《2020 年松江区提升精细化管理水平　全力冲刺创建全国文明城区行动方案》，通过五大提升行动、十大整治行动共 73 个工作项目全面有序推进全国文明城区创建工作。启动城市综合环境百日整治会战，在区级联合整治行动中精准解决问题 1200 余个。

链接一：

这个"全国最美家庭"让全村老人吃上热饭菜、洗上热水澡

顾仲珍是一个勤劳纯朴的石湖荡镇洙桥村妇女。她和她的家庭通过自己的勤劳带头致富，还凭借敬老爱老成为帮困模范。

2019年，顾仲珍家庭获全国"最美家庭"荣誉称号

最初，顾仲珍是银发无忧项目的志愿者，逢年过节都要为村里的贫困老人送上一袋米、一桶油，送上一声温暖的问候。她还定期走访关心村里的老人，陪他们聊天、为他们洗头剪指甲。

随着洙桥村空巢化越来越严重，大量老人的起居生活成了村委会最操心的问题。为解决这一问题，顾仲珍迎难而上，于2014年11月创办洙桥村老年人日间照料中心，为老人提供助餐、助浴服务。村里70周岁以上的老年人每餐只要付5元钱，就可以在助餐点吃上新鲜的热饭热菜。对于行动不便的老人，顾仲珍一家会专门为他们送餐上门。乡下的冬天冰冷彻骨，日间照料中心的免费助浴点向老人开放，老人们能在这里洗上一个热水澡，清清爽爽，不用担心在家洗澡太冷，也不怕一个人在家洗澡摔跤。

照料中心成立后，顾仲珍的小儿子吴峰在助餐点掌勺，成了老人们的贴心厨师。大儿子在泗泾上班，但只要休息，就会回到洙桥，在照料中心为老人们端饭送菜，打扫卫生。照料中心开办以来，顾仲珍一家都很忙，一天两餐，没有双休日，没有节假日。

从创办之日起，照料中心每月的支出跟老人们每餐支付的5元相比，实在相差甚远。顾仲珍一家自掏腰包补贴日间照料中心的日常开销，依然做得很实在、很坚定。顾仲珍说：既然是公益事业，首先有政府给我的政策支持，不管遇到什么困难，我都会为村民服务下去，不让他们失望。

2018、2019年，顾仲珍及其家庭相继荣获"感动松江"道德模范、全国"最美家庭"荣誉称号。

链接二：

志愿服务擦亮全国文明城区温暖底色

杏林义工志愿者在松江中心医院儿童病房陪护儿童

在松江这座"文明之城"，随着文明实践阵地不断拓展，志愿服务队伍和网络持续壮大，城市的精气神在凡人善举中不断展现，"文明松江"的名片越擦越亮。

新浜镇"乡村茶馆课堂"项目自2013年以来，坚持以身边人讲身边事、身边事育身边人的方式，把理论宣讲搬到田间地头，搬到村民家门口，打通宣传群众、教育群众、服务群众的"最后一公里"，形成"1+N"宣讲模式，使理论宣讲具有乡土感、带入感和画面感，成为新时代文明实践在上海乡村的生动展现。

广富林街道地处松江新城核心区域，区域内共有上外、东华、华政等8所大学，累计实名认证志愿者3万余人，其中青年志愿者达到55%。街道充分发挥大学城高校的资源优势，搭建"寻找最美商铺""我为文汇路代言""法治文汇嘉年华"等平台，积极对接大学城高校优秀志愿项目，联合"Z世代"追光者实践团与"红牛"公益宣讲团开展"七彩假期"志愿服务、全国大学生井冈山精神等活动；联合上海对外经贸大学开展"情暖西藏·点亮梦想"项目，走进文翔、御上海、谷水湾居民区等，将红色文化与"德智体美劳"创新融合；东华大学智力助残志愿者携科普实验与传统文化走进广富林街道辰富居民区，师生同上"雷锋精神课"。

截至2022年底，松江全区共有注册志愿者52.84万人，志愿服务组织1650支，累计发布志愿服务项目31191个，志愿服务总时长6301.78万余小时，人均服务时长185.49小时。来自全区各处、从事不同工作的陌生人以一腔热忱投入志愿服务，诠释出"志愿之城"的精神品格和微光大爱。

松江第一支听障骑手团队，让温暖接力

"您好，我是饿了么聋哑骑手，麻烦您保持联系，到了我会再给您发消息，谢谢。"在松江新城附近点外卖，很多人都曾收到过类似的短信。短信来自松江一外卖站点的95后听障骑手团队，他们用心为顾客送去温暖的餐食；顾客也用包容温暖着努力工作的他们。

新华网、中央纪委国家监委网站等国家级媒体先后关注松江的聋人骑手团队

2001年出生的刘奇是听障人，从老家吉林出来打工，曾在求职中四处碰壁的他在松江一个普通的外卖站点找到了可以为之坚持的事业。他将老家的听障朋友王茂祥和杨原也介绍了过来，三人组成了松江第一支95后听障骑手团队。

由于听力及言语障碍，他们经历过有苦难言的焦灼与误会，商户叫时听不见，被误解为态度傲慢；手机没信号导致失联，手中订单全部超时……但站长的照顾、同事的友善，以及他们自己的坚持让人们渐渐理解了他们的不易，周边商户会在他们取餐时优先送餐，顾客会发短信说"注意安全"，站长在他们被误解时出面说"我来赔"。

如今，许多市民知晓他们，接过他们手中的外卖时，都会报以赞许的目光和温暖的微笑。除了家乡，上海松江是他们待得最久的地方，他们用心守护这座城市的温度，也用心感受着这座城市的温度。

松江"万千百"工程之"萨克斯演出进云廊"

多措并举助推松江现代公共文化服务体系建设

近年来，松江深入实施文化惠民工程，全面提高公共文化服务效能，从完善基层公共文化设施、构建现代公共文化服务体系、促进公共文化服务提质增效、打造乡村群众文化特色品牌等方面满足群众多样化文化需求。

整合资源，完善基层公共文化设施网络。自 2014 年 10 月松江区被原文化部确定为国家基层综合性文化服务中心建设试点区以来，就紧抓试点建设契机，在已建立完善区级文化馆、图书馆、博物馆、美术馆和街镇社区文化活动中心等设施的基础上，进一步完善村居层面公共文化设施，形成"区、街镇、村居"布局合理、功能齐全的公共文化服务设施网络，为基层开展文化活动提供舞台。此后，松江全区村居均建成"1+3+4+X"模式的综合性文化服务中心，配套"四室一厅"功能空间。此外，为农民工子弟学校、农民工聚集区、军营基层单位和敬老院、养老所等最基层单位建成图书阅览室和文化活动场所，真正打通基层公共文化服务设施"最后一公里"。

"万千百"工程，构建现代公共文化服务体系。自2004年起，松江区创设"万部图书、千场电影、百场文艺下农村、进社区、到工地、入军营"活动（简称"万千百"），2013年被原文化部评为国家公共文化服务体系示范项目。该项目主要针对公共文化服务难以覆盖到的农村、社区、工地和军营等最基层的短板，逐步构建"市－区—街道（镇）—村（居委）"四级公共文化网络联动配送体系，形成"百姓点单、政府购买、按需配送"模式，使公共文化服务向全覆盖、高效能转变。此外，松江为"万千百"工程提供强有力的帮助。一方面，完善体制机制建设，设立专项经费向社会购买服务，确保供给能度；另一方面，不断优化配送内容，按需配送，并有重点地向农村（工地）倾斜、向弱势群体加强，确保基层"日日有文化活动、周周有座谈讲座、月月有文艺演出、季季有文艺比赛"。

提质增效，创新"星级"管理模式。如何才能有效地助推居村标准化服务功能提升，实现从量变到质变的转变，使居村文化工作的"建、管、运、评"形成闭路回合？"星级"管理模式在松江应运而生。所谓"星级"，即根据摸排情况对居村文化活动室进行星级考评，在各居村之间营造出"建有标准、学有模板、做有竞争"的比拼氛围。为了进一步下沉公共文化资源，强化居村自身"造血"功能，松江区还全力扶持"文化能人""文化团队""文化网格"，致力打造群众家门口的"百姓艺堂"，真正实现"15分钟文化圈"在松江区的全覆盖。同时，松江区也通过培育居村"百名文化能人""百支文化团队"和"百个文化网格"，使居村的文化建设形成"自我建设、自我管理、自我服务"良性发展的"文化链"。

做实非遗传承，构建乡村文化特色品牌。近年来，松江区加大非物质文化遗产的保护，结合文化和自然遗产日，举办"松江区民间故事演讲会""诗联颂筷""奔跑吧，童年"非遗大碰撞、"泰生活"非遗创意市集等品牌活动，向社会各界宣传推介松江非物质文化遗产精品成果。同时，广泛开展"非遗在社区""非遗文化进课堂"活动，在30多个学校和社区开展剪纸培训班、顾绣兴趣班等各类非遗技能培训，以展览、讲座、培训等各种形式推进非遗进校园，和上海工程技术大学、视觉艺术学院联合设立了"松江非物质文化遗产传习工作坊"，让非遗知识进大学课程、进学分。

通过上述举措，松江实现多级联动、多方联合、下沉资源，打通公共文化服务"最后一公里"，夯实了现代公共文化服务体系四级网络根基，提升了市民群众的文化获得感和幸福感。

链接一：

文化配送进村居，打通松江公共文化服务"最后一公里"

2017年中国围棋甲级联赛上海赛区比赛期间，东方社区信息苑洞泾苑为20多个孩子提供在线竞技场地

《人文松江建设三年行动计划（2017—2019年）》提出："探索基层公共文化服务与东方社区信息苑的深度融合，打通公共文化服务的最后一公里。"2017年底，东方社区信息苑在泗泾镇新凯五村社区、洞泾镇砖桥社区、佘山镇翠鑫苑社区、石湖荡镇新姚村以及新浜镇胡家埭村5个国家级基层综合性文化服务中心的服务点完成挂牌，标志着东方社区信息苑"三级配送、四级延伸"的新模式在松江区探索落地。

作为"居民家门口的数字乐园"，2017年东方社区信息苑与松江区14个街镇签署了改革试点协议，从管理机制上与各街镇社区文化活动中心充分融合，积极发挥市级公共文化配送单位优势，深化创新公共数字文化服务，用活信息苑场地，服务从单纯上网扩展到更多领域。

以5家挂牌的基层综合性文化服务中心服务点为起点，东方社区信息苑以各类滋养人文、贴近民生的智慧服务内容为载体，充分利用线下讲座、数字体验、技能培训等特色活动，与线上服务形成有效互动；通过需求问卷调研分析，将丰富多样的公共文化和智慧便民服务延伸至各居村，形成松江特色的配送模式和服务菜单，实现"精准配送、优质服务"，不断提升基层群众的获得感、满意度。

链接二：

"百姓明星"成为最闪亮的文化志愿者

自 2011 年起，松江区开展"百姓明星"评选，促进了松江文化志愿者活动的飞跃发展。2013 年 9 月，在第三届"百姓明星"颁奖仪式上，松江区"百姓明星"文化志愿者团队成立，成员包括扎根在基层的社区文化带头人、当选的"百姓明星"和候选人。

"百姓明星"文化志愿者团队定期组织进校园、企业、敬老院、部队、工厂等一线的慰问演出。截至 2021 年，团队巡回演出近 1100 场，演唱歌曲千余首，总计服务约 40 余万人次。除了演出，文化志愿者团队还以松江区文化馆为志愿服务基地，为市民开设各类免费公益文化艺术培训班，包括戏曲、美术、摄影、书法、舞蹈、器乐、文学等课程，深受市民喜欢。作为上海首批文化志愿者服务基地，松江区文化馆依托"百姓明星"评选，构建文化志愿者队伍建设"孵化"模式和服务模式。松江文化志愿者总队

2014 年，松江区"百姓明星"系列活动之广场舞比赛

百姓明星展演

先后获得2014年"全国优秀志愿服务项目奖"、2020年"全国文化和旅游志愿服务线上评比二等奖"。

松江"百姓明星"文化志愿者团队成员来自百姓、服务百姓、星光璀璨、美丽悠远，已成为人文松江的一道亮丽风景。

链接三：

居村综合文化活动中心走上"星级"管理新路子

居民们在广富林街道社区文化活动中心开展活动

2018年，《上海市松江区居村综合文化活动中心"星级"管理办法》(以下简称《办法》)出台，松江居村文化服务走出"星级"管理新路子。

《办法》明确了4个方面共34条"星级"评定标准。评选"星级"的对象是全区所有居村综合文化活动中心，每两年评定一次，每三年复评一次，采取100分量化制，共设"三星"至"五星"三个等级。

根据"星级"管理的参评要求，各居村综合文化活动中心综合面积不少于350平方米，文化广场面积不少于400平方米，各类文化场所均悬挂区统一规范的标识标牌。其中数字电影放映室面积原则上不少于120平方米、60个座位；图书阅览室面积不少于80平方米，拥有图书不少于1000册，年均更新图书率达10%以上，村图书阅览室年借阅图书不少于1万册次，居民区图书阅览室年借阅图书不少于2万册次；开展各类文化活动不少于150场次；充分发挥东方社区信息苑延伸至居村的服务功能；活动场所开放时间每周不少于56个小时。

评上"五星级"的居村综合文化活动中心将获得5万元的经费补助，主要用于居村综合文化活动中心维护设施设备、开展活动和建设队伍等。这是松江区以公共文化服务升级为着力点，擦亮松江文化品牌的创新举措。

社会建设

◆ 推动老城改造进入"快车道"

随着老城改造的有序推进，老城区旧貌换新颜，焕发新活力

以"松江速度"解百姓居住之困、保老城历史之悠

2012 年，松江启动新一轮旧城改造，范围涉及岳阳、永丰、中山三个街道，目标是解困老城危旧房中的一万户居民，并在解困的基础上兼顾历史文物保护，大力完善老城区公共配套设施。2012—2015 年，松江每年的危旧房解困签约数量超过 1500 户，并连年保持占郊区旧改工作总量 50% 的"松江速度"。

松江旧城改造具有什么特色？旧改力度如何实现"突飞猛进"，走到市郊前列？

解困是旧改之本。2012年，为尽快将新城飞速发展下配套日渐落后的老城居民从危旧房中解困出来，松江下决心大力推动旧城改造，设立旧城改造指挥办公室，并在涉及旧改的街道办事处成立"旧城改造推进办公室"，由专人负责这项工作。松江共投入3亿元专项启动资金，运用土地融资，在优先安置的基础上，将腾出的剩余土地进行商业开发，用尽、用足存量地块的价值，以此来补足安置费用和旧改投入，提升街镇动迁腾地积极性。随后，出台旧城危旧房解困实施意见，明确目标任务和时间节点。自此，松江新一轮旧改工作有条不紊开展，以解困量大、动迁快速等特点，不断突破旧改难题。仅2012年就解困700余户老城百姓，相当于全区过去10年的旧改成果。

公共配套同步提升。旧城改造过程中，位于松江老城区的松汇西路和谷阳北路等地、对松江老城而言的"钻石级"地块，均被拿出来惠及居民，建设安置房、公租房，让长期生活在老城的百姓可以不用离开老城就能住进新房。安置房开工之时，公共配套设施也紧跟建设步伐：中山西路老街的路口是区中心医院，由于道路狭窄，车流量大，拥堵状况持续多年。2014年，约一公里长的中山西路进行道路拓宽，视野更宽阔；中心医院对面的空地上建起1.2万平方米的绿化广场思鲈园，成为老城区面积最大的休闲绿地，广场下方修建大规模地下停车库，让以往在医院门前滞留的车辆得以有序停放。轨交9号线醉白池站原先用作商业开发的一块土地，建成新的区文化馆、图书馆、剧场等大型文化配套。全市第一条有轨电车也于松江老城开工建设，为松江旧城改造增添新活力。

文化保护贯穿始终。松江的旧城改造始终贯穿着对历史文化的尊重、保留与传承。经过专家实地考察、翻阅史料，在永丰街道确认129处不可移动古建筑，全区需要供养的古建筑有200多栋。这些被完好保留的古建筑、古树、古路、古河都被标上记号，并作为地标依循进行空间开发设计。位于永丰街道的仓城漕运河全长约2公里。2013年河道两旁的老建筑被完好地保留与修缮，还原其历史风貌。在拆旧腾地时，有保护价值的房屋被

旧街坊改造后老房换新颜

谨慎拆分，在动迁过程中保留的建筑材料被用于新建住宅，从而将老建筑植入新元素、为新建筑融入老元素。

链接一：

58个旧街坊整体改造项目全面完成

旧区改造是一个地区创新驱动转型发展的需要，也是群众的迫切需求。2016年，为顺应国家新型城镇化试点要求，松江区58个旧街坊整体改造正式启动。

旧街坊整体改造项目以整街坊中的老旧住宅小区为改造单元，通过房屋本体的改造、内部功能的调整以及公共设施的改造，实现改造区域整体"面貌新、排水畅、路面平、功能全、环境美、交通有序"的目标。

在改造过程中，松江根据58个街坊实际情况，以民生需求为出发点，经过居民两轮意见征询，形成"一街坊一方案"。改造期间，松江打通老旧小区生命通道，共新增消防通道884米，增加停车位6376个；道路"白改黑"（即水泥路加铺沥青）13万米；推动雨污水管分流、弱电管线入地等改

岳阳街道太平居委会桃源坊改造前（左）后（右）对比

造科目全覆盖，最大程度减少空中黑色污染，遏制小区阳台洗衣机污水排放源头；推进体育设施进小区，更新改造小区内公共体育设施，满足居民"十分钟健身圈"的运动需求。

除此之外，部分亮点项目引起全市关注。泗泾镇江川一村、二村项目在条件允许的情形下实施强电管线入地，并融入海绵小区理念，解决小区排水不畅和内涝等问题；岳阳街道南园子项目创新引入新型窨井盖防护技术，这些均为全市先行。

截至 2018 年 12 月 31 日，松江 58 个旧街坊整体改造项目全面完成。283 万平方米老旧住房旧貌换新颜，共涉及房屋 1223 幢，受益居民 3.8 万户，总投资 12.8 亿元。项目改造总量接近过去十年住宅小区修缮的工程量总和。

链接二：

努力让居民有更大获得感
——访岳阳街道党工委书记柴亚华

记者：作为松江历史最悠久的老街区，岳阳街道在推进城市更新过程中遇到的困难有哪些？城市更新工作的重点是什么？

柴亚华：基础设施老化、人口密度大、老龄化程度较高是我们遇到的最大困难，60 岁以上的户籍人口占比达 28.9%，有近 2000 名残疾人，约 680 户困难家庭。不仅如此，岳阳的住宅小区普遍老旧，大多建造于二十世纪八九十年代，最早的公房建于 1963 年。这些问题的存在，恰恰证明了我们大力推进城市更新建设的必要性。所以，我们要调动一切资源，想尽一切办法，大力推进旧街坊改造等，改善居民居住环境。

记者：近年来，岳阳街道用于民生的投入很大，这些资金主要用于哪些项目？

柴亚华：在推进城市更新的过程中，我们始终把民生放在第一位。2012—2017年，岳阳街道在民生保障方面共支出2.4亿元，包括城市最低生活保障、居家养老、无障碍设施改造和残疾人生活补贴等方面，占街道财政支出的43%。岳阳街道的旧街坊改造工程共涉及29个老旧小区，总投资8.4亿元。大的方面，投入了1900万元对社区文化服务中心进行改建；小投入的民生项目也有不少，比如建造17个垃圾分类收集亭、15个为老助餐点等。

记者：在老城改造过程中，岳阳街道将不少安置小区都建设在轨道交通9号线沿线的黄金地段，这一做法是出于怎样的考虑？

柴亚华：拿出最好的地段给居民，在老城改造的同时更要留住"老城人"。近年来拆净地后重新建造的动迁安置房，比如"天汇佳园"邻近中山路商业街，"庐秀新苑"周边有松江实验小学和区中心医院等，居民购物、上学、就医都很方便。此外，已经建造完成的"嘉禾名邸""汇民轩"等小区靠近地铁站口，交通出行也十分便利。

（来源："上海松江"微信公众号，《完成29个旧街坊整体改造，受益居民近2.4万户……五年喜人变化，岳阳街道党工委书记柴亚华带你细数》，2021年1月10日）

链接三：

城中村改造：一场摸着石头过河的探索

2014年6月，松江出台《关于推进松江区"城中村"地块改造的实施意见》，在全市第一个启动城中村改造工作。6个城中村分别位于岳阳、永丰、中山、车墩、佘山5个街镇，共有23个改造地块，土地面积2130亩，

石湖荡镇塔汇城中村改造项目效果图

涉及企事业单位140余家，农（居）民2800余户，户籍人口约6600人。

作为一项没有现成经验可借鉴的创新工作，"城中村"改造从确定地块，到计划如何改造，再到确立方案内容，都是一场摸着石头过河的探索。

围绕动迁腾地，在安置房基地的选择上松江充分考虑村民离乡不离土、就近居住的生活习惯，每个项目确保有一个离原村民居住地较近的安置基地。同时，改造区域腾出的土地不是简单用于经营性房产开发，而是结合各街镇历史文化、传统民俗、生态环境等方面特点，通过新建场馆设施、改造旧有建筑、完善公建配套等方式，更新功能业态，改善人居环境。

同时，"城中村"改造与华阳老街风貌区、天马古镇美丽乡村、车墩影视特色小镇等建设工作相结合，打造出一批独具松江特色的"城中村"改造项目。车墩镇华阳社区"城中村"改造项目坚持城市有机更新理念，在交通、公共配套、基础设施等方面进行更新升级。原东门村保留民宅及华阳村村委会办公楼按照明清建筑风格进行了改建和修缮，建立新的游客接待中心、华阳社区卫生服务中心。同时，坚持"修旧如旧、活化利用"的历史建筑保护原则，位于车墩镇华阳老街162弄1、3号的松江区文物保护单位朱季恂宅修缮一新，最大限度还原了古宅原貌。

截至2019年6月底，6个"城中村"改造项目累计动迁签约2704户，腾出建设用地500多亩。

上海首宗农村集体土地入市建设租赁住房地块上建起的华润有巢国际公寓社区泗泾店

集体土地入市建设租赁住房试点发挥示范效应

2015年，松江成为全国33个农村集体经营性建设用地入市试点区域之一。2017年，自然资源部（原国土资源部）、住建部印发《利用集体建设用地建设租赁住房试点方案》，在上海等13座城市开展利用集体建设用地建设租赁住房试点。

2018年10月，松江推出上海首宗农村集体土地入市建设租赁住房地块。该地块位于泗泾镇SJSB0001单元07—09号，建设的华润有巢国际公寓社区泗泾店投入使用后提供1200多套房源，凭借价格实惠、拎包入住、职住平衡等优势，为长三角G60科创走廊建设人才提供安居保障。

截至2018年底，松江共有5个项目纳入集体土地入市建设租赁住房项目，其中泗泾镇2个、车墩镇1个、小昆山镇1个、九亭镇1个，合计出让面积113398.87平方米，增加租赁住房4653套，占全区全年租赁住房供应的47%。

五幅土地的出让人都是地块（地区）的农民集体经济联合社。在设定松江集体经营性建设用地基准地价基础上，对入市土地进行市场评估，协议的最低价不低于基准地价的 70%。

　　在五幅集体土地入市建设租赁住房过程中，入市的民主决策成为亮点，采用"一次研判、两次汇报、两次决策、两次委托"程序。一次研判是指出让前，由调研小组研判；两次汇报分别在研判、出让方案形成后，向集体经济组织汇报；两次决策是指入市意向和方案须取得三分之二以上成员或代表同意；两次委托是指分别委托有法定资质的机构办理前期和入市申请手续。

　　在入市实现民主决策的前提下，松江集体建设用地建设租赁住房试点取得明显效果。首先，达到了入市流程的科学化、合理化、民主化。所有权代表在入市程序的全过程中均能表达自己的意愿与想法，保障了出让主体的权益。此外，集体经营性建设用地入市决策在执行基准地价的基础上实行了公开投票原则，提升了民主决策的效益力度和公平、公正性。其次，土地入市收益分配实现公平合理。收益实行分级分配：区级以上收益实行区内统筹管理，全部进行财政收缴，用于基础设施、教育设施建设和民生方面的保障，特别是用于区域内贫困地区的财政帮扶；镇以下的土地入市收益委托资产运营公司经营管理，根据所有权股份的占比进行合理分红，保障集体经济组织的收益。最后，最大化保障了农村地区权益。入市并不是收回农村地区农民土地的权益，而是使得用地合理化、效益最大化。通过规范入市程序，在用地的使用用途、定价以及登记等方面预先进行合理规定，且在整个入市过程中，农民作为所有权主体均起着决策性的关键作用，土地的入市交易价格、配套等相关条件均符合农民的意愿，确保"取之于民、用之于民"。

　　作为上海集体土地入市建设租赁住房项目唯一试点区，松江发挥了先行先试示范效应，具有很强代表性。一方面有效增加了租赁住房供应，缓解住房供需矛盾，为 G60 科创走廊人才高地建设提供保障；另一方面也盘活了部分农村集体建设用地资源，实现了土地资源开发和农村经济提振。

南站大居保障性住房

链接一：

松江南站大居：上海首例应用 BIM 技术装配式保障性住房

　　松江南站大型居住社区地处松江新城南部高铁片区，用地面积 13.62 平方公里，规划建筑总面积 1044.45 万平方米，规划居住人口约 21 万人，规划户数约 9.2 万，是松江新城的重要组成部分。

　　2017 年，南站大型居住社区三个市属保障房项目的 BIM 技术应用方案顺利通过评审，成为上海市首例。BIM 技术是指以建筑工程项目的各项相关信息数据作为模型的基础，进行建筑模型的建立，通过数字信息仿真模拟建筑物所具有的真实信息。换言之，这种技术能通过建立三维立体模型，让建筑工程更具有直观可视性，从而提高工程技术人员在施工过程中对各种建筑信息的理解程度和应对能力，进而达到提高生产效率、节约成本、缩短工期和降低风险等作用。

　　BIM 技术原本多用于建造剧院、体育馆等大型建筑工程中，将此技术运用于装配式保障性住房的在上海市属首例。

链接二:

松江区住房租赁公共服务平台上线，
为公益性租房提供官方渠道

2020年，松江区住房租赁公共服务平台正式上线，首批发布房源9000余套，为松江租客网上租房提供放心、便捷的新渠道。

作为由区房管局牵头，上海松江住房租赁经营有限公司负责运营的公益性租房官方渠道，平台对房源信息进行全方位核验，实现企业、房源、信用等数据共享，保障租房人全流程安心租房。对比其他商业租房平台信息归口分散、房源真实性难辨、房源二次转租等弊端，"官方版"租赁服务平台的推出，为区域性租房群体带来很大便利。

平台按照政府牵头、国企运营、信息化手段加持的模式，对房屋租赁行为进行统一管理，通过对租赁主体证照资质审核、

"松江租赁房"微信公众号界面

对租赁项目进行认定，严把准入门槛。住房租赁公共服务平台系统数据库实现自动核验信息，确保租赁交易过程用户真实、房源真实、产权真实、委托真实、交易真实、信用真实；通过对交易过程和交易结果的全流程监管，保障租赁双方合法权益，实现房屋网上租赁环节阳光、透明、高效。

平台提供网站（www.sjzfzl.com）及公众号（"松江租赁房"）两个平台。租房流程包括"网上选房""预约看房""在线认证""签订合同""入住手续"等环节。当租客选好称心的房源后，扫描房源信息旁的二维码，可以轻松由租赁企业委派的"专属管家"协调现场看房，并办理相关入住手续。平台还开通"地图选房"功能，辅助租房人就近找到合适的房源信息。

链接三：

安居工程吸引青年人才近悦远来

"中建幸孚"人才公寓内景

近年来，松江人才公寓快速发展。2017年11月，松江确立"5年内推出1万套人才公寓"目标，2021年筹集人才公寓1.3万套。

分布面广、拎包入住、配套齐全、质优价优，是松江人才公寓吸引青年人才的主要特质。例如，以松江区第一家人才公寓——茸城新业苑为代表的公租房是松江人才公寓的"拳头产品"。此类人才公寓将新推出小区5%的配建房源择优纳入全区人才公寓体系，满足人才就近入住、生活便利的需求。位于泗泾镇的华润有巢国际公寓社区是上海第一例上市供应的集体土地入市试点新建租赁住房项目，也是第一例上市供应的单地块集中选址新建租赁住房项目，更是第一例聚焦服务"五个新城"创新发展的新建租赁住房项目，2021年5月被认定为G60科创走廊人才公寓，提供1264间房源。LINK新界（乐都）未来社区公寓推出贴心、舒心、知心、安心"四心服务"，底层大厅根据生活需求布局不同主题的共享空间，包括阅读区、会客区、公共厨房、瑜伽室、健身房、共享办公室等，让青年人才在这里"住有所居，居有所安"。

除充足的房源外，松江区推进人才公寓、租房补贴、购房补贴"三位一体"人才安居工程。通过健全人才公寓政策体系、评价机制，完善筹措渠道，搭建数字化、管家式服务平台，打造机制健全、渠道多样、平台统一的人才公寓运营模式。在租房补贴制度支持下，人才们通过分层分类的补贴标准，应享尽享补贴额度。

在多项政策的加持下，松江人才安居工程构建起让青年人才近悦远来的城市人才生态圈，为松江引领带动长三角G60科创走廊高质量建设不断引来"金凤凰"。

上海外国语大学附属松江云间学校

导入优质教育资源，多所市级实验性示范性高中落地松江

　　松江区人口居全市第四，伴随着大居等人口导入，仅有松江二中、一中两所市实验性示范性高中，难以满足群众对优质教育资源的向往。近年来，上外附属云间中学、华师大二附中松江分校等一批市实验性示范性高中的引入，既满足了松江居民们对优质教育资源的期待，也成为松江筑巢引凤，新城发力、利用教育资源破冰的"先手棋"。

　　2021年9月1日，松江区引进的首个市实验性示范性高中——上外附中云间中学在松江二中借址开学。该校是一所七年制公办完全中学，办学定位为上海外国语大学附属外国语学校松江分部，高中部办学层次为上海市实验性示范性高中，首届共招收 1 个班 30 人。

从硬件设施来看，上外云间中学和小学总投资达 8 亿元，按照每平方米近 10000 元的标准建设，这是截至 2021 年松江区学校建设项目中投资总量最大、设计标准最高、设施配套最全的项目；从师资来看，选派了一批优秀教师入驻，包括学科名师、教坛新秀、各校教研（备课）组长、市区级教学评比获奖老师和上外松外优秀教师等，仅特级教师就有 5 位；在课程设置上，规划分层化优质基础课程、多元化特色外语课程、本土化人文课程以及综合化创新探究课程等四大类课程，同时保持上外课程特色。从生源来看，首届云间中学中考录取分达 696.5 分，居全市前列。

此外，根据合作办学协议，上海外国语大学、上海外国语大学附属外国语学校选派优秀学科专家、管理人员及骨干教师团队，在特色课程开发、教学科研实践、师资队伍培训、校园文化建设、教育改革实验等方面给予两所附校专业的指导与最大力度的支持。同时，上外云间中学和上海外国语大学及上外附中共享所有教学资源。

2021 年 8 月 13 日，松江区政府和华东师范大学举行签约仪式，形成包括共建华师大二附中松江分校、合作开办华师大二附中松江实验学校等一揽子合作方案。根据方案，华师大二附中松江分校占地约 110 亩，按照上海市实验性示范性高中的标准进行办学，2022 年起招生。在义务教育阶段，华师大二附中松江实验学校占地 70 亩，2023 年建成使用。此外，双方全力推进华东师范大学教育品牌向学前教育延伸，逐步实现涵盖幼儿园、小学、初中、高中各学段，并组建华东师范大学松江基础教育集团，吸纳更多松江区中小幼学校组成办学联盟。

从位置布局来说，华师大二附中分校和实验学校分别选址九亭镇和洞泾镇，以松江新城为核心，沿着 G60 科创走廊向外辐射，不仅弥补了松江东部地区教育资源的短板，还能发挥华师大科技创新优势，打造高科技人才的摇篮。这样的选址，是优化基础教育资源布局，促进教育优质资源均衡题中应有之义。

作为上海唯一一所教育部直属高中，华师大二附中松江校区建成后，是继闵行、普陀、宝山等区域后的第五个校区。各分校区和浦东主校区采用师资统配、课程统一、教学同步的方式，育人理念、教学模式、管理团队均实现一体化。华二松江分校按照华师大二附中的标准在全国范围内招聘优秀教师，利用华师大的教师培训资源，培养骨干教师。各校区根据上海各区的产业特点各有特色，松江校区着力彰显科创特色。

近年来，松江区每年对教育资源的预算占区级财政支出 1/6 以上。除引进上外云间中学、华师大二附中松江分校和实验学校等市级实验性示范性高中外，松江同时对现有的 6 所公办高中进行整体改造扩容，形成区域重点高中集群。在此过程中，传统本土高中承接卓越高中的优质教师、培养模式、特色课程等资源外溢效应，促进松江高中教育的开放，实现高中教育阶段各所优质学校的伙伴式成长、各类优质学校竞相焕发活力。

链接一：

"五个新城"中第一所区属新型高职院校落户松江

2022 年 5 月，上海市政府批复同意设置"五个新城"中的第一所区属新型高职院校——上海科创职业技术学院。该学院是由松江区人民政府主办的新型全日制公办高等职业院校，面向高中毕业生和初中毕业生分别实行三年制学历教育和五年一贯制学历教育。学院位于人民北路 925 号，毗邻松江大学城教育园区。

松江投入 2.8 亿元用于学院校舍改扩建，新建综合大楼、实训楼、艺术中心、学术报告厅等，提升教育教学基础设施。学院以服务科创为使命，紧紧围绕上海五个中心、"五个新城"建设，为上海产业地图定位培养紧缺型高技能人才，以智能化、智慧化、信息化为切入点，结合区域经济转型、产业升级的发展需要，设立智能制造、智能汽车、智能建造、智慧服务四大专业群。同时依托松江雄厚的职业技术教育基础，整合上海松江开放大学、上海市城市科技学校、新桥职校优质教育资源，已具备智能工程技术、汽车运用与维修、建筑施工与装饰 3 个上海市职业教育开放实训中心和

上海科创职业技术学院改扩建工程鸟瞰图

1 个世界技能大赛中国集训基地。

学校充分利用得天独厚的创新发展环境，依托长三角 G60 科创走廊，与上海航天、库卡机器人、柯马机器人、临港集团、上汽集团等龙头企业开展深度产教融合，培养适应先进制造业和现代服务业的生产、管理、建设、服务等岗位的高素质技术技能人才。

链接二：

教育科研引领区域教育发展

教育科研是教育创新的重要推动力量。近年来，针对区域义务教育不均衡、差距大的趋向，松江在所有公办义务教育学校开展"义务教育均衡发展的区域探索与实践"研究项目。探索过程中，松江始终对区域教育所面临的时代性、阶段性问题与挑战保持清醒认识，因地制宜地制定各类政策。

2010 年 10 月，松江区开启义务教育阶段"学区化集团化办学第一轮建设"工作；2014 年，市级课题"基于实践共同体的区域课堂教学效能整体提升的行动研究"着眼提升课堂教学效能，探索区域义务教育优质均衡

新时代非凡十年的松江答卷

《学区化集团化背景下 U-D-S 深度合作的实践研究》开题报告会

发展之路；2015 年，"基于实践共同体的义务教育学校均衡发展研究"立项为全国教育科学规划教育部重点项目，相关研究成果汇集成"区域义务教育优质均衡研究丛书"一套 8 本，松江实践经验在教育部网站、"中国教育督导"、上海教育博览会、《上海教育》等平台宣传推广，在长三角地区形成广泛影响；2020 年，市级课题"学区化集团化背景下 U-D-S 深度合作的实践研究"立项，助力推进松江区环大学城基础教育新高地建设。

此外，各所学校始终践行"科研兴教""科研兴校"理念，以研究推进项目，既提升学校办学质量，促进学校品牌建设，又全方位实现教师专业发展，开创了多赢局面。

链接三：

以集团化办学为着力点，破解城乡教育发展不均衡问题

近年来，依托集团化办学，以多法人联合制教育集团、单一法人制紧密型教育集团等形式，辐射优质学校教育资源，实现区域整体提升，成为松江教育破解"城镇挤""乡村弱"、城乡发展不均衡问题的第一个着力点。

东华大学附属实验学校及小昆山学校组成的东华附校教育集团是发挥

东华附校教育集团开展集团化办学校本教研

名校带动、引领、辐射作用，让更多学生公平享受优质教育资源的一个典型。2022 年 9 月，经过 4 年的探索和实践，东华大学附属实验教育集团成员小昆山学校正式更名为"东华附校小昆山分校"。先破后立是集团化办学的必经之路。2018 年，东华附校教育集团组建之初，便出台了《东华大学附属实验学校教育集团章程》和《东华大学附属实验教育集团发展规划》，建立资源共享、课程共建、师资共育、动态管理四项运行机制，成立教师发展中心、学生发展中心、课程建设中心。

在东华附校小昆山分校，开展了以"生命教育"为核心、小学部侧重"生活"教育、中学部侧重"生涯"教育的"三生课程"。"三生课程"是借鉴东华附校"经纬课程"体系建设经验，结合本校"二陆文化"特点而架构起来。两个课程体系各有特色又有相通之处，为学生成长提供了丰富的学习资源和广阔舞台。

紧密型集团化办学加强了成员学校之间的互动和联系，形成各校同频共振的发展格局。2021 年起，华二松江、松江二中、上外云间中学、松江一中四所市实验性示范性高中引领的基础教育集团相继成立，为提升区域基础教育水平注入了新力量。

链接四：

环大学城松江新城教育新高地初现雏形，形成集群效应

近年来，松江以"外引"为工作思路，利用大学城等优势条件，充分挖掘高等教育资源，探索中小学优质办学新思路，打造了一批人民满意的新优质学校。

上海外国语大学松江外国语学校作为上外与松江区人民政府合作办学的第一所"高起点、高标准、高品位"九年一

各高校附属学校和所属高校在"教育教学管理""课题研究""特色定位""文化建设"等方面双方联动、多元合作，合作办学优势日渐明显

贯制公办学校，在用好用活大学资源上做足了文章。以外语见长、以外语为媒的浸润式教育贯穿小学初中，形成了"基础课程＋拓展课程＋探究课程"的"Live 中国心·世界路"课程图谱。其中，基础课程在《牛津英语》外，补充了上海外国语大学的外语特色课程资源；拓展课程结合学生兴趣、特长与能力，开设爱听、爱说、爱读、爱写、爱演、爱译、第二外语等英语语言文学学习课程；探究课程涵盖跨文化交际、英文小记者、上外语言博物馆青少年课程、"行走上外"研学课程等，由大学专家和优秀研究生授课。

借力大学优质资源，从课程建设到学生发展、从教师成长到办学质量，多方面带动学校高质量发展成为松江教育的一大亮眼名片。截至 2022 年，由上外松外、东华附校、华政附校、上经贸大附校等 19 所大学附校构筑的环大学城松江新城教育新高地已初现雏形，并不断形成集群效应。

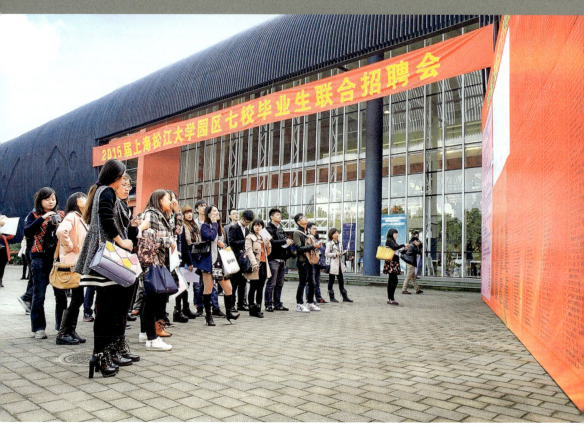

松江大学城招聘会

全力打造"创业有机会、创新有平台、发展有空间"的就业生态

　　过去十年，松江就业政策措施逐步完善，公共就业服务水平明显提升，就业的量和质都达到新高度。截至 2022 年 10 月，松江有国家级充分就业社区 1 家、市星级充分就业社区 5 家、市充分就业社区 13 家。全区每年新增就业岗位 1.8 万个以上，累计帮扶引领成功创业 6000 余人，累计援助 4000 余名长期失业青年就业。

　　与此同时，松江有序推动人才职业能力的提升，进一步加强对企业职

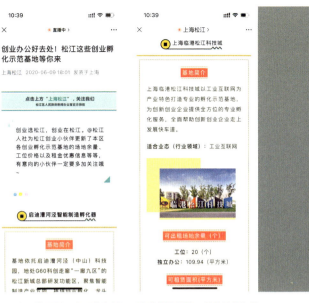

"上海松江"微信公众号发布松江区各个创业孵化示范基地的场地余量、工位价格以及租金优惠信息等

工的培训补贴力度，校企合作基地拓展至 30 家。全区公共就业服务质量不断提升，初步形成"区、街镇、村居"三级公共就业服务网络体系，不断强化社区、校区、园区"三区联动"机制，精塑"乐业上海"和"创享松江"两大公共就业服务品牌，进一步完善劳动力的就业信息管理、失业预警体系、就业形势监测机制。

近年来，松江各类创业带动就业活动"百花齐放"。区人社部门聚焦创业者低成本场地支持和精准孵化服务需求，加大全领域创业载体培育，聚焦新一轮创业型城区七大体系建设，深化创业带动就业，如组织举办中国创翼、上海市创业新秀评选松江区选拔赛、长三角 G60 科创走廊创新创业大赛等活动。通过"一镇一街一品"创建，成功选树新浜、泗泾、永丰、广富林、新桥和车墩 6 个街镇为市级特色创业型社区；8 个街镇创建区级特色创业型社区达标。

为让人才安居，松江持续推进人才公寓、租房补贴、购房补贴"三位一体"人才安居工程，构建"1+10"人才政策体系，培育长三角 G60 科创走廊众人青睐的人才发展生态。按照以政府为主导，引导社会力量参与的方式，通过政府公租房公司统一运营管理和社会化机构运营管理两种渠道筹措人才公寓房源。2021 年初，长三角 G60 科创走廊人才新政 3.0 版实施，人才安居政策落地成效更加凸显——当年松江租房补贴新申请人才3600人，较2020年同期增长158.2%；全年累计发放租房补贴13889人次，共计4264.55万元。在长三角G60科创走廊重点企业服务的优秀青年大学生，35周岁前可享受每月675元到4500元不等的租房补贴。2017年至2022年10月，共有7万余人次享受了共计1.16亿元的租房补贴，35名优秀人才享受购房补贴。

"来来来，到G60来；去去去，到G60去。"近年来，长三角G60科创走廊策源地松江成为越来越多国内外优秀人才乐业安居的首选。在这里，创业有机会、创新有平台、发展有空间，已经成为各类人才的共识。

链接一：

产教融合实现校企双赢、一举多得

上海工程技术大学电子电气工程学院的老师们走出校门，到国家级专精特新"小巨人"企业上海欣诺通信技术股份有限公司"串门"，了解企业需求、交流专业技术；在公司通信研发部门，师生们与员工一起，协同创新合作，不断转化科研成果；欣诺通信的技术专家定期带着真实案例走进课堂，指导学生们构建与未来职业相适应的"知识树"——这些场景，是松江产教融合项目的一个缩影。近年来，松江以行业需求推动学科发展、以技术交流推进产品创新，同时培训人才、招聘人才，可谓一举多得。

自2016年起，松江先后建立34家校企合作基地，其中12家是长三角G60科创走廊扶持企业。2020年，欣诺通信、延锋伟世通、富悦酒店3家基地入选上海市第二批产教融合型试点企业，并纳入产教融合型企业建设培育库。其间，东华大学、工程技术大学、立达学院、城市科技学校等7所院校与企业的产教融合发展初现成效，截至2020年末，全区共计培育271个产教融合项目，有效推动院校办学模式改革，培养了众多适应现代企业需求的高素质应用型技术技能人才，实现了校企双赢。

2021年2月，区教育局、区人社局、区财政局、区总工会提出松江区

松江大学城大学生职业生涯教育暨就业创业实践基地揭牌

职业教育校企合作基地建设意见，明确建设目的、内容、申报程序及管理办法。首批5家大师工作室均由行业内具有高超技能技艺和良好职业道德的高技能人才领衔，立足企业、院校，承担传艺、研发、交流等任务，加强双方资源共享和优势互补，深化校企融合与协调创新，以师带徒，培养出更多优秀技能人才。

链接二：

疫情之下，松江多措并举稳就业

2020年，疫情之下，就业成为难题。

面对小微企业和个体工商户艰难的生存环境，区人社局根据上海市稳就业促发展26条措施，免征辖区4.3万家中小微企业及按单位参保的个体工商户养老、失业、工伤三项社会保险的单位缴费，帮助企业渡过难关，保证千家万户稳定的生活来源。

为了助力莘莘学子学成有出路，松江举办"云端求贤，'才'约G60——长三角云招聘活动"和"青春正飞扬，就业在松江——2020年应届毕业生线上招聘活动"。截至2020年6月，304家企业推出线上招聘岗

招聘"集市"

位 1608 个，线上投递简历人数达 10790 人，为 1049 名 2020 届困难高校毕业生发放求职创业补贴；区就业促进中心就业指导队伍为困难就业人员提供"一对一"就业指导服务，助力高校毕业生找到"饭碗"。

松江在保就业的同时，大力实施创业带动就业行动，充分释放就业倍增效应。通过"云直播"的方式，举办第四届"中国创翼"创新创业大赛松江选拔赛，开展"党建引领筑梦 G60，青春有位'职'等你来"松江大学生就业创业服务直播推介会。此外，松江推进新一轮创业型城区创建、研究制定区级特色创业型社区评选案，宣传首批市级特色创业型社区（新浜镇、泗泾镇）经验，开展市级第二批特色创业型社区创建。截至 2020 年 5 月底，成功帮扶引领创业 467 户，完成年度指标的 93.4%。

链接三：

"杨小强"们的故事：劳务协作打开西双版纳就业脱贫新局面

走出边疆到大城市去看一看，是云南省西双版纳傣族自治州勐海县勐往乡灰塘村花腰寨村民杨小强的梦想。

二十多岁的杨小强是家中的小儿子，父亲大病手术已逾20余年，母亲患糖尿病，因病致贫让这个家庭背负沉重压力。2018年，杨小强第一次真正意义上走出大山，来到松江，成了飞雕电气有限公司的一名产业工人。在这里，他得到了老师傅手把手"传帮带"。慢慢地，杨小强能够每月时不

松江援滇干部在赴松江劳务工作的村民家中与之进行视频连线，鼓励对方在松江好好工作、学好本领、回家创业

时给父母打点"零花钱"，补贴家里买种子、买米油。2019年，杨小强加入县人社局组织的第一批赴松务工行列。2020年他再次背上行囊，主动回到飞雕电气务工。其间，杨小强从最初的"打工仔"晋升为流水线装配班组长，家里一年也能增收4万余元。

杨小强的打工经历，让他成了老家十里八乡的"小名人"，大伙眼看着他离开寨子，在上海站稳脚跟、寄回工资，眼看着往年到处借钱的老杨家慢慢地把债还了。于是，外出务工的好处成了村民们热议的焦点。

2020年春节，杨小强回家过年，不少同村青年人都表达了想跟着他一起去上海打工的愿望。3月离家时，4名同村人和杨小强一起踏上了赴松务工的道路。而杨小强，也从村里外出务工的"独行者"变成了"领路人"。

杨小强及其他村民们的故事，成为松江通过劳务协作打开西双版纳就业脱贫新局面的一个缩影。

2020 年 7 月 7 日，松江区中心医院顺利通过评审，正式成为三级乙等医院

被国务院评为"公立医院综合改革成效较为明显地区"

2018 年 5 月 3 日，中国政府网发布《国务院办公厅关于对 2017 年落实有关重大政策措施真抓实干成效明显地方予以督查激励的通报》，松江区作为上海唯一区被评为"公立医院综合改革成效较为明显地区"，受到国务院办公厅通报表彰。

党的十八大以来，松江作为上海市医药卫生体制改革的先试先行区，在保证公立医疗机构公益性的基础上，坚持公益与效率并重，持续推动卫生健康事业更高质量发展。公立医院收支结构不断完善，医改核心指标持续优化。2019 年，松江区卫健委医政医管科荣获上海市"人民满意的公务

二十一、公立医院综合改革成效较为明显的市（州、盟）、县（市、区）

北京市西城区，天津市北辰区，河北省馆陶县，山西省阳曲县，内蒙古自治区兴安盟，辽宁省锦州市，吉林省长春市，黑龙江省齐齐哈尔市，上海市松江区，江苏省淮安市、新沂市，浙江省金华市、德清县，安徽省宣城市、天长市，福建省三明市、将乐县，江西省于都县，山东省滨州市，河南省郑州市，湖北省枝江市，湖南省株洲市、宁乡市，广东省东莞市，广西壮族自治区灌阳县，海南省儋州市，重庆市忠县，四川省成都市、石棉县，贵州省遵义市，云南省玉溪市，西藏自治区日喀则市，陕西省西安市，甘肃省庆阳市，青海省海西蒙古族藏族自治州，宁夏回族自治区石嘴山市，新疆维吾尔自治区哈密市，新疆生产建设兵团第六师五家渠市。

2018年对上述市（州、盟）、县（市、区）等，在公立医院综合改革中央财政补助资金下达相关省（区、市）后，由省（区、市）统筹按一定比例或额度给予奖励。（国家卫生健康委员会、财政部组织实施）

2018年5月，松江区被国务院办公厅通报嘉奖为"全国公立医院综合改革成效较为明显地区员集体"。2022年，区中心医院、中山街道社区卫生服务中心入选上海市首批公立医院高质量发展试点单位。社区卫生服务综合改革纵深推进，家庭医生签约服务不断完善，居民可以在"家门口"享受同质化、公平可及的全面健康管理。2017—2021年，松江区在"上海市社区卫生综合改革云管理"评价中连续五年保持第一，2021年、2022年，松江家庭医生签约服务满意度、松江居民对社区卫生服务总体满意度、基本公共卫生服务总体满意度连续两年保持全市第一。16家社区卫生服务中心达到"优质服务基层行"服务能力推荐标准，国家发文予以通报表扬。在公立医院综合改革中，松江是最早推出门急诊就诊或住院治疗的就医人员可享受基本药品"零差率"优惠的地区。松江在对全区医疗机构药品进行统一采购的基础上，再对基本药品实行低进低出，按进价不加价。无论是本地居民，还是外来人员，只要在松江区公立医疗机构就诊或住院，都可享受基本药品"零差率"优惠。松江区属公立医院门诊和住院次均费用在全市同级同类中处于较低水平，群众就医负担显著减轻。

松江将区域统筹与特色发展相结合，持续引入市级优质资源。不断深化与复旦大学，市一医院、曙光医院、中山医院、儿科医院、岳阳医院的合作，先后与上海交通大学医学院、上海市第九人民医院、上海中医药大学、曙光医院以及岳阳医院签订战略合作框架协议。2019年，区中心医院成为上海交通大学医学院附属医院（筹），2020年升级为三级乙等综合医院，之后顺利"脱筹"成为上海交通大学医学院第13所附属医院，上海交通大学医学院松江研究院建设也有序推进。区泗泾医院依托九院平台，成功升级为二级甲等综合性医院。区方塔中医医院成为上海中医药大学附属松江医院（筹），新建上海中医药大学附属松江医院。

松江积极构建医疗联合体，解决百姓看病难问题。一是优化"三图一树"（区域内各医疗单位的功能定位和资源配置图，街镇网格化管理的网格图，双向转诊的机构名单图，分诊树），畅通上下级转诊平台，通过1302个卫生网格实现对辖区604.6平方公里居民的全覆盖健康管理。二是拓展医联体内涵，深化曙光—方塔、市一南部医联体合作，建成复旦儿科医联体、交大医学院—中心医院、九院—泗泾医院等医联体，促进优质医疗资源下沉，区中心医院、方塔中医医院、泗泾医院先后创建上海市首批、第二批区域性医疗中心。三是提升医疗同质化水平，在全市率先建成并运行区域影像诊断中心、病理诊断中心、临床检验中心、远程心电诊断中心等"四大中心"，实现医学影像资料互联互通。深化腹透技术、康复医疗服务、高血压远程心电监护等适宜技术下社区项目，满足居民家门口的健康需求。

松江坚持大卫生、大健康理念，城市健康品质不断提升。先后获评"全国基层中医药工作先进单位"、全国首批"国家慢性病综合防控示范区"，2016年成功举办第九届全球健康促进大会中国国家日并被国家卫计委评为"第九届全球健康促进大会筹备工作优秀集体"。2018年成功创建全国健康促进区。2021年获得"健康城市建设样板市"称号。2022年，连续6届12年荣获"全国无偿献血先进市"称号。婚检率连续14年保持全市第一，有效降低新生儿出生缺陷。松江作为全市唯一推荐区高分通过疫情后新标准下国家卫生区复审试点评审。

松江始终坚持医防融合，织密织牢公共卫生安全屏障。面对突如其来的新冠疫情，坚持人民至上，生命至上，全面完整准确落实防控举措，坚决守护人民群众的生命安全和身体健康，维护城市公共卫生安全稳定，为经济社会的平稳高质量发展提供坚实保障。松江区卫生健康委员会荣获"上海市五一劳动奖状"。

链接一：

两获"上海医改十大创新举措"

2018 年，"腹透下社区、患者得实惠"被评为"首届上海医改十大创新举措"。该举措于 2014 年在松江区中心医院率先试点，实行医院与社区分级管理，强化社区腹膜透析专业培训，建立区域腹膜透析信息平台，实现社区腹透服务同质化，并探索建立

患者在家做腹膜透析

"基层首诊、双向转诊、急慢分治、上下联动"的分级诊疗模式。通过"腹透下社区"举措，腹透患者得实惠，医疗费用降低 11.3%，年均减少近万元；社区得发展，医护人员能力得到有效提升；医院得效益，平均住院日明显降低，病床周转率明显提高。从治疗效果来看，社区腹透管理后的腹膜炎发生率、透析后的各项血液指标得到明显改善。松江区"腹透下社区"患者透析后生存率 33.75%，高于全市平均水平。

2019 年，"全面深化公立医院改革，创建分级诊疗图，提升区域健康水平"被评为"第二届上海医改十大创新举措"。松江区将创新社区治理与基层卫生工作相结合，探索"家庭医生＋网格长"医疗卫生新模式。依托综合网格化管理平台，全区划分为 1302 个网格片区，每个网格设立一名网格长。家庭医生负责网格内居民的分级转诊、处方跟踪和健康咨询，网格长负责居民探望、服药提醒、服务关爱等，由此实现家庭医生团队对辖区自然村、居委会的全覆盖。以中山街道为例，有 22 个社区网格、13 个公共区域网格，对照相应网格，成立了 18 个家庭医生团队，把 35 名网格长纳入其中，确定了家庭医生、防保人员、护士为主导，乡村医生、网格长协助的"3+2"服务模式。小小网格，将医改新政"精准滴灌"渗透到基层。网格与家庭医生团队的无缝衔接，实现了从"看病不用找熟人"到"让居民放心地把健康管理的钥匙交给守门人"。

大专家.com平台成为居民"健康管家"

位于临港松江科技城的大专家.com是由钟南山、樊代明、张伯礼等75位院士共同发起的基于工业互联网的医疗健康综合服务平台

2014年，钟南山、樊代明、张伯礼等75位院士共同发起大专家.com平台。大专家.com位于临港松江科技城，是基于工业互联网的医疗健康综合服务平台。依托自身生态和技术优势，大专家.com用数字化手段赋能医疗行业服务升级，自主设计并研发医学智慧数字化产品MedBrain及其运维系统——Operation Key、应用系统"大专家"App，在技术、模式、管理等方面取得新突破，有助于解决我国医疗健康领域的关键问题，让人人都能享有优质医疗服务。

Operation Key（简称"OK"）是针对不同群体、不同业务场景、不同机构组织打造的全天候数字化服务系统，包含OK-A院士研究支持系统、OK-B药品研究支持系统、OK-E医学教育支持系统和OK-H医院运营决策支持系统。"OK"系统覆盖了医疗服务体系的信息化全流程，以不同应用场景的综合解决方案，加速实现医疗服务场景融通，医疗机构数据互通，医疗产业价值连通，是医疗服务在技术、模式、管理等方面数字化的综合体现。

大专家.com打造出医生临床决策支持系统——"大专家App医生版"，同时推出居民健康管理服务应用——"大专家App居民版"，这两大应用系统有助于补齐居民健康管理和基层医生继续教育难两大短板，助力国家分级诊疗政策落地。

2022年11月16日，大专家.com与松江及长三角G60科创走廊九城市代表举行"MedBrain院士专家走进长三角G60科创走廊九城市"启动仪式，同时携手云南普洱、宁夏银川、安徽阜阳、山东济宁、山西永济等地，加速MedBrain的数字化应用，为5000万居民提供个性化健康管理解决方案。

松江首个社区慢性病健康管理支持中心建成开放

对于很多慢性疾病而言，要让其缓慢发展甚至停止发展，关键在于"早、勤、准"。2021年10月，松江区首个社区慢性病健康管理支持中心在小昆山镇社区卫生服务中心建成并向公众开放，成为上海第一个严格按照《上海市社区慢性病健康管理支持中心建设方案》建成的标准化健康管理支持中心。

2021年10月，松江区首个社区慢性病健康管理支持中心在小昆山镇社区卫生服务中心建成并向公众开放

中心主要针对高血压、糖尿病、慢阻肺、脑卒中、肿瘤等慢性病，开展慢性病综合危险因素精准化采集和检测，提供慢性病风险评估、疾病筛查、监测随访、综合干预和健康教育等健康管理服务，推动社区慢性病健康管理核心服务的规范化、综合化、精准化、标准化，为家庭医生服务、基本公共卫生服务、分级诊疗服务提供有力支撑。

社区健康管理支持中心的建设，能够让居民更加便利地获取到慢病监测的机会，便于及时排除隐患，早发现、早控制；改变了原本单病种、不标准的慢病数据收集模式，可以一站式、一次性获取慢病患者多项指标；所提供的精准数据既可以用于患者的并发症风险评估、疾病随访管理，还可以为上级医院的医生提供诊疗依据；居民的每次检查结果都会保存进电子健康档案，社区卫生服务中心的签约居民还可通过"上海健康云"App，查看历次检查结果。

幸福老人村的幸福生活

"幸福老人村"：探索农村"原居养老"新模式

作为上海首家社会化组织打造的农村专业养老服务机构，近年来松江区叶榭社区堰泾长者照护之家积极探索"家门口"的"幸福老人村"养老新模式，通过集约利用闲置资源、广泛吸纳多方力量，让农村老年人实现"原居养老"。

2015年，幸福老人村成立，通过连片租赁闲置宅基地房屋、进行适老性改造、完善服务设施，打造以"孝"为核心动力的家门口的养老院。为推进幸福老人村依法依规运营，老人村成立党支部、工会、老年人工作委员会等，建立并完善一系列制度，提高养老服务水平，并努力打造标准化农村养老管理模式，形成了一套可推广可复制经验。

幸福老人村的可持续发展，离不开多方力量的资金支持，这其中包括"四个一点"，即出资人投一点、政府补一点、老人出一点、社会资助一点。2019年，松江区民政局出台《松江区关于在农村地区探索推广"幸福老人村"养老模式的实施意见》，进一步明确了"幸福老人村"的功能定位、设置要求和扶持办法，惠及更多老人。2020年，为保障老年人的基本养老服务需求，使政策覆盖更精准，叶榭镇出台了《叶榭镇老年人入住养老机构补贴实施办法》，对入住镇内养老机构的本镇户籍老年人给予每月每人100元伙食费补贴，为农村养老减轻经济负担。与此同时，幸福老人村积极引入各类公益资源，形成一批以"孝"为主题的农村公益养老项目，吸引越来越多城市和周边地区家庭到幸福老人村开展亲子活动，参与人数达20余万人次。

2022年，幸福老人村开始积极探索"幸福田园养老"综合体，增加农村版综合为老服务中心，老年人可以通过展陈松江土布、体验土灶烧饭等活动传承松江本土农耕文化、丰富养老内涵，并邀请广大市民来体验"孝文化"，开展为老服务等。另一方面。幸福老人村开设田间学校和田间茶坊，打造"爷爷奶奶一堂课""微孝课程"等，让农村的老人动起来、乐起来，带活乡村资源的同时，也传承了乡村文化，推动了乡村振兴。

在各方力量的关心、支持、帮助下，幸福老人村获得多项荣誉：2020年，荣获"全国敬老文明号"；2021年，获中国青年志愿服务公益创业赛银奖；2022年，入围农业农村部公布的60个全国农业社会化服务典型推介名单。通过多年努力，"幸福老人村"已成为松江、上海乃至全国的"孝善""敬老"范本。

链接一：

养老变"享老"，泖港镇持续扩大"幸福圈"

近年来，为应对人口老龄化，泖港镇坚持"养老服务跟着老人走"，坚

黄桥幸福老人村

持"9073"格局（即90%的老人居家养老，7%的老人社区养老，3%的老人机构养老），以"嵌入式"与"互助式"相结合的方式，推动机构、社区和居家养老深度融合，打造养老新模式。

截至2022年10月，泖港镇共有4家养老机构、424张养老床位，1222人享受居家养老服务补贴政策，1004人享受长护险居家服务。黄桥社区长者照护之家是泖港镇首个具备认知症老年人照护功能的社区托养机构。除了开设认知症照护床位，长者照护之家积极探索开设家庭养老床位，以本村居民为试点，将养老床位设立在老人家中，进行适老化改造，并依托专业力量，实现"嵌入式"养老。

在社区养老服务方面，泖港镇综合为老服务中心、黄桥幸福老人村集合了社区综合养老服务、互助型养老、介护型养老三大功能，形成一站式、一体化、一门式全程照护的社区养老服务体系。以黄桥社区食堂为场所，泖港镇积极打造泖港中央厨房，以及胡光村助餐点、茹塘村幸福老人家两个助餐服务场所，共同构建"中央食堂＋社区食堂＋上门送餐"的助餐服务网络。同时，该项目引入人工智能、大数据等技术手段，形成自助结算、营养分析、按需点餐、服务评价等特色功能，为服务人群提供智能化、个性化的服务体验。此外，家门口的老年活动室、睦邻点等也在推动老年人邻里社交、非正式照料等方面发挥了"邻里互助圈"实效。

中山"幸福里"

链接二：

中山"幸福里"，让居民收获更多幸福

2021年，松江区中山街道党工委结合"15分钟社区服务圈"建设，打造"一站式综合服务阵地"——中山"幸福里"。

中山"幸福里"不仅融合党群服务中心、新时代文明实践分中心、"好邻居"社区服务中心、综合为老服务中心、青年中心等多个中心职能，还融合了社区学校、社区党校、社区食堂、社区卫生服务站、老人日间照料、幼儿早教、妈咪小屋、健身房、心理咨询、法律咨询、烘焙体验、摄影工作室、"两代表一委员"工作室等功能。

为充分发挥各项功能，中山"幸福里"通过集聚多元参与、搭建多元载体、融合多元文化，实现各类资源有效整合。比如，整合社会组织、职能部门、区域企业、社区达人等主体，共同参与社区治理体系；设置21cake烘焙体验课堂、鹿鼎读书会、光大银行反诈骗宣传点以及社区达人手工课程；搭建幸福公益课堂、亲子互动课堂、摄影达人工作室等活动载体；设置沪语本土文化活动、党课类红色教育活动及戏曲等民间传承活动等。

为精准匹配社区居民的生活需求，"幸福里"还设有幸福2小时便民服务角，每周开展小家电维修、鞋子修补、磨刀等便民服务项目，每季度开展一次区域化党员志愿服务活动，以"绣花精神"推动社区精细化治理。

继"幸福里"成为全区综合性服务的示范案例后，中山街道又打造了"好邻居"社区服务茸惠苑分中心，进一步延伸"幸福里"辐射范围。

车墩镇祥东"好邻居"社区服务中心活动现场

"好邻居"服务体系激发社区治理新效能

　　社区是社会治理的基本单元。2018 年起，松江区积极推进"好邻居"社区服务体系建设，出台《关于推进松江区"好邻居"社区服务体系建设的实施意见》，整合社区资源、培育社区意识、扩大社区服务有效供给，打造集社会价值体系、服务空间体系、社区服务体系、多元参与体系、考核激励体系于一体的松江特色社区服务品牌。

　　为进一步优化功能布局，增强居民的体验度，全区所有居村社区服务站统一冠名为"好邻居"××社区服务站，整合形成"五室一厅"，即"1+5+×"的功能载体："一厅"为社区事务服务大厅，作为居村办公场所，代理代办相关基本公共服务项目。"五室"包括党群活动室、应急调处室、综合文体活动室、社区议事协商室、卫生健康咨询室。除"五室一厅"基本配置外，各街镇、各居村可结合社区实际设置个性化空间。同时，发动居民共同参与设计项目清单、一周安排等上墙标识标牌，使社区服务站真正成为居民群众身边的"好邻居"。

为进一步整合服务资源，提高居民的适配度，坚持自下而上的议题和项目形成机制，提高服务的专业性和社会化水平。推进社区事务受理中心190项事务全部向社区延伸，理清直接办理、代为办理、政策咨询等三类事项清单，推动更多事项在"好邻居"社区服务站一次性办结。结合社区实际，整合面向社区的各类服务资源，让居民享受更为便利的水电煤缴纳、公积金账户查询等便民服务。落实"双报到""双报告"制度，让广大党员成为社区治理的引领者和参与者。培育一批公益志愿者，整合垃圾分类、社区为老服务、环境整治、平安建设、公益结对等志愿服务清单，探索多层次、广覆盖、常态化的社区公益志愿服务网络。

为进一步完善服务制度，提升居民的满意度，创新和推广一批行之有效、受居民欢迎的服务制度。运用信息化手段，探索现有居村微信公众号和服务端，创新研发便民服务小程序，推动"好邻居"社区服务延伸到手机屏幕，提升年轻居民、上班族等群体的获得感。规范居村错时工作、延时工作、晚间值班、双休日和节假日值班，并通过微信公众号、居（村）务公开栏等方式向社会公示，确保社区居民"找得到人、办得了事"。全面推广"全岗通""首问负责制"和工作日志、民情手册等做法，规范工作纪律，明确接待要求。梳理社区居民常见事项办理内容、服务承诺，完善"首问接待—限时办结—办结告知"办事流程，及时回应社区居民诉求。建立居村社区工作者定期走访社区居民的制度，采取分片包块、上门走访、面对面交流等方式，普遍开展居民走访，及时发现服务需求。

为进一步提高队伍能力，增强居民的幸福度，培育并打造具备社区治理基本技能的办事能手，推动居村工作人员"一专多能、全岗都通""一人在岗、事项通办"。健全示范培训、集中轮训、日常培训相结合的居村党组织书记、主任培训模式，发挥好书记工作室作用，提高居村队伍工作能力。按照职业化、专业化要求，制定阶段性、综合性社区工作者培训规划，练就全方位服务群众的本领。逐步形成自下而上的群众考评机制，加大居民群众评价在考核中的权重，探索把考核结果和居村工作人员薪酬待遇挂钩，调动工作积极性和主动性。绩效考核管理以居民满意度为导向，对不能胜任的居村工作人员，执行退出机制，做到"能上能下、能进能出"。

截至2019年，全区已全面完成352个居（村）委会"好邻居"社区服务站功能的优化提升，实现居村委会全覆盖。2020年度，推进全区首批3个街镇级"好邻居"示范社区服务中心的试点工作，通过品牌化设计、标准化建设、规范化运营、专业化支撑和社会化发展，进一步研究"好邻居"的管理机制、运行机制、参与机制和评估机制，不断满足人民群众多样化的社区服务需求。

链接一：

"杜巷十法"破解农民自建房治理难题

九里亭街道杜巷小区是农民自建房小区，常住人口7200余人，居民中超过八成是租客。如何在党建引领下，探索适合农民自建房的治理模式，是居民区急需破解的难题。

九里亭街道党工委坚持党建引领，织密组织体系。将党支部党员、在职报到党员、租客党员以及骨干志愿者等组建成立"巷里一家"先锋队，由"第二书记"担任队长。全面实行微网格"双网格长"机制，做实"楼组党建"，织密党建"神经末梢"。坚持多元共治，让社区治理更加高效。针对房屋出租不够规范的问题，制定《业主手册》，统一规范租赁合同；针对小区管理乱象，制定《居民公约》，用社区"软法"指导业主租客共同遵守；针对物业管理缺乏监

"'二房东'拉进'治理圈'，'杜巷十法'破解农民自建房治理难题"被评为第五届中国（上海）社会治理创新实践优秀案例

管，街道出台《物业服务管理考核办法》，将自建房小区物业纳入城建中心考核监管；针对安全监管漏洞，组织各职能部门开展联合整治。同时，成立小区自治管理委员会协商议事，建立326个楼栋的"小圆桌"议事机制。

将"二房东"拉进"治理圈"，从调研梳理问题、需求、赋能、行动"四张清单"入手，打造多元共商共治共享平台，总结提炼形成党建引领农民自建房小区综合治理的"杜巷十法"，被评为"第五届中国（上海）社会治理创新实践案例"之"优秀案例"。

链接二：

"多格合一"构建科学高效城市运行体系

围绕"高效处置一件事"，构建城市基层社会治理"一张网"目标，如何迅速、有效、彻底解决基层治理过程中的难点、痛点、堵点？2022年10月起，松江开展"多格合一"试点工作，增强城市治理合力，构建科学高效的城运体系。

"多格合一"强调紧密联系、形成合力。松江将原19个地区派出所63个警务责任区，调整划分为49个警务责任区，并按照"多格合一"要求，以"一对多"标准，实现49个警务责任区与城运网格的对应匹配，完成警务网格、城运网格、综治网格"多格合一"。网格内有民警、综治、城管、市场监管、村居工作站、网格长等管理力量共计2000余人。

"多格合一"离不开分层、分类、分级联勤联动。松江选取中山、方松、泗港、经开区作为试点，整合管理、执法、作业、服务等资源力量，并购买特保服务作为辅助力量，配合网格内综治、公安、城管、市场监管等管理部门完成多项联勤联动工作，包括：无证无照经营、"三合一"场所、活禽交易、无证设摊、街面市容、疫情检查、冷链检查、架空线整治、黑车整治等。针对挪车、房产物业纠纷、劳务劳资纠纷等比较常见的非警务类求助事项，也按照"应分尽分"原则，分为5大类50项，纳入分流范围。

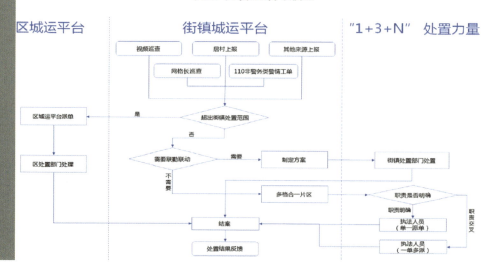

松江城市运行"多格合一"联勤联动工作流程

　　4个试点区域逐步实现在最低层级、用最短时间、以最小成本解决最突出问题，并形成了"'大中小微'四级网格""莱顿模式"等可以在全区范围内全面实行的"多格合一"工作经验，"松江标准"也被打造成可在全市范围内复制、推广的先行示范"样本"。

小昆山镇现代农业示范区

成功入选"2022年农业现代化示范区创建名单"

近年来，松江秉持绿色发展新理念，以促进农民增收为目标，以改革创新为动力，用好科技手段，高质量建设浦南绿色发展实践区，推动农业与现代服务业深度融合，促进集体经济组织发展壮大。2022年，松江区成功入选"2022年农业现代化示范区创建名单"。

松江家庭农场模式是上海农业的一张"名片"。从2007年松江开始探索发展适度规模经营，到2013年家庭农场写入中央一号文件，再到2020年成为《上海市促进家庭农场发展条例》立法源发地，松江家庭农场这一现代新型农业经营模式，在探索实践中不断深化发展，逐渐实现了生产发

松江农业规模化生产

展、农民增收、生态改善和农业的可持续发展，成为"超大城市小农户和现代农业有机衔接"的典型现代农业模式。

在巩固家庭农场模式的基础上，松江不断改革探索，首创优质稻米产业化联合体，建立了龙头企业、合作社带动家庭农场的"组团模式"，利益联结机制更加紧密，有力地推动"卖稻谷"向"卖大米"转变，带动了农民增收，保障了粮食安全。截至 2022 年 11 月，全区已建立稻米产业化联合体 14 家，带动家庭农场 300 余户，亩均增收 300 余元，户均增收 5 万余元。

种子被称为农业的"芯片"。松江始终重视发展种源农业，成功育成"松早香 1 号"和"松香粳 1018"两个优质水稻品种，其中"松香粳1018"荣获第二届全国优质稻品种食味品质鉴评（粳稻）金奖。松江自主选育的"松香粳 1855"新品种也于 2022 年成功通过品种审定。

智慧农业是农业发展的大势所趋，也是农业现代化发展的重要途径。为加快农业现代化建设，松江牢牢把握农业科技创新这个关键，与上海交通大学开展区校共建，成功申报全国农业科技现代化先行区。水稻生产基本实现百分百全程机械化，被农业农村部认定为"全国首批基本实现主要农作物生产全程机械化示范区"。2022年，松江在全市率先试点探索耕、种、收、管智能无人农场建设，利用上海大数据和云服务产业优势，促进农业精细化、信息化、现代化发展。

　　让蔬菜种植箱从定植车间出发，输送到基地种植区任一位置进行生长，长成后自动回到车间自动采收。位于泖港镇的多吉利德农业科技（上海）有限公司，秉承"人不动菜动"的工厂化理念，以"智能化、模块化、标准化、数字化"赋予传统农业新思维，颠覆传统农业耕种方式。在生产管理监控平台的控制下，通过智能化育苗模块、恒温LED育苗方仓、机器手臂点阵移栽、矩阵漂移种植模式、自动采收整理系统等生产操作模块，从补水、追肥、采收至包装，全面实现自动化。

　　与此同时，松江还在不断优化完善现代农业产业服务体系。产业结构上，形成了以水稻、生猪为主导产业，都市花卉、特色蔬果、精品水产等多种优势特色产业齐头并进的发展态势。聚焦全产业链发展，围绕良种繁育，农业投入品采购供应，农技培训，农机维修，农产品加工，品牌宣传营销，金融服务等产前、产中、产后的全程专业化服务，基本形成了以公共机构为依托、合作经济组织为基础、龙头企业为骨干、其他社会力量为补充的多元化农业生产社会化服务体系。

链接一：

"家庭农场"写入中央一号文件

　　2013年中央一号文件提出："鼓励和支持承包土地向专业大户、家庭农场、农民合作社流转。"这是"家庭农场"的概念首次出现在中央一号文件中。

2015 年 3 月 9 日，时任区委书记盛亚飞与泖港家庭农场主张小弟亮相央视七套"两会"特别节目《三农梦，我的梦》

但对松江来说，家庭农场并不是一个新概念。自 2007 年起，松江便开始探索发展家庭农场，并不断走向成熟。2008 年，松江在粮食家庭农场的基础上发展种养结合家庭农场，形成"种粮＋养猪"的生态循环模式。2010 年，在完善农机专业合作社的基础上，探索发展机农一体的家庭农场，使家庭农场主成为自己拥有农机、自己操作农机的自耕农。

2012 年上海市报送中央的《上海松江区新农村建设调查》，对于松江发展粮食生产家庭农场、促进农业生产方式转变等情况作了详细汇报。2014 年，中央电视台《新闻联播》节目连续 3 天报道松江的家庭农场制度。紧接着，《人民日报》、新华社、中央人民广播电台、《光明日报》《解放日报》等中央、市级媒体都对松江家庭农场进行了深入报道。

2015 年起，结合"松江大米"产业发展，家庭农场被鼓励加入"松江大米"产业体系，延伸产业链。至 2018 年末，全区家庭农场发展共 906 户，经营面积 13.8 万亩，占粮食生产面积的 95%，户均经营面积 152 亩，承包期 5 年及以上的占总数的 83.7%；家庭农场主平均年龄 48 岁，45 周岁以下 288 户，占比 31.8%。全部家庭农场中，种养结合家庭农场 91 户，机农一体家庭农场 672 户，机农一体服务覆盖率为 90.4%。2018 年，全区家庭农场水稻平均亩产 585 公斤，户均年收入 13.8 万元。

黄桥村被列为上海市乡村振兴和宅基地改革工作"双试点"村

链接二:

从"进镇上楼"到"村内平移"
——黄桥村探索农村宅基地改革新模式

　　2018年11月6日，松江区泖港镇黄桥村农村宅基地改革和上海市乡村振兴示范村"双试点"建设项目正式启动。这是继2003年以来，松江先后在佘山镇、小昆山镇、新浜镇等地进行农民进镇上楼、集中居住后的又一新探索。

　　项目启动前，黄桥村在全村开展村民住房意愿调查，深入调研摸底，广泛征求村庄规划修编意见。《泖港镇黄桥村村庄规划》《泖港镇黄桥村村庄规划建设推进实施方案》的先后制定，完善了农户参与平移补偿的流程，确保农民利益不受损害，制定了包含节地补偿、风貌管控补偿、两项试点补偿为主要内容的补偿机制：新老宅基地占地面积相比，节地每平方米补偿1800元，多出的面积也按每平方米1800元的价格自行出资；统一风貌管控补偿每户3万元；两项试点补偿每户6.6万元；另外由镇政府出资设立每户2万元的速报奖。

　　新建的集中居住点东起陆庄公路、西至黄桥公路，沿北六勤河南北和杜浜河东西两侧，呈"丁"字形分布。不但体现村庄错落有致的格局，也保留了乡村肌理。在风貌控制上，每户建筑占地面积为90平方米，首期集中归并以两层住宅为主，后续以三层住宅为主。通过白墙黛瓦、观音耳等设计展现江南风貌及松江传统民居特点，既尊重农民的居住习惯和生活需要，又保留了农村特色，形成黄桥村新村新貌。

通过集中居住改善农民居住条件和生活配套设施，节约规划空间推进集体经营性建设用地入市，黄桥村在产业发展上也有了新动向。

链接三：

全国劳模李春风：敢为人先的农村致富带头人

李春风是土生土长的松江泖港人。2007年，时年28岁的他辞去了在合资企业的稳定工作，回松江帮父亲种田。农业实用技术培训、家庭农场主培训、农机驾驶培训、家畜饲养工培训……毫无农作物种植经验的他，一头扎进田地里，全身心地学习各种操作和管理技术，取得了中国农业大学的本科文凭。

在长达十几年的家庭农场经营过程中，李春风始终紧跟政策导向，敢为人先、敢闯敢试，逐渐形成了自己的特色。他与父亲一起承包的家庭农场面积，从最初的117亩扩增到430亩，成为集品牌稻米绿色生产、生猪饲养和现代农机服务"三位一体"的集约型家庭农场。

2019年，他的家庭农场粮食总产量约47.3万斤，种粮、养猪和农机服务净收入约50万元，年收入堪比企业"金领"，真正走上了规模化、机械化、科技化的现代农民致富之路。在他的带领下，周边农户的亩均收入也累计提高了600元。

在城市高度集约、耕作土地有限的情况下，提升亩产值，带动其他家庭农场增收，让产品向着精品、优质方向发

李春风查看稻谷成长情况

展，让更多人能吃到安全、放心的好大米，是他一直奋进的目标。

作为农村致富的带头人，李春风曾先后获得"全国十佳农民""全国乡村好青年""全国农村青年致富带头人""上海市十佳农业农村青年人才""上海市劳动模范"等荣誉称号。2020年11月24日，李春风以上海万群粮食专业合作社理事长身份出席全国劳动模范和先进工作者表彰大会，获得"全国劳动模范"荣誉称号。

两届援藏教师、全国脱贫攻坚先进个人王德伟（中坐者）与学生们在一起

全国脱贫攻坚先进个人王德伟口述：做高原育才的"牧羊人"

我是东华大学附属实验学校教师王德伟，现在（编者注：2020年）正在日喀则市上海实验学校支教。

2018年8月，我跟随上海市"组团式"教育援藏工作队以专任教师的身份来到日喀则市上海实验学校，开启了为期一年的援藏工作。

初到西藏，不出所料，高原反应给了我一个实实在在的下马威。在这陌生的雪域高原，随意走两步就会气喘吁吁，感冒生病是万万不敢的，心脏和肺部情况成了自己和亲友们最为关注的话题。每当高反令我头痛欲裂的时候，我都会问自己，到底是因为什么来到这里？有好奇，有对教育事业的一腔热血，更有党员的责任和担当。这些困难自己何曾没想到，如今有一种多年的梦想终于成真的感觉，以至于彻夜难眠的高反在我看来已然是享受高原的一种方式。

后来，我慢慢适应了高原的气候，全身心投入到了日常工作中。课堂上，我为孩子们准备了各式各样的视频、音频，将大千世界呈现在孩子面前；自掏腰包，为孩子们购买课外书籍，带领孩子们在书本里畅游；还在班级内举办各类辩论、演讲活动，让孩子大胆地说出自己的想法……课堂外，与学生打成一片，聊天文、地理、历史，以及哪支球队夺冠、最近哪部电影上映，更至于谁家里又有小弟弟小妹妹了，在外工作的爸爸回家啦！在孩子们的眼中，我是老师，亦是一位来自上海的大哥哥。

转眼一年时间过去了，我以自己的努力和坚持，克服了高原反应和跨学段教学的挑战，出色地完成了任务。想到千里之外的亲朋好友，也是时候踏上归途了。

可是，在临近期末的一堂语文课上，讲到古诗中的离别，讲到"天下无不散之筵席"时，一个学生说道："就像王老师一样，这学期结束就回上海了，我们这桌席就散了！"他说完，原本活跃的课堂陷入了沉默，我也愣住了。不一会儿，一个学生小声说了句："老师，您可以继续教我们吗？"听到这句话的我反复在心里问自己，"要不要留下来"。留下，意味着自己还要在高原上工作三年。三年，回去已30岁，自己人生中最宝贵的四年就留在这高原上了。三年，已是而立之年，自己仍是孑然一身。三年，父母已是花甲之岁。这一切在我的脑海中"盘旋"。不久后，我便申请再坚守三年，因为我已经放不下这群孩子，想坚守这份责任，陪着他们继续长大。

一年时间能做很多事情，但还远远不够，我希望用接下来的三年，将自己的那片"荒漠"变成"绿洲"，那就一定要做许多有意义的事情。

2019年7月，回上海待了五天后，我便又随着新一批的援藏教师队伍回到了日喀则。这次，我由专职语文教师转变成了管理干部，担任了日喀则市上海实验学校的团委书记。

为了让孩子们了解外面的世界，在共青团上海市委员会的帮助下，我带领一批优秀的孩子前往上海参观学习，感受新中国成立70周年来的沧桑变化；为了让孩子能更加大胆地展现自己，我利用教师节、国庆节等节日，为学生搭建舞台，让他们尽情地展示自我。同时，积极开设业余党课、学生干部训练营，从思想政治上引导学生热爱党，热爱祖国。

2020 年 6 月，学校八年级某班的班主任突遇车祸，无法继续担任班主任。听闻这一消息后，我主动请缨，担任该班级班主任。这让很多老师们感到惊讶，由于沟通原因，以往援藏教师是不用担任班主任的，我成了第一个"吃螃蟹"的人。全班 53 位同学，有 40 多位是住宿生，我早上会到学生宿舍检查孩子们的宿舍卫生，中午在教室陪孩子们吃饭、午休，晚上会等到孩子们晚自习结束后督促他们上床睡觉。遇到一些学生有头疼脑热的时候，我会陪着一起去医院；有孩子调皮捣蛋，违反校规时，我也会严厉教育。援藏教师中午本来有两个多小时的休息时间，用来吸氧以保存下午的体力，但自从担任班主任后，我就用这一休息时间，来陪伴班级里的孩子们。

作为管理干部，我不光要想着学生，还要考虑如何打造教师团队。硬件是一方面，但是最核心的还是"软件"。教育援藏的一个目标就是通过各种方式带动当地老师的专业发展，留下一支带不走的教师队伍。作为学校团委书记，我经常带着学校年轻的团队干部进行各项活动，在活动中指导当地教师的成长。在过去的时间里，日喀则市上海实验学校初中部七、八年级的学生成功换戴大号红领巾；学校围绕各主题节日开展了丰富多彩的特色活动；2020 年，在学校德育校长的领导下，我与本地老师们一起设计了富有学校特色的劳动教育课程，以职业体验、社区劳动的方式让学生走出校园，在实践活动中感受劳动的快乐，成为日喀则市学生社会实践教育的新标杆。

新一轮三年援藏之路还很长，作为教育援藏工作队中年龄最小的成员，我正以一名 90 后党员的坚实脚步行走在雪域高原的教育之路上。在这里，我留下了内心深处的感动和赤诚，留下了作为教师的责任和担当。

（来源："上海松江"微信公众号，《王德伟：做高原育才的"牧羊人"》，2020 年 7 月 13 日）

位于新桥镇的诺心食品有限公司工作人员前往勐混镇拉巴厅片区进行调研后，帮扶种下了100亩砂糖橘

● 链接一：

松江区新桥镇：变"输血式"扶贫为"造血式"扶贫

2021年2月25日，全国脱贫攻坚总结表彰大会上召开，松江区新桥镇社区事务受理服务中心被授予"全国脱贫攻坚先进集体"称号。

2017年，新桥镇社区事务受理服务中心成为新桥镇统筹推进东西部扶贫协作与对口支援工作的牵头单位。中心发动镇内8个居民区党组织与帮扶地区贫困村党组织结对，帮扶地区的挂职干部来到松江，优秀的资源和理念分享多了起来。

自2018年起，中心协同有关部门，先后组织6批次、12家企业奔赴帮扶地区开展实地调研考察。新桥镇诺心食品（上海）有限公司前往勐混镇拉巴厅片区进行调研后，综合考虑当地农业特征和气候条件，联合帮扶地种下100亩砂糖橘。果树挂果后亩产5000元，对帮扶地而言是一笔不小的收入。

随着镇乡对口帮扶协议、"双一百"企村结对协议的签订，勐混镇牲畜定点屠宰场、曼冈村茶叶初制所等建成，"种草—养牛—种菇—种草"的绿色循环经济模式得到创新应用，勐腊镇补蚌村蜜蜂产业风生水起。通过帮扶，当地群众的就业技能和收入得到提高，当地村级集体经济规模也水涨船高，真正实现了由"输血式"扶贫向"造血式"扶贫的转换。

为解决帮扶地富余劳动力，自2018年起，中心牵头组织镇内爱心企业为帮扶地区设置就业岗位，实现异地转移就业，首次招聘达十余人，而且吸引了越来越多帮扶地区待业人员到上海就业。

中心还协调其他部门、企业，坚持精准扶贫方略，向对口帮扶地区开展消费扶贫、教育扶贫、医疗扶贫等工作，先后由新桥职业技术学校招收72名云南学生，组织14名医护人员开展对口支援……新桥镇对口帮扶的云南勐腊镇、勐混镇和西藏盆吉乡如期脱贫摘帽。

链接二：

第七批援藏干部殷仁明口述：一条最短的哈达

援藏两年多来，有许许多多的事令我感动，终生难忘。

2014年8月25日上午，天气格外晴朗，空气中到处散发着青稞的香味。我们全家在扎果乡党委书记边巴次仁的陪同下来到达瓦家结对认亲。达瓦是一位50多岁的藏族中年妇女，家中共有三人：女儿阿旺次珍是达瓦姐姐所生，达瓦领养；孙子米玛顿珠，6岁，是阿旺次珍与前夫所生。阿旺次珍又怀有身孕，但丈夫扎西户籍没有迁入。由于事先没有跟达瓦打招呼，看到我们家穿着整整齐齐，带着礼物来登门认亲戚时，这位藏族中年妇女满脸惊讶，不知所措。

一番嘘寒问暖后，我爱人拉着阿旺次珍进了隔壁房间，我知道她正在为阿旺次珍做最基本的孕检，因为我特地关照她要发挥医生的长处。回到客厅后我爱人告诉达瓦娘俩，胎儿发育良好，并向阿旺次珍传授了一些孕妇保健知识。最后当我们一家送上青稞面粉、砖茶、糖果和慰问金准备离别时，达瓦拉住了我们，嘴里不停地嘀咕着什么。只见她转身来到一只藏式箱子前不停地翻着什么，半晌翻出一条白布样的丝条，双眼噙泪，双手颤抖着把它戴到了我的脖子上。旁边的边巴次仁书记告诉我们，达瓦的意思是：做梦也没有想到一位来自上海的援藏干部会带着全家来登门认亲戚。她说她家是村里最穷的人家之一，就是正儿八经的亲戚也嫌她家穷，几乎从不登她家门，更不用说资助什么的了。她家没有什么像样的东西，只有这一条哈达送给我们全家，祝福我们全家吉祥如意、一切顺利。我低头凝视这条哈达，心里不禁一紧，这是怎样一条哈达啊，它比我戴过的所有哈达差不多短了一半，是棉布的而不是丝绸的，泛着黄色，织得非常疏松，与其称之为哈达，不如称之为白布条。我轻轻地把哈达戴到我爱人脖子上，我爱人又轻轻地把它戴到我女儿脖子上。我走

殷仁明（左三）全家与结对群众合影

上前去，紧紧握住达瓦那双指甲嵌满泥土、手掌长满老茧的双手，哽咽着说："这是我收到的最珍贵的哈达，我们全家一定会极度珍视它，好好收藏它。它凝聚了一个藏族老百姓全家最美好的祝福，也是藏汉一家亲最好的见证。"我爱人也上前握住达瓦的手说："你家就是我家最好最近的亲戚，我们一定会常来常往，你家有什么困难，我们一定会尽力帮助的。"

　　在离开达瓦家去塔吉家的路上，我沉思着，定日县像达瓦这样生活极度贫困的人家还有很多很多，援藏工作任重道远。我们必须把有限的援藏资金放在刀刃上，用于雪中送炭，真正有效改善民生。春风化雨，浸润人心。只有真正融入、真情付出，才能换取真心，凝聚人心。

　　（来源：《为了全面小康——松江对口支援（1995—2020）》，中共上海市松江区委党史研究室编，学林出版社，2020年10月版）

链接三：

第十批援滇干部沈伟口述：松江大米种勐海

　　有一次，版纳的一个扶贫办副主任到松江区来开会，吃了我们机关食堂的米饭。他回版纳之后特地来找我："沈秘啊，你们松江的米好吃啊。是什么品种？"我知道，机关食堂的米肯定是松江大米。我就问他："怎么好吃？"他说："不用菜，能吃两碗饭。香，糯！"这就是我们松江大米的特

勐海县勐遮镇的松江大米田

点。他接着问我："能不能把这种米引进到版纳来种？"我当即跟区农委的同志联系。农委的同志非常重视，派了专业技术人员前来对接。

区农委经过调研，最后选择了松香粳 1018 品种的稻米，在勐海县勐阿镇勐康村的回良小组选择了 13 户农田，试种了 35 亩。采用的是统一供种、统一标准等"六统一"模式，5 月育苗，6 月插秧，9 月收获。回良小组是拉祜族，因为管理上存在一些问题，导致当年产量比较低，亩产只有 300 多公斤。这种稻米在松江种植的话，一般可以达到 600 公斤左右。收获以后呢，我们也品尝了，口感还是比较好的。这样，我们就把松江的优质稻米引进过去了。

2019 年初，我们又示范种植了 60 亩，这一年"松江大米"实现了大丰收，平均亩产有 700 多公斤。当地的村民说："松江大米的亩产量超过了我们的预期，一亩可以多收 2200 多元钱！""松江大米的质量也很高，煮出来的饭味道真香，10 米外都能闻到！"

飞越 3000 公里引进松江大米，并不仅仅是因为松江大米好吃，也不仅仅是为了解决眼下的粮食问题，它实际上促进了两地农业生产的交流。区农委专家多次前往田间，讲授种植技术，不厌其烦，倾囊相授。他们带去的是种植管理的专业技术，传递的是科学种田的现代理念，提高的是当地村民持续增收的能力。从长远来看，更是将"输血式"扶贫向"造血式"扶贫转变。

（来源：《为了全面小康——松江对口支援（1995—2020）》，中共上海市松江区委党史研究室编，学林出版社，2020 年 10 月版）

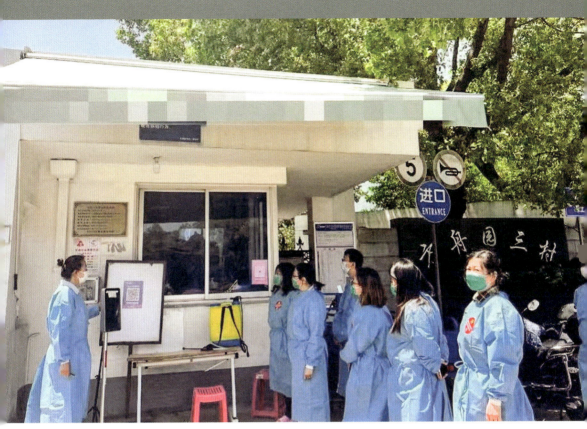

方舟园三村志愿者驻守一线，当好疫情"守门员"

社区疫情防控工作经验走进国务院联防联控工作交流会

2022 年 5 月 4 日晚，由国务院联防联控工作组组织召开的新冠肺炎疫情社区防控工作交流会线上举行，岳阳街道方舟园居民区作为上海市唯一一个基层社区，分享了疫情防控工作的做法。

方舟园居民区由四个小区和一个商业广场组成，有居民 6531 人，且老年人以及困难人员较多。3 月 12 日疫情突发，社区工作人员第一时间向居民传达管控要求和科学防疫知识，立即成立临时党支部，驻守一线，当好疫情防控"守门员"。

为保证防疫措施的精细度,居民区被划分为四个网格片区,由片长包干、楼组长驻点,并招募在职党员、楼组长和居民骨干等237名志愿者,全面开展数据排查、核酸检测、平安巡逻、就医保障、物资保供和环境消杀工作。在充分发挥志愿者力量的同时,居民区还根据实际工作情况不断优化核酸及抗原检测等流程,利用移动检测专车分时分楼道采样、将抗原结果收集方式改为线上文档,尽最大可能减少人员流动、接触。

随着封控时间的延长,居民就医配药的矛盾越发突出,如何畅通就医配药渠道成为突出问题。在第一时间全面摸排社区居民就医需求后,志愿者团队积极协调,一方面通过街道为危重症患者专门开辟"生命巴士"定点往返于市区医院,送化疗、血透的老人们跨区就医;另一方面通过志愿者专人代配药、互联网医院配药等渠道解决配药难题,将药品及时发放到居民手中。

解决好居民就医配药的燃眉之急的同时,方舟园居民区还积极配合街道做好民生保供工作。疫情发生后,街道共发放四轮保供物资。按照"封控区域优先、困难家庭优先、特殊情况优先"的原则,物资被第一时间发放到每家每户。在社区团购方面,居委会严格审核供应商资质,由团长签署责任书后方准许开团,在确保安全的前提下,让居民们吃饱、吃好。

除了做好"最后一百米"物资分发和运输工作,居委会还及时走访了解高龄、独居老人的用餐需求。困难老人由街道联系社区食堂,再由小区志愿者送餐入户,解决老人的后顾之忧。

经过一个多月的不懈努力,方舟园居民区顺利降级为防范区,进入到常态化防控阶段。此后,进一步落实物资消杀、守护居民安全成为工作重点。作为全区第一批智能消杀试点小区,方舟园居民区率先引入了"小区大门、楼道、家庭"三级智能消杀设备,对进入小区的物资进行全方位、多环节智能消杀。

链接一：

松江援鄂医疗队队长家书：待我凯旋，定与你一世长安

……亲爱的，不是我无情，当我转身离去时，你炽热、担忧、挂念的神情我都看在眼里。然而，那一刻，理智告诉我，不能回头。

进驻武汉三院，我的日常工作是院感管理与防控。负责培训、指导、监督医务人员防护用品穿脱流程的规范性；协同武汉三院的院感科，梳理制定院感流程、

柴丽莉与家人合影

更新标识、改进细节。疫情当前，院感与防控是重中之重。我的责任心告诉我要严谨更严谨，不能有丝毫懈怠，才能确保医务人员避免被迫污染或感染。

亲爱的，不是我无情，真的，我想关心的人很多，也有太多的人更需要我去关心。我已无暇顾及你和家人。

我是松江区援鄂医疗队队长，我要关心爱护好和我一起亲征的 19 名同伴，此时，他们不仅仅是我的战友，更是我的兄弟姐妹。我要确保他们的日常生活起居，做好 19 名医务人员的后勤保障，休息好才能更好地战斗。这时，我是后勤总务长；疫情面前，谁不恐慌，医务人员也是凡人，他们也需要解压、释放，我要忙中偷闲，心理疏导、鼓励引导，精神面貌决定战斗力。这时，我是心理咨询师；19 名同伴从各医院各科室抽调集中，很多防控的流程知识在不断更新，需要不断培训演示，才能掌握技能更好地工作。这时，我是岗前督导员。

亲爱的，"不破楼兰终不还"——动员大会上的誓言犹在耳边、记在心间、落在行动。

直面生死，我不是一个人在战斗！身边，有我的战友们并肩作战；后方，有我的家人们"暖心援战"；我们全国人民团结一致、"全心战疫"。

我想做的，真的有好多好多。

　　直面疫情，今天，我只有一个身份——健康卫士。亲爱的老公，作为母亲、作为女儿、作为媳妇、作为晚辈，这些多重的角色就连同我的歉意一并拜托交付于你。我在武汉一切安好、勿念。

　　亲爱的，春已至芳菲来，待我凯旋，定与你一世长安！

　　（来源："上海松江"微信公众号，节选自《泪目！松江援鄂医疗队队长家书：待我凯旋，定与你一世长安》，2020 年 2 月 14 日）

链接二：

G60 枫泾高速道口防疫工作志愿者日记：
我见到了最美的夕阳

2020 年 1 月 31 日　晴
　　……

　　我负责的工作，是协助医护人员和警务人员守住第一道防线，核实车内人员身份信息、测量体温、询问是否来自武汉或途经湖北、发放告知书。如果体温有异常，会转交到复检点核实，在那里会由我的"战友"接手接下来的工作。

　　正值返程高峰，驶入道口的车辆不断。一同排查的警务人员告诉我，枫泾这 6 条车道，平均 1 小时便有 1400 多辆车驶入，听他说完，才发现我们的嗓子都是哑的，好在我排查的每个人都很配合，也表示理解。心里感叹他们脾气真好，要我排了这么久，估计要不耐烦了。

　　因为穿着防护服不方便"方便"，所以也不敢喝水，再加上防护服和手套、口罩都不怎么透气，此时才真正能体会到武汉一线医护人员的辛苦。想想我这才 4 小时，那些连轴转的医护人员，很多还是小姑娘，真心致敬！

　　眼看着夕阳西下，我也即将结束今天的工作，这时一辆卡车突然吸引了我的注意。"中国加油"这四个字，卸去了我身上所有的疲惫与不适，回

2020 年年初，G60 枫泾高速道口防疫工作志愿者冒雪检"疫"

头的一刹那，我见到了最美的夕阳。

......

晚上气温直逼冰点，但没有一个人有怨言，仍然一丝不苟，坚守到最后。

回程路上，大家一反来时的安静，哑着嗓子纷纷分享今天的工作：有遇到强硬派，不肯配合被劝返的；有表示理解，放弃去虹桥赶飞机掉头返回的；也有气急败坏下车理论，被安抚平静还道谢的……最让我难忘，是金燕峰的分享，他说遇到一个小姑娘，不仅非常配合排查，还一直说你们辛苦了，要不要喝水，有没有吃的，最后微笑着挥手再见。

这些理解和关心，让这个冬夜一点都不冷。

（来源："上海松江"微信公众号，节选自《我见到了最美的夕阳……一位 G60 枫泾高速道口防疫工作志愿者的日记》，2020 年 2 月 3 日）

生态文明建设

九亭宋家路区块拆违前　　　　　　　　　　九亭宋家路区块拆违后

区委书记程向民口述：九亭攻坚战吹响转型发展集结号

2016 年 2 月 1 日，我到松江上任区委书记伊始，就紧锣密鼓地开展调查研究，第一站就到九亭调研。

选择九亭，就是事不避难，要从最硬的骨头啃起。

地处上海城乡接合部的九亭地区，是松江"五违"乱象最突出、安全隐患最严重、社会治理最复杂、群众反映矛盾最集中的一个镇。这里常住人口超过 30 万人，辖区内的自然宅基、基本农田、工业园区以及各类市场中，普遍存在违法建筑多、安全隐患多、无证无照多、来沪人员多、环境污染多的问题，区域环境问题集中且突出。在区委、区政府提出的"1+16+X"治理目标中，"1"就是市级环境综合治理区块之一的九亭地区，被列为"五违四必"区域环境综合整治的重中之重。

从产业结构的角度来说，九亭就是我们供给侧改革所强调的落后产能集中的地区。在城市生产力布局和城市管理布局方面也比较混乱，有 200 多万平方米的违规违法厂房要拆除，"种"在田里的 38 幢违建别墅长期难以触动。镇里的 110 报警量居高不下，生态环境破坏严重，河里堆着很多塑料泡沫、黑臭垃圾。

实际上，无论是"五违四必"整治，还是松江发展向存量要空间；无论是老百姓强烈反映的社会治安、城市管理等顽症，还是规划定位打响松江转型发展攻坚战的方向，都聚焦在九亭。

九亭的"硬骨头"硬到什么程度？

正当我们"下猛药"依法治顽症，迅速出击之时，2016年2月22日元宵节那天晚上，在九亭就发生了违法者拿着铁锹铁棍，将执法者打出来的事情。我连夜召开区委常委会，成立"五违四必"整治前线指挥部，请张益弟同志任前线总指挥，邢铁军和彭琼林两位任副指挥。我和区长秦健任整治领导小组组长。我和区长每周都去暗访明察，督办促进，靠前指挥。

我当时提出"依法、铁腕、稳妥"六字工作要求。"依法"，就是于法有据，"五违四必"，在法律面前人人平等，松江没有法外之人、法外之企、法外之地。"铁腕"，就是要敢于啃硬骨头，在硬骨头面前，我们的牙齿要比骨头还要硬。这是彰显依法治区的决心。"稳妥"，就是要重点做好群众工作，保障市场方的合法权益，不发生群体性涉稳事件。

我们首先解决了占地280多亩的花卉市场。这里原先都是用彩钢板违规搭出的工棚仓库，整治小组历时3个月，共拆除违建15.6万平方米，清理商户近200家。整治启动2个月后，这些违法建筑被依法拔除。

九亭"五违四必"整治的一个难点和亮点，还在于在全市率先启动了198区块成片减量工作。198区块是指规划集中建设区以外的现状工业用地。在九亭市级整治区块7.98平方公里区域内，三分之二占地被列为198区块，涉及8352亩土地，共有生产经营企业1886家，其中931家企业位于280处无证建筑内，其余企业均存在不同程度的"五违"问题。

这一年，全区"1+25+225"三级区块"五违四必"整治拆违708万平方米，超过以往十年的总和，关停淘汰劣势及污染企业1033家，建设用地减量立项和验收7434亩，生态用地增加4433亩，其中，九亭市级整治区块210万平方米违法建筑和无证建筑全部拆除，全镇腾地5757亩，九闽山庄38栋违法别墅建筑全部拆除，西郊农贸市场等一批顽症痼疾彻底整治。

（来源：《口述松江改革开放（1978—2018）》，中共上海市松江区委党史研究室编，上海人民出版社、学林出版社，2018年12月版）

九科绿洲

链接一：

九亭成为全市"五违四必"整治标杆

2017年2月22日，市委、市政府在松江九亭召开第五次"补短板"综合治理现场会，会上指出：松江"五违四必"区域环境综合整治工作取得的成绩充分表明，全市上下共同努力，干出了基层的战斗力，干出了干部的精气神，干出了群众的获得感和幸福感。

地处上海城乡接合部的九亭地区，是松江"五违"乱象较为突出的一个镇。作为全市"五违四必"最难啃的硬骨头之一，2016年的整治力度在九亭历史上绝无仅有，全镇共拆除各类违法无证建筑240万平方米，完成两个"百万"整治目标，腾出土地5757亩，清拆污染企业191家，整治违法经营1365家，消除违法居住近2.5万人，整治乱设摊、跨门营业、违规广告等街面十乱5000余处。一年中，接连攻克了九亭花卉市场、280家无证企业、西郊市场等一系列硬骨头。

在"五违四必"整治中，九亭镇做到了"两个率先"。一是率先为全市"198区域"成片减量工作探索了先行经验。经过三轮整治大会战，"198区域"共拆除无证建筑109万平方米，清退企业931家，虽然税收"减"了2.5亿元左右，但也"减"出了3840亩土地，补齐了上海外环生态廊道的欠账，为城市再发展调整出了空间。二是率先在全市对无证别墅实施拆除。

九闽山庄占地30亩，居住着38户227名非本地户籍人员，但房屋和土地未取得完备的合法手续，是典型的"庄稼地里种房子"。2016年10月起，九亭镇专项工作组入驻，用3个月时间完成了清退工作。号称十级地震震不倒的九闽山庄，倒在了"五违四必"的铁腕治违下。

经过大刀阔斧的"五违四必"整治，九亭镇市级整治地块与泗泾镇、洞泾镇、新桥镇部分区域一起，作为松江区乃至沪上产城深度融合的示范区和城市有机更新的实践区，形成了26.62平方公里的地区级中心——"九科绿洲"，其中九亭镇占地20平方公里，是核心功能的主要承载区。"九科绿洲"作为G60上海松江科创走廊"一廊九区"中的龙头，成为产城深度融合的科创绿洲，生态用地占比从32%提升到47%。随着复旦科技园、修正药业、小米生态链华东区总部等项目的入驻，九科绿洲的综合优势和效能地位愈加凸显。

链接二：

松江全面完成市级地块"五违"整治任务

2016年，松江以"破瓶颈、补短板、促发展"为导向，努力消除"五违"（违法用地、违法建筑、违法经营、违法排污、违法居住）问题。2017年，松江区完成拆违1010万平方米，完成年度任务的168%。"1+24+165"

泗泾康家拆除中

泗泾康家拆除后

三级区块整治任务全部完成，"九泗洞"市级地块通过验收。

2017年2月16日，位于泗泾镇市级重点整治区块9号地块莘砖路、长施路两侧的万春园奇石市场南大门轰然倒地，当日即拆除违法建筑5.1万平方米，存有6.2万平方米违法建筑的万春园奇石市场不复存在。

2月20日，洞泾砖桥贸易城专项整治行动打响。此次整治的砖桥贸易城一区市场，位于沪松公路东侧、莘砖公路北侧，区域总占地面积185亩。当日拆除砖桥贸易城一区市场内的全部违法建筑共计10万平方米。4月14日，拆除贸易城三区市场内的11.5万平方米违法建筑。

7月25日起，泗泾食品城全面实施交通管制，货物只出不进。8月4日，泗泾食品城全面完成清退关闭。市场关闭后恢复其农业服务用地性质，发展现代化农业项目。

华星西河整治前

华星西河整治后

三制并举实现河道长治久清

位于永丰街道工业园区内的华星西河原来是一条墨绿色的黑臭河道。周边企业雨污水混接，居民私搭乱建，生活污水和畜禽污水直排河道，导致河道周边环境脏乱，黑臭严重。

2017 年 6 月，这样一条人人避而远之的黑臭河道完成了华丽变身，变成了水清岸美的"样板河"、市民休憩的好去处。1.67 公里长的河道两岸建起了透水混凝土健身步道和栏杆，配上 10364 平方米绿化、1300 平方米水生植物，河道水质已持续稳定在 IV 类及以上标准。这一切，都得益于 2016 年开始的中小河道综合治理。华星西河由区委书记程向民担任一级河长，永丰街道党工委书记陈玉龙任二级河长，仓吉居民委员会书记董春燕任三级河长。2016 年，程向民在察看华星西河整治时提出，以"河长制"为中心、"纳管制"控源截污补短板、"网格制"确保水陆联动无盲区的"三制并举"。永丰街道成立了华星西河专项工作小组，至 2017 年 6 月底，完成了沿线企业动迁、河道疏浚、管网改造、违建拆除等治理任务和水利配套建设，附近村民还自愿成立了"环境综合整治巡查服务队"。"变身"成功的华星西河被评为"上海最佳河道整治成果"。

华星西河的华丽蜕变，只是松江中小河道整治的一个缩影。松江区

"河长制、纳管制、网格制"三制并举，齐抓共管，于2016年9月在全市率先出台《松江区"河长制"实施方案》《松江区"消除黑臭河道、打通断头河"300天攻坚战行动方案》；成立了区水环境治理工作领导小组，全面建立"区—镇—村"三级河长体系，全区620名河长实现全覆盖；推出"松江河长App"，实现了巡河制度化、数据实时化、问题解决高效化、管理常态化。编制《松江区消除劣Ⅴ类水体三年行动计划》，制定"一河一策"整治方案，控源截污、河道整治、工业污染整治、农业面源治理、生态修复、长效管理"六大工程"环环相扣，稳步提升河道水环境质量，实现了全区水环境面貌持续改善。

2019年1月至6月，全区26个国考市考断面达标率100%，首次全面达标，水质显著改善。截至"十三五"末，全区188条河道摘掉"黑臭"的帽子，蜕变为宜居秀带，490条劣Ⅴ类水体得到综合治理，全区河道水质稳定提升，管控断面Ⅲ类水占比提升至80%以上。华星西河、秀浜、蟠龙塘、湛泾港……越来越多的河道实现了"水清草复绿，岸美花更香"，沿岸居民获得感满满。

链接一：

雨污分流提升地表水环境质量

开展住宅小区雨污分流改造

2012年以来，松江以雨污分流改造为着力点，坚持以控源截污为核心，全面开展污染源排查整治，狠抓污水处理能力和污水厂建设，扎实推进黑臭水体整治，全方位改善河湖水环境质量。2022年，松江完成60处市政、632个住宅小区和3729家企事业单位雨污混接改造工作，基本完成全区雨污混接系统改造，全面消除黑臭河道，基本消除劣Ⅴ类水体。

十年来，松江区采取截污纳管、改造管

新时代非凡十年的松江答卷

网、净化污水等措施，对工业区企业开展雨污分流治理，对雨污水管网实现全面升级，投资 8.56 亿元启动松江污水处理厂四期改扩建工程等。

松江同步加快实施农村生活污水处理设施建设工程。截至 2022 年，全区已完成 3.6 万余户农村生活污水处理设施新建、提标改造工程，基本实现农村保留村落生活污水处理全覆盖，松江地表水环境质量持续改善提升。

链接二：

"两环一网"滨水空间，把最好的岸线资源留给市民

2000 年 2 月，在松江新城大规模开发建设的大背景下，松江对位于新城区域内的部分骨干河道的陆域控制线作了特别规定：二里泾河道两侧的建筑物避让 8 米以上；沈泾塘、张家浜、通波塘河道两侧的建筑物避让 50 米以上，为城市滨水空间的开发利用留出必要的空间。

2020 年，总长 6.5 公里的通波塘（人民河—G60 沪昆高速公路）环境改造提升工程启动，一期项目全长 755 米。此次改造提升工程位于通波塘西岸，南起中山东路，北至乐都路，占地面积约 5400 平方米，河畔多为居民小区，东岸就是松江的网红街区袜子弄。

通波塘一期改造提升工程是绿地建设与滨水空间有机结合的范本。该项目充分利用通波塘的滨水空间，在河岸嵌入绿道系统，沿线还设置了座椅休憩场所，成了老城区市民饭后游憩的休闲场所。通波塘滨水绿道将新城区与老城区有机连接，成为松江新城建设中一道最靓丽的风景。

通波塘绿道

吴家浜河获评"上海市最美河道"

链接三：

水城交融、人水相依

——松江持续开展水环境综合整治

近年来，松江区对标"一江一河"贯通工程，着力贯通骨干河道，并结合区域水环境特点聚焦中小河道整治，打造滨水休闲的生态秀带。"十三五"期间，松江区打通断头河222条，新增水域面积4614亩，通过打通断头河、河道拓宽、河道疏浚等措施，水环境质量大幅提升。2021年9月，松江在全市郊区中率先实现了35条骨干河道水域全面贯通，其中27条（段）按规划要求实施了综合整治，部分河道两岸按照生态生活水岸的要求进行了滨水空间建设，水环境面貌得到明显改善。

松江区自觉践行"人民城市"的重要理念，坚持把最好岸线资源留给市民，着力打造"园城相嵌、林城相拥、水城相融"的空间意象，在侧重河湖结构安全的基础上，保护和修复河湖生态实现良性循环，通过美丽河湖建设持续巩固治水成果，为沿河市民创造更多更好的滨水公共空间和亲水体验，加快构建"河畅、水清、岸绿、景美、人和"的诗意栖居地。截至2022年，已有145条镇村级河道列入"一镇一景、一村（居）一河"创建计划，五龙湖、吴家浜、绿带河等荣获市"最美河道"称号。

五龙湖景色

链接四：

"最美河湖"五龙湖诠释以"绿水青山"为媒的产城融合

　　五龙湖（梅家浜）是中山街道镇管河湖，位于辖区国际生态商务区内，彩虹桥"飞架"其上，"舞龙"雕塑竖立于河岸南侧。围绕在周边的是万达广场、五龙广场、凯悦酒店等松江知名商业商务广场楼宇。河道自通波塘至洞泾港，总长1890米，宽度16—158米，水域总面积124977平方米，于2021年荣获上海市"最美河湖"奖项、三星级河道以及上海市海绵城市建设示范性样板工程。

　　五龙湖与外河通波塘、洞泾港相贯通，且该区域的定位为开放性的城市公园，因此防涝助排是重点功能。该河运用海绵城市手法，把整个湖面作为一个大型的蓄水池，在滨湖景观园路上选用透水面层和基层的处理，在道路和河岸线之间设置大大小小的生态草沟和雨水花园，初期雨水经过层层过滤净化再排入河道。

　　五龙湖景观绿地秉承"回归设计"的方式，敬畏自然、尊重人文，回归场地承载的文化精神。以"舞龙"为题，左笋右伏，九曲十回，与场地完美结合，打造流畅丰富的景观空间。园内雕塑小品、景观廊架、特色座椅等休憩设施一应俱全，并辅以高品质夜景灯效装饰，为松江市民呈现百变的"亲水岸线"。

　　沿湖设置慢行步道、休憩设施等，为市民营造一个高品质的绿色休闲新空间，利用绿色、多元、可持续的绿色环形廊道，缓解商务区的热岛效应，改善城市小气候，保护生态环境，同时提供亲近自然的景观空间。不少居民就近择业，生动诠释以"绿水青山"为媒的产城融合。

天马无废低碳环保产业园

天马无废低碳环保产业园入选世界城市日典型案例

　　2022年10月31日，《上海报告·2022》在世界城市日全球主场活动暨第二届城市可持续发展全球大会上发布，天马无废低碳环保产业园作为推进"无废城市"建设的典型案例被纳入其中，成为《上海报告·2022》案例中唯一一家低碳环保园区。

　　天马无废低碳环保产业园位于佘山镇内，是上海首家低碳环保产业园基地，也是环保和资源再生展示教育基地。园区内共建有1座生活垃圾焚烧发电厂（一期和二期）、1座湿垃圾资源化处理厂、1座建筑垃圾资源化

上海天马再生能源有限公司

处理厂，另有一座危废处理厂。

为助力上海"无废城市"建设，天马园区探索了一批资源化综合利用项目，运用环保技术，对不同废弃物进行分类处理和有序资源化利用，实现废弃物的安全处置，达成资源全面节约和循环利用，并在作业过程中减少碳排放，实现环境与资源的可持续发展。

在湿垃圾资源化处理方面，园区将餐厨垃圾和厨余垃圾经过一系列预处理工艺，产生沼气用于热电联产，沼渣脱水后焚烧处理，沼液经过污水处理后达标排放。废弃食用油脂则经预处理后与餐厨垃圾、厨余垃圾预处理脱出的粗油脂外售给有资质的深加工企业。

在建筑垃圾资源化处理方面，园区通过工艺实现装修垃圾、拆除垃圾有效除杂，获得高品质的再生骨料、再生木材、再生塑料产品。同时，形成的再生骨料用于制作再生砖与砂浆。在污泥干化处理方面，园区通过污泥干化协同生活垃圾焚烧技术，解决污泥填埋造成的土壤、水体及周边环境污染问题，通过共享生活垃圾焚烧设施，共同实现了垃圾与污泥的"减量化、无害化、资源化"。

在集中隔离点拆除垃圾处理方面，园区也实现了绿色低碳循环。在完成集中隔离点拆除垃圾安全消杀后，园区会从拆除垃圾中分选出金属、木料等材料开展后续资源化利用，而其他如砖块等则被送入建筑垃圾资源化项目，加工成不同粒径的粗细骨料用于建材生产。

2015年建成的上海天马生活垃圾末端处置综合利用中心作为园区内最大的生活垃圾处理设施，总处理规模达3500吨/日，采用机械炉排炉焚烧工艺与自动燃烧控制系统，执行最严格的烟气排放标准。二期烟气处理工艺设置 SCR 系统，烟气中各污染物的浓度均远低于欧盟 2010 标准和上海市地标的排放要求，实现烟气超低排放。湿垃圾资源化处理厂，日处理规模湿垃圾 500 吨／天（厨余垃圾 350 吨／天、餐饮垃圾 150 吨／天）、废弃食用油脂 30 吨／天。湿垃圾处理设施扩建项目（二期）已于 2022 年 11 月正式开工。建筑垃圾资源化利用厂，日处理规模 1800 吨／天，其中装修垃圾 1200 吨／天、拆房垃圾 600 吨／天。

天马无废低碳环保产业园集处置与循环利用、核心技术研发、环保人才培养、科普宣传展示、环境友好体验于一体，以持续探索综合性低碳园区模式为目标，助力上海实现"碳达峰、碳中和"。

链接一：

中山街道郭家娄社区、方松街道泰晤士小镇社区
被确定为上海市低碳试点建设社区

2022 年 1 月，松江区中山街道郭家娄社区、方松街道泰晤士小镇社区被确定为上海市低碳试点建设社区。

郭家娄社区包括信达蓝尊、绿地林肯 2 个小区，总占地面积约 12 万平方米，共有居民 1965 户、近 5000 人。信达蓝尊小区以地源热泵应用作为低碳发展的一大亮点。小区内 18 个楼组的空调地暖和生活热水等均由地源热泵提供能源。经初步测算，地源热泵系统稳定运行后，每年可减少社区用电约 89 万度，减少二氧化碳排放约 374 吨。

泰晤士小镇社区总占地面积约为 100 万平方米，区域范围内有居民 1274 户，商铺 280 户，户籍人口 1744 人，常住人口 3102 人。泰晤士小镇社

绿地林肯小区的智能垃圾分类机器

区内建有多个人工河道和湖泊，尤其是东侧的华亭湖是松江新城最大的一个人工湖，不仅为小区居民提供了一个休闲娱乐的场所，同时也起到了集雨的作用。社区内建筑物周围都设计建造了集雨管道，一旦下雨，雨水就会通过雨水管汇入人工河。通过雨水收集、储存、沉淀、利用等设施，将雨水用于绿化花木的浇灌、人工河河水的补给，形成了"采—集—净—用"的环保循环利用，从而减少传统水源的使用。

链接二：

上海低碳技术创新功能型平台获得国家 CNAS 实验室认可

2022 年，上海低碳技术创新功能型平台获得中国合格评定国家认可委员会（CNAS）颁发的实验室认可证书。这是继 2020 年 12 月该平台获得国家颁发的检验检测机构资质认定证书（CMA 资质认定）后的又一重大成果。

上海低碳技术创新功能型平台由中国科学院上海高等研究院和松江区人民政府共同发起成立，是上海建设全球科创中心的研发与转化功能型平台之一、上海科创中心建设"四梁八柱"首批规划的功能型平台之一，也是积极响应推进国家碳达峰碳中和政策的重要表现。

上海低碳技术创新功能型平台

CNAS 的成功获批，标志着低碳平台在硬件设施、质量管理，以及检测能力上均达到国际认可的水平，其在无机化工催化剂、塑料和微纳米粉体等认可范围内出具的理化分析、检测数据及报告，获得与 CNAS 签署互认协议的国家和地区实验室认可机构的承认，进一步夯实低碳平台技术研发和对外服务的质量和公信力。

"七廊一片"生态林之一天马生态片林长势良好（姜辉辉　摄）

"七廊一片"
——松江历史上最大造林工程完成

　　2021年7月，松江历史上最大造林工程"七廊一片"生态林建设完成。工程历时三年，总面积达9390亩。

　　"七廊"主要是沿沈海高速、绕城高速、沪昆高速、沪渝高速、沪杭铁路以及沿黄浦江和泖河两侧河道，总造林面积达3620亩；"一片"为天马生态片林，片林东至上海绕城高速，南至沈砖公路，西北与青浦段的生态廊道无缝衔接，东侧辐射佘山镇区和佘山森林公园，南侧为天马赛车场，辐射天马山公园，总面积达5770亩。此次造林工程为松江筑起一道绿色生态屏障的同时，也进一步打通松江境内乃至连接市内其他区的生态廊道，为生物多样性提供保障。

　　三年造林近万亩，此次造林工程不仅规模更大，同时标准更高。此次工程对苗木选择和造林布局方面带来更高要求，最基本的要求是胸径达到7至8厘米的原生冠苗。造林布局方面标准提升也让生态林有了更多"新意"。这次造林采取高低、粗细、冠幅不同的各种树种混合栽种方式，从而营造近自然森林的效果。其中有种植广玉兰、榉树等高大苗木的防护林，也有种植枫杨、喜树、水杉等起防尘降噪作用的隔离林，还有种植有香樟、红楠、女贞等苗木的景观林。林海绵延，绿道纵横，这样的造林工程并非一日之功。从2018年在最先施工的天马生态片林种下第一棵苗木，松江的"造林军"就开始了。为此，工程组采取适地适树原则，复垦区域通常选用槐树、马褂木等耐贫瘠、耐干旱的树种，以保障苗木的存活率。造林之后，合理养护也很重要。在面临夏季高温与汛期时，一方面组织护林员适时浇水灌溉，另一方面完成对苗木风雨桩的加固维修，抵抗汛期的风雨天气，以更好地呵护这片新绿。

近年来，松江结合"五违四必"环境综合整治，加大生态公益林和生态廊道建设，积极拓展绿色生态空间，形成"一山、一带、九纵、四横、多片"的生态网络构架体系。2016—2022年，全区完成公益林建设1.93万亩，森林覆盖率超19%，位列全市第二，仅次于崇明。

造林工程的建设打通了松江境内乃至连接市内其他区的生态廊道，为生物多样性提供了保障。与此同时，松江通过泖田景观改造、水体及岛屿板块调整、乡土植被恢复、监控系统建设、边界标识系统设置和宣传教育展示等，提升栖息地生态环境。2020年6月18日，松江区发布《关于划定松江区为野生动物禁猎区的通告》，在全区范围内明令禁止使用法律法规禁用的工具和方法猎捕野生动物的违法行为，全力保护陆生野生动物资源。2021年，在泖港鸟类野生动物栖息地监测到鸟类11目25科42种2335只；在叶榭獐极小种群恢复与野放项目基地，调查到3种两栖类、2种爬行类、38种鸟类和5种兽类；在新浜林地獐野生动物重要栖息地，共记录到两栖类3种，鸟类5目18科25种。松江共记录到野生动物25目69科186种，全区生物多样性逐年递增。截至2022年底，松江已建成泖港鸟类野生动物重要栖息地、叶榭獐极小种群恢复与野放栖息地和新浜林地獐野生动物重要栖息地。

九科绿洲一景

链接一：

"九科绿洲"一期生态林地示范区建成

　　九科绿洲绿地位于上海市松江区九亭镇中心路两侧，占地1500亩，是集市民休闲、娱乐、健身于一体的大型绿地。2016年12月，九科绿洲绿地开工建设，2018年6月建成对外开放。

　　松江区高品质规划建设生产、生活、生态融合的九科绿洲，打造产城深度融合示范区和城市有机更新实践区。在这片生态林地中，河道、水上森林、草地、湿地、景观、健身步道、休闲广场等不一而足，在整体风格上呈现为自然优雅的生态园林风貌和现代简约的景观空间。这片生态林地以生态林、绿地景观为主，营造主题丰富、缤纷多彩的植物景观，形成城市森林与城市绿地的有机结合。九科绿洲公园以中心路为轴，从空中俯瞰，宛如一只张开翅膀的蝴蝶，成为上海外环生态廊道上的一颗碧绿的翡翠。

链接二：

黄浦江涵养林实行家庭管护

　　为涵养水源、改善水质、保护生态环境，2003年起，松江区在黄浦江

新浜镇南杨村黄浦江水源地涵养林

及其主要支流两侧200米范围内建设了生态公益林地——黄浦江水源涵养林。松江浦南地区分流河道多，涵养林分布广，涉及泖河——斜塘、园泄泾、黄浦江、大泖港、叶榭塘等5条市级河道，分布在永丰、石湖荡、小昆山、车墩、新浜、叶榭、泖港7个街镇，两岸总长度117.65公里。2.05万亩的涵养林区域中，实际种植的林地有1.87万亩。

2014年12月，松江区在上年试点的基础上，全面启动了涵养林的家庭管护模式，将黄浦江涵养林"交"给家庭管护，同时明确管护基本原则和管护家庭职责、制定考核细则、确立监管机制。该模式主要以原林业养护社工作成员为基础，以家庭为单位，每户承包200亩左右的林地实施养护。家庭养护工作的内容包括林地巡护、杂草控制、林地保洁、沟系清理等。

对于管护林地，松江区财政给予200元/亩的养护补贴，加上养护社人员每月全市最低收入标准的工资，养护家庭年收入可达6万元左右。通过黄浦江水源涵养林管护机制的改革创新，不仅提高了林地管护的成效，还增加了农民收入，让每一个管护家庭干劲十足。

黄浦江畔除了0.57万亩的社会化造林外，每一片林地都有"主人"。在69户管护家庭的努力下，原先杂草丛生、垃圾随处可见的脏乱林地变得干净养眼，一片盎然生机。

广富林郊野公园

松江城市"后花园"

——广富林郊野公园、松南郊野公园

2012 年，上海在全市规划了 21 座郊野公园，确定以其中 7 座为先行建设试点，松江的广富林和松南两座郊野公园位列其中。

2017 年 12 月 28 日，广富林郊野公园对外开放。该公园位于佘山国家森林公园南侧，紧邻广富林文化遗址，是继青西郊野公园、长兴岛郊野公园、廊下郊野公园、浦江郊野公园、嘉北郊野公园之后，本市第六家开放的郊野公园。公园北起辰花路，南至广富林路，东起辰山塘，西至油墩港，总占地面积约 4 平方公里。广富林郊野公园围绕"田、水、路、林、村"五大核心要素建设，以农耕生态自然景观为基础，由农园采摘、果林风光、湿地渔村、露营基地四大板块组成，并按区块分为油菜花田、绿野闲踪、

松南郊野公园

桃花岛、森林氧吧、老来青稻田、稻香闲影等 12 个区域，同时辅以文化展览、房车露营、采摘垂钓、观光漫步等功能，形成综合郊野游憩区。

2018 年 12 月 30 日，占地面积 5.07 平方公里的松南郊野公园一期试开园。2017 年 9 月，松南郊野公园一期项目开建。为整治黄浦江沿岸环境，一期范围内 43 家企业全部清拆，累计拆除建筑面积约 18.01 万平方米。松南郊野公园东至女儿泾、南临黄浦江、西起大张泾、北接北松公路、闵塔公路，总占地面积 23.7 平方公里。以"西林东田、水湾相连"为空间意向，以滨江森林休闲、米市渡文化游览、农渔采摘乡村体验为主要功能，通过挖掘松南地区人文积淀打造成开放式公园。立足黄浦江上游的独特地理位置与具有历史记忆的渡口文化，在做好生态文章的基础上注入区域文脉。公园在道路设计上也遵循不破坏耕地的原则，公园的路网设计基本遵循原乡村道路网，对主要道路进行改造升级，次要道路以乡间碎石道路为主。2018 年，已有一百多年历史的米市渡也迎来新生。11 月，米市渡环境整治项目开工，同年 12 月 20 日竣工。米市渡环境整治工程包含船务综合治理、部分乡村道路维修、大草坪和零星绿化补充。经过建设改造，米市渡变身为公园的滨江休闲区，以全新的姿态与大家见面。

自 1998 年起，松江每年新增的绿地面积超过 100 万平方米。截至2022 年，森林覆盖率提升到 19.12%，区（创全区）绿地面积 2067.4452公顷，公园绿地面积 864.9268 公顷，人均公园绿地面积 15.24 平方米 /人，绿化覆盖率 37.17%。全区林业用地占土地总面积 21.51%。

新时代非凡十年的松江答卷

上海佘山国家森林公园风景

链接一：

上海唯一的自然山林胜地
——上海佘山国家森林公园

上海佘山国家森林公园，于1993年由原国家林业部批准建立，是上海唯一的自然山林胜地。2000年被原国家旅游局批准为首批4A级旅游景区；2011年被评为全国绿化先进集体；2012年被原国家林业局森林公园管理办公室评为全国"最具影响力森林公园"。

上海佘山国家森林公园地跨佘山、小昆山两镇，包括自东北向西南延伸的北竿山、厍公山、薛山、凤凰山、东佘山、西佘山、辰山、钟贾山、天马山、机山、横山和小昆山等大小山峰12座。已建成并对外开放的景区有东佘山园、西佘山园、天马山园、小昆山园、月湖等。东佘山园以竹为景，以竹为营，以竹为胜。这里以山间所产竹笋有兰花幽香而闻名，又被称为"兰笋山"。徐霞客的万里之行就起步于此。西佘山以秀丽的自然风光、璀璨的宗教文化、茂密的竹林、俊俏的山峰和雄伟壮观的山顶建筑吸引着中外游客。

佘山地区典型地带性森林植被是常绿阔叶林和常绿落叶阔叶混交林，绿化覆盖率达81.2%，植物资源丰富，有低等植物104种，高等植物788种，涉及216科578属。树龄百年以上的香樟、枫杨、麻栎等古树名木147株，其中天马山古银杏树龄有700多年。

三湘四季街心花园

链接二：

城市公园、口袋公园、社区公园……
厚植幸福生活绿色生态底色

2012—2022年，松江依托得天独厚的天然优势，高起点设计、高标准规划，从"见缝插绿"到"规划建绿"，大力推进公园绿地建设，真正做到了"远处有景、近处有绿"，并先后获评"中国人居环境范例奖""国际花园城市""全国绿化模范城市"等。

松江在建成中央公园、思贤公园等一批高品质公园绿地的基础上，又先后投入建设了九科绿洲、方松体育公园、九里亭公园、五龙湖公园、永丰城市公园等一批公园绿地。从原本以中心城区为着力打造区域，到如今向各街镇延伸，"花园松江"逐步形成"一镇一园一特色"的绿色生态布局。在松江，宛如"项链"的绿道也正在加速"点点成线、点线结合、线线成网"，串联起公园、绿地、街心花园等各类"珍珠"般的生态空间。

截至2022年，松江拥有各类公园百余座，其中国家森林公园1座、郊野公园2座、城市公园30座、"口袋公园"（街心花园）86座等。松江新城整体性规划绿色空间布局，重点打造新城绿心、新城绿链和新城绿环等独具松江特色的绿色体系，正逐步实现、逐步营造"推窗见绿、出门入园、慢行有道、水岸共享"的宜居生活场景。

松江首条上海市绿化特色道路——园中路

链接三：

方松街道成为上海市首家园林示范街镇

2014 年，方松街道成功创建上海市首个园林示范街（镇）。

方松街道社区绿化覆盖率达 43.66%，人均公共绿地面积 42 平方米，拥有 66 万平方米的中央公园和 10 万平方米的思贤公园，以及总面积达 40 余万平方米的可进入式公共绿地，2 万多株行道树空中合抱撑起绿色骨架。上海市林荫道思贤路、玉华路，市级绿化特色道路园中路、江学路、滨湖路，绿化覆盖率近 60% 的泰晤士小镇……实现了市民出行 500 米的绿化服务半径。

在方松街道内，有松江首条上海市绿化特色道路园中路（思贤路—南青路）。该路全长约 530 米，沿线种植有双排行道树，机非隔离带内种植有悬铃木，人行道路上种植银杏。每到落叶季，落叶洋洋洒洒，勾勒出别具韵味的深秋。道路中间隔离带内，运用红花檵木桩、紫薇桩、五针松、罗汉松等造型树桩以及四季草花，打造出各具特色的精致园艺小品。

黄桥村产业园区

浦南四镇共建绿色发展实践区，走产业生态融合发展之路

　　浦南绿色发展实践区是区委、区政府秉持新发展理念，结合松江浦南实际确定的发展路径。浦南四镇始终坚持"绿水青山就是金山银山"的理念，坚守绿色底线，辩证思考"绿色"与"发展"的关系，把握工作中的两个侧重点，不断提升浦南人民的生活水平，凸显浦南绿色发展实践区在乡村振兴中的示范效应。

泖港镇：调整产业结构　提升发展能级

泖港镇秉持新发展理念，十年来，共淘汰劣势企业147家，涉及土地1501.94亩，腾出了发展空间，累计引入森松压力容器等45家优质实体企业落户，主动对接长三角G60科创走廊的溢出效应，着力推进战略性新兴产业集群建设，打造医疗器械产业示范园区，已集聚医疗器械企业70多家。除此之外，泖港镇支持众辰科技、宏挺紧固件、福贝宠物等骨干企业做大做强，形成产业转型升级的"众辰模式"。镇内有"小巨人"企业5家，高新技术企业82家，上海名牌企业10家，市、区企业技术中心14个、上市企业13家。十年来，新增商贸型企业15895户，年均增长13.2%；商贸经济税收累计实现89.31亿元，年均增长6.6%。

为增强乡村造血功能，泖港镇积极探索实践农村"三块地"改革试点，推动农村集体经营性土地入市工作，联合临港松江科技城打造漕河泾开发区黄桥科技园项目，68.5亩农村集体经营性建设用地顺利入市摘牌并开工建设，有效增强了农村发展动力，进一步拓宽农民增收渠道。

石湖荡：推进经济转型　破解土地资源制约

石湖荡积极推进经济转型发展，破解土地资源要素制约，从存量挖潜力，从低效中盘资源，精准盘活存量土地，提升土地产出效益。2017年至2019年，石湖荡结合工矿企业建设用地减量化、区域环境综合整治等工作，借势李塔工业片区、横潦泾以北片区列入市级重点区域产业结构调整专项，共调整劣势企业118家，腾地82.64公顷，实体企业数曾一度从711户下降至355户，但发展空间得到有效释放，发展的潜能也进一步得到激发。

近年来，石湖荡镇积极打造浦南绿色发展实践区，从顶层设计谋划"水生态"文章，将水源地二级保护区的发展限制转化为发展潜能，通过企业清拆、土地减量化、区域水环境治理等生态修复工作夯实绿色发展底色，构建"生态＋旅游＋农业"的发展模式，探索形成了"薪金＋租金＋股金＋税金＋公益金"的增收体系，让绿水青山的良好生态真正引领百姓致富。

新浜镇生态农村鸟瞰图

新浜镇：擦亮绿色发展底色　做好"绿水青山就是金山银山"的转化

　　十年来，新浜镇全面消除劣 V 类河道，建成 5 个绿地公园和全区首个 168 亩开放式休闲林地，新增生态公益林 2534.4 亩，集镇区绿化覆盖率提升至 35.3%，森林覆盖率提升至 15.1%；深入推进浦南绿色发展实践区建设，高质量推进都市现代绿色农业发展，累计完成减量化立项 2508.7 亩，新增耕地 1419.6 亩，建成高标准农田 15051 亩，种植"松 1013""松香粳 1018"优质大米 10921 亩，占全镇种植面积 42%。培育 3 个大米产销联合体，实现从"卖稻谷"向"卖大米"转变，土是宝农业专业合作社生产的"松江大米"亮相第二届中国国际进口博览会。

　　新浜镇抢抓发展机遇，培育发展新动能。万科集团冷链产业园 2021 年一季度投产；顺丰华东总部暨智慧供应链科技产业基地、宁华华东区域总部暨松江智慧冷链产业园全面开工；美库华东区域总部暨上海松江智能冷链供应链中心项目开建……随着一批智慧供应链产业基地项目及高科技企业相继落地与入驻，长三角 G60 科创走廊智慧供应链创新高地雏形初步显现。

叶榭镇：念好"五字诀"，高质量发展产业经济

党的十八大以来，叶榭镇按照绿色发展的要求，念好"拆、减、退、绿、管"的"五字诀"，打出组合拳。拆就是加大拆违力度，2015—2017年，叶榭累计拆除120万平方米违法建筑；减就是建设用地减量，两年时间累计完成1500亩建设用地减量，清退120多家散布在各村居的低效工业企业；退就是对不符合环保、安全、环境要求的低效工业企业，实施关停清退；绿就是要造绿，不断实施大面积的绿化工程，2017年森林覆盖率已接近15%；管就是积极探索第三方管理，对环境卫生、市容市貌、绿化养护和河道养护等实施长效管理。

叶榭镇积极融入长三角一体化发展，紧紧围绕镇"十四五"规划"一轴三片"发展。高质量发展产业经济，加快推进上蔬集团建设上海南郊国际农产品资源配置中心、浦南花卉基地、东方童梦奇缘亲子乐园等重点项目落地。持续推进农业品牌建设，推动粮食生产，提升"松江大米"品质。做优叶榭软糕、花卉产业、张泽羊肉、松林猪肉等品牌，做优做强"八十八亩田"品牌，加快非遗一条街打造，精心布点精品民宿、农业生态园、健康养老等产业。

链接一：

泖港镇成功创建国家级生态乡镇

2014年，松江区泖港镇成功创建国家级生态镇。泖港镇位于黄浦江上游，河渠纵横，池塘众多，是典型的江南水乡。泖港镇有上海规模最大的生态公益林——1.3万亩的黄浦江涵养林；有国家级农业旅游示范基地——上海五厍农业休闲观光园等。

在生态建设中，泖港镇以"房屋白化、道路硬化、环境绿化、河道洁化、村庄亮化"为重点，采取社区卫生清理、宅前屋后环境整治、禽畜规范养殖等志愿活动，持续推进村庄改造和美丽乡村建设，推动高标准农田

泖港镇胡光村农田里栖息的鹭鸟（岳诚　摄）

建设和市级土地综合整治项目，促进农、林、水融合发展，实现农田林网覆盖率达到95%以上。

2017年5月17日，新闻综合、东方卫视对泖港成群鸥鹭栖息农田进行采访报道。每到春夏农田翻耕时节，飞鸟落田间的场景已成为平常。近年来，泖港实行生态耕作方式改良农田：冬天深翻晒垡，冬春熟化，初夏种植一熟水稻，秋收秸秆还田，采用"三三制"方式，三年之内轮作休耕一次。科学耕作，使得农田土壤肥力增加，化肥、农药用量就减少了；耕作层厚了，土内昆虫繁育，生态食物链也不断丰富，进而吸引了大量鸥鹭前来啄食。随着生态环境的持续改善，泖港镇的经济发展日新月异，国家级生态镇成了泖港人走向富裕的"敲门砖"。

链接二：

胡家埭村：打造因荷而兴、与荷共舞的乡村生态链

胡家埭村位于新浜镇，被誉为"沪上芙蓉村"。区域面积3.81平方公里，紧邻G60新浜高速口。2020年9月，胡家埭村被评为"中国美丽休

胡家埭村盛开的荷花

闲乡村"，11月被评为第六届全国文明城镇。该村因"荷"而兴，天然的荷塘环境，改善了乡村民风，带来了活力。如今，也正因"荷"而盛，以"荷"为主线，从产业、文化到休闲旅游，迎来新的发展。

新浜荷花基地占地约120亩，栽种有"素衣藏翠""长江红""中山红台"等1200余个荷花品种以及100多个睡莲品种。占地60亩的荷花种苗基地有强大的自主研发、育苗和输出能力。近年来，基地为金山水库村、青浦莲湖村等提供荷花种苗支持，为助推上海乡村振兴添一份力量。

截至2022年，上海松江荷花节已在胡家埭村举办12届。新浜镇充分利用荷花节品牌影响力，打造"为荷而来，为泥而去"乡村旅游品牌，举办"网红赏荷游"等活动。围绕荷花特色，开发荷花酥、荷花鸭、荷叶粽、荷花饮品等农家特色食品。

胡家埭村把乡风文明融入生态生活中，在村文化活动中心周边融合建设了"荷文化"主题展示墙。组建"百灵鸟文艺宣传队"，加之持续开展的星级文明户、道德模范、先进典型评选，以及平民偶像、乡贤好人收集，道德讲堂、荷清廉讲堂等，潜移默化影响村民文化生活氛围。

松江种养结合家庭农场

农业绿色发展指数位列全国第一

2022年6月25日，由农业农村部发展规划司指导，中国农业科学院和中国农业绿色发展研究会联合发布《中国农业绿色发展报告2021》，在年度农业绿色发展指数排名中，松江区以总得分88.24分位列全国第一，标志着松江区绿色农业的发展处于全国领先水平。2016—2022年，松江区绿色食品认证率从1.6%提升到47.48%。2022年成功入选国家农业现代化示范区创建名单，绿色食品认证率连续三年位列全市第一。

2019年，松江区被确定为国家农业绿色发展先行区，建立了20个固定观测点以及四个先行先试试验区。水稻绿色防控技术、生猪无抗养殖、渔业池塘循环流水养殖、蔬菜农机技术四方面试点共同支撑起绿色发展先行先试技术体系，这也是松江区夯实绿色农业发展"底色"的有力举措之一。

除此之外，松江区绿色农业有力发展的背后有完善的体系支撑和科技支撑。区农业农村委以"绿色认证"和"绿色基地创建"推进农业标准化，并对农业投入品实行绿色农资实名制一体化运营，规范开展绿色农药采购、销售、连锁配送、农药废弃包装物回收等管控服务，提升绿色农药管控实效；整合各类数字农业系统，为绿色农业发展提供数据支撑，农产品实行电子化追溯，规模化蔬菜基地电子化追溯做到全覆盖。2019 年以来，先后启动了 1 个生态农业循环示范镇创建和 4 个基地的创建，2020 年完成泖港镇黄桥村和松江区水产良种场五厍基地 2 个基地的验收工作。

绿色农业的发展也离不开对新型职业农民的培养以及一系列扶持政策。松江区立足产业培育，根据产业发展水平和培育对象特点，重点开展家庭农场、机农结合、生猪养殖和蔬菜生产等培训，培育出一批新型职业农民。充分发挥实训基地的作用，采用"田间学校"教学理念，授课过程着重操作技能的演示和答疑，提高培训的针对性和实效性。2019、2020 两年共计培训新型职业农民 2400 人次，家庭农场新型农民持证率达到 98%以上。松江区为了让农民愿意绿色种地，针对完成养殖粪尿全量还田的种养结合家庭农场，按年出栏生猪量给予 10 元 / 头的还田补贴；针对完成尾水治理设施建设和改造的水产养殖场，给予 5000 元 / 亩市级奖补资金。

与此同时，松江区创新引入金融工具。2018 年，率先推出全国首个耕地地力指数保险，启动了全国首个耕地质量保护险试点。它一改原先的普惠制模式，通过政府以奖代补的形式，推动家庭农场主从"要我保护耕地"转变为"我要保护耕地"。截至 2022 年底，松江全区 504 户家庭农场共计投保面积为 8.1 万亩，累计奖补 1045.6 万元。环境保护补贴政策也实现了转变。原有的水稻种植直补、农资综合直补等 5 项补贴整合为粮食生产环境保护补贴，调整后补贴标准上限 550 元 / 亩，比调整前亩均奖补标准提高 32 元。

通过一系列治理举措，松江农业生态环境得到明显改善。2020 年，松江区凭借农作物秸秆还田模式经验，被农业农村部认定为"全国首批 28 个基本实现主要农作物生产全程机械化示范区"。

中国国家地理标志产品

——松江大米

2014年国家质量监督检验检疫总局批准松江大米为国家地理标志保护产品

松香粳1018荣获金奖

2014年12月24日，原国家质检总局批准对"松江大米"实施地理标志产品保护。松江大米成为上海首个稻米类国家地理标志保护产品，"松香粳1018"作为松江大米主栽品种在全国优质稻品种食味品质鉴评中获粳稻类金奖。此外，"松江大米"还先后获得全国百强区域公用品牌、全国十大大米区域公用品牌、绿博会金奖等殊荣。全区优质稻的种植面积从2015年的5000亩扩大到2022年的8.2万亩。2022年10月，国家知识产权局批准松江区筹建"松江大米国家地理标志产品保护示范区"。

打造"松江大米"品牌核心竞争力。 松江高度重视优质稻种培育工作，不断加大投入，成立了区级水稻研究所，自主培育"松早香1号""松香粳1018"等性状更优良的早、中晚熟水稻品种，从种源上为"松江大米"提供了核心竞争力；坚持绿色生态循环农业，确保松江大米品质。全面实施"一茬一养"，实行集中连片种植模式，创新推行全国首个耕地质量保护险，不断提升"松江大米"的耕作环境。

创新"松江大米"品牌培育扶持机制。 加大政策扶持力度，先后出台了《松江区农业品牌建设补贴专项资金管理办法》《松江大米地理标志产品保护管理办法》《松江区优质稻米产业化发展专项奖补实施办法》等政策文件，设立松江优质稻米产业化发展专项奖补资金。

规范"松江大米"品牌使用模式。 大力推进稻米产业化联合体建设，充分发挥龙头企业（合作社、营销团队）的营销能力和组织管理能力。截至 2022 年底，已培育 14 家优质稻米产业化联合体，加入联合体的家庭农场每亩增收约 300 元。

建立"松江大米"全程追溯制度。 积极推进松江大米规模化以上生产主体实行"合格证"制度，全部入驻上海市数字农业云平台，全面记录稻米生长全过程，实现播种、施肥、用药、采收等全过程监督。

上海市松江区聚焦浦南绿色发展实践区，不断扩大绿色食品生产规模，打造松江优质食味稻米产业片区，做精做优"松江大米"区域公用品牌，推动松江现代农业高质高效发展。松江大米已成为松江在推进绿色农业发展上的"金字招牌"和重要优势特色农产品。

链接二：

松林猪肉获得上海首张"生猪养殖"绿色食品证书

2020 年末，共计 1400 吨松林猪肉获得绿色食品证书，上海绿色猪肉供给实现"零"的突破，诞生了上海首张也是唯一一张生猪养殖绿色食品证书。

多项黑科技颠覆传统农业模式。 在松林集团的楼房规模化养猪场内，生猪们吃着精心配比的"营养餐"，夏天吹空调，冬天睡地暖，还有机器人 24 小时打扫卫生，可谓是享受着"保姆级"服务。猪粪处理难、对周边居民影响大，这是养猪业的最大难题。松林集团猪舍内配有一套环控系统，可实现除氨、除尘、除臭，把对地下水、居民生活的影响降至最低。同时，粪尿这一放错地方的资源，得以再利用，通过相关的处理系统，作为有机肥无偿送至水稻及蔬菜基地，既降低了化肥使用量，也改善了水土环境，提高了农产品产量。

松林田园鲜猪肉被认定为绿色食品 A 级产品

松林集团 2007 年起布局种稻与养猪相结合的种养结合生态循环模式，截至 2022 年，已与 108 家粮食家庭农场达成合作，其中，种养结合家庭农场达到 91 户。种子、饲料、肥料、防疫以及出栏销售均由松林集团负责，农户只需要承担生产管理的人工成本，经营风险低，收入有保障。数据显示，实行种养结合型家庭农场平均收入为 29 万元，比纯粮食生产型家庭农场增收近 1 倍。

链接三：

松江黄浦江大闸蟹摘得"金蟹奖"

2022 年 11 月 12 日，在"王宝和"杯全国河蟹大赛上，来自松江的黄浦江大闸蟹在全国近 100 家河蟹养殖单位中脱颖而出，赢得了 9 座河蟹界的"奥斯卡"奖杯，是上海市获奖最多的参赛区。鱼跃、昆秀、渔浪、金泖等 4 家水产专业合作社选送的黄浦江大闸蟹荣获"金蟹奖"，鱼跃、昆秀、金泖还斩获了含金量最高的 10 个"最佳口感奖"中的 3 个。

黄浦江良好的水质，是保障大闸蟹品质的重要因素之一。泖湖·黄浦江大闸蟹养殖基地地势低洼，三面临水，是黄浦江上游江、河、湖、荡汇集之地，水源丰富，能种水稻，能养鱼蟹。松江区现有 2300 亩养殖面积，水产基地实行"精耕细作"的河蟹养殖方式，以稀放蟹种、精种水草、立体增氧等方式为蟹苗打造优质生长环境。为了让蟹苗更好地适应环境，提高其成活率，在投放前，还对蟹塘进行了消毒、肥水处理。

生态养殖"松江模式"下的大闸蟹在外观、口感、品质等方面绝佳，个头肥满、回味鲜甜、黄膏油光，已经成为松江一张靓丽的名片。

黄浦江大闸蟹

湿垃圾车

垃圾分类成效显著，形成"123456"成功经验

　　近年来，松江区依法实施《上海市生活垃圾管理条例》，稳步推进全程分类体系建设，垃圾综合治理成效为引领绿色低碳生活新时尚汇聚强大动力。2015 年 5 月，松江被列为"全国生活垃圾分类示范城市"；2016 年 6 月松江代表上海接受国家对农村垃圾治理工作的验收，使上海成为全国此项工作被通过的四个省市之一；2017 年被列为全国首批百个农村生活垃圾分类示范区；2019 年以来，松江连续两年获得"上海市生活垃圾分类示范区"荣誉称号，17 个街镇全部获评"上海市生活垃圾分类示范街镇"，全

区生活垃圾分类实效综合考评达到"优秀"标准，2022年下半年度松江区在全市生活垃圾综合排名中位列第七。松江垃圾分类工作之所以走在前列，源于在多年实践与探索中形成的生活垃圾全程分类体系"123456"的成功做法。

一个领导小组

历届松江区政府把垃圾分类工作列入了区政府对各街镇年度目标责任工作考核内容，建立了例会制度，强化部门沟通，上下协同，形成一级抓一级、层层抓落实、齐抓共管的氛围；组建区推进生活垃圾分类减量工作领导小组，由区长任组长，分管副区长任副组长，下设29家成员单位；街镇和相关部门也都成立了由党政主要领导担任组长的工作小组；其他区委、区府相关部门把垃圾分类工作列入年度重点工作，加强宣传，将垃圾分类纳入各自行业创建，形成齐抓共管、整体推进的工作格局。

两种分类投放模式

为规范居住区源头分类投放，结合松江"区域大、农村多、小区类型多"的特点，立足实际、精准施策。针对别墅区、高层和普通住宅的不同类别，实行"一小区一方案"，坚持"定点要坚持、定时要灵活"的原则，形成精细合理"定时定点投放"和"误时投放"相结合投放模式。

三个生活垃圾末端处置厂

抢抓机遇，主动担当，克服邻避效应等困难，天马焚烧厂、湿垃圾和建筑垃圾资源利用处置厂等三个市级重大项目建成运行，填补设施空缺，解决垃圾分类"前分后混"的诟病。2021年以来，天马静脉生态园区年处置能力突破200万吨大关，成为绿色低碳循环经济的一大样板。

社区"四位一体"的联动机制

社区党组织、居（村）委会、物业、业委会形成"四位一体"联动工作机制，发挥基层党组织的核心作用，强化社区自治功能。建立健全"志愿者、督导员、巡查员"三支队伍，指导、检查和劝导、帮助居民实施正确的源头分类投放；逐步推进源头分类投放监管从"人防"向"技防"转变，夯实源头精细化管理。

五大硬件分类设施提升改造

一是落实源头分类设施。完成 828 座生活垃圾房和 1920 个居住区投放点提标改造，升级配备"破袋、洗手、除臭"三件套设施，全面提升投放环境。二是强化中转运输。规范配置全区湿垃圾车 132 辆、干垃圾车 268 辆、有害垃圾车 14 辆、可回收物收运车 23 辆。全部升级为密闭式湿垃圾车，有效解决湿垃圾"跑冒滴漏"的问题；全区共配置新能源环卫车 34 辆。三是完善可回收物体系。全区共设有 1 个区级集散场、12 座镇级中转站、886 个村居服务点，分片区招录 3 家可回收物主体企业，服务范围覆盖全区，居民交投方便快捷。四是推进数字赋能。深化"一网统管"配套开发建设及 5 个"掌上环卫"小程序共同衔接，在全区推进 10% 投放点位智能监控，实现静态数据和动态实效数字治理。五是实现末端湿垃圾品质监控，在全市率先实现区级湿垃圾处置末端数字化品质监控，通过系统自动识别湿垃圾品质问题、车辆信息，并形成数据链实时上传至市级和区级管理部门，倒逼源头监管和分类品质提升。

六大运行体系

历年来，松江形成组织框架体系、政策制度体系、正向激励体系、联合专项督查体系、"红黄牌"督办体系、宣传动员体系等六大运行体系，采取的措施包括制定出台《松江区生活垃圾分类设施提标改造实施方案》《松江区居住区、单位生活垃圾分类管理实施导则》等 10 多个配套文件；建立示范街镇正向激励补贴机制，在市级奖励补贴基础上，区财政每年配套约 1900 万元资金用于街镇奖励补贴和全区垃圾分类推进及宣传等。

松江市容环境质量考评连续 15 年保持郊区第一

滨湖路华亭湖公厕保洁员在进行消毒保洁（岳诚 摄）

截至 2021 年，松江市容环境质量考评连续 15 年保持郊区第一。长期以来，松江聚焦行业工作重点、难点，不断优化和创新环卫作业模式，提升保洁水平。

加强基础设施提档升级。公厕、垃圾房、清运车辆等环卫设施不断提档升级。玻璃绿植幕墙、凉亭翼角屋顶、照壁式墙面……公厕颜值不断提升，2018 年至 2021 年，全区改造公厕 121 座，其中，4 座获评上海市"最美公厕"。除了配备一些基础设施，部分公厕安装了智能系统，可在电子显示屏上看到厕所分布图以及使用情况等内容。此外，提档升级的还有分类运输车具，松江在全市率先购置了 39 辆新型上装式清运车，解决了传统后装式压缩车清运湿垃圾时产生的"跑冒滴漏"问题。

聚焦培训与监管，形成长效机制。在滨湖路公厕的显示屏上，循环播放着《防疫期间公厕保洁消毒作业规范》，对保洁人员在上岗前、作业时、作业完成后的消毒要求和防护工作作了详细说明。此外，还开展"十佳收运单位""最美垃圾房""最美公厕"等特色评选项目，以此夯实员工职业技能。

创新保洁作业模式。2019 年起，松江组织了 13 支收运队伍、117 辆作业车辆为全区 179 条道路的商户提供上门收集服务。保洁部门每月定期集中设备、人员开展道路保洁精细化大冲洗，并运用"扫、洗、冲、磨、收、运"的"组团式"保洁方式强化保洁成果。2020 年将华亭老街、思鲈园、松江南站、五龙湖广场、市民广场等十处作为"席地可坐"的试点区域，采取"链式保洁法"，实现了平面精细保洁、立面一体保洁、剖面深度保洁，让市民体验"席地而坐，一尘不染"。

链接二：

松江入选国家"无废城市"建设名单

2022 年 4 月 24 日，生态环境部公布《"十四五"时期"无废城市"建设名单》，松江区位列其中。同年 11 月 18 日，《松江区"无废城市"建设实施方案》正式出台。

《松江区"无废城市"建设实施方案》制定了"强化顶层设计规划引领，建立'无废城市'建设常态化机制；深化减污降碳过程管控，推进产业绿色化转型；提高工业

松江区"无废城市"建设实施方案

固废利用水平，强化危险废物规范化管理；推动建筑节能绿色发展，提高建筑垃圾减量化水平；推进生活垃圾设施建设，完善综合平台智慧化管理；加强农业废物循环利用，推进生态农业融合化发展；开展无废细胞培育建设，深化生态松江无废化理念；建立健全各项管理体系，提升固废管理保障化能力"8 项主要任务和相关保障措施，包含制度、技术、市场、监管四大体系 79 项"无废城市"建设任务清单，以及能力保障、源头减量、资源化利用、安全处置、绿色低碳等 29 项项目清单。

松江区"无废城市"建设统筹城市发展与固体废物管理，强化制度、技术、市场、监管等保障体系建设，全面提高固体废物源头减量、资源化利用和安全处置水平，发挥减污降碳协同效应，提升城市精细化管理水平，推动城市全面绿色转型。

链接三：

泖港镇获首批"上海市生活垃圾分类示范镇"荣誉称号

泖港镇焦家村服务站——泖田绿色小屋

2019年9月，泖港镇获首批"上海市生活垃圾分类示范镇"荣誉称号。泖港镇以"全链条提升、全方位覆盖、全社会参与"为目标，完善生活垃圾全程"分类投放、分类收集、分类运输、分类处置"处理体系，提高生活垃圾减量化、资源化、无害化处置利用能力，持续改善生态环境和居住环境。

坚持"党建引领新时尚，绿色发展新泖港"的理念，泖港镇落实主要领导负责制，组建生活垃圾分类推进工作小组，制订了"一小区（村）一方案"，明确工作目标，细化工作措施，落实工作责任。充分发挥好党员的带头示范作用，做垃圾分类的宣传者、实践者、监督者，居民区党组织、居委会、物业、志愿者"四位一体"共同携手，形成垃圾分类工作合力。

为破解聚集性小包垃圾等难题，泖港镇积极开展小包垃圾专项整治行动，做实"行业监管指导＋执法部门合力执法＋村（居）宣传引导＋作业单位规范收运"的常态长效管理模式。此外，港湾小区、建设苑、鑫乐苑一期6个投放点智能化改造将纳入一网统管平台，社区分类投放精细化管理水平得到进一步提升。

泖港镇实施村级全覆盖配置"泖田绿色小屋"、小区配置"泖田绿驿"，用作垃圾分类培训、再生资源交投、积分兑换超市、两网融合服务点的结合体。形成线上预约与线下回收相结合的"互联网＋回收"新模式，进一步提升社区端回收服务的便捷度。

2016年泖港镇代表上海市顺利通过国家住建部对农村生活垃圾全面治理的现场验收，全镇环境卫生管理工作形成常态长效机制。

党的建设与全面从严治党

松江区党史学习教育动员会

深入学习习近平新时代中国特色社会主义思想

　　党的十八大以来，松江区深入学习贯彻习近平新时代中国特色社会主义思想，广泛开展主题教育活动，切实把学习成果转化为开拓进取的动力和成效。

　　2019年9月至2020年1月，松江区开展"不忘初心、牢记使命"主题教育，全区共有105个处级以上领导班子、896名处级以上党员领导干部、3194个基层党组织、6万余名党员干部参加。通过主题教育，广大党员干部受到洗礼和锤炼，增强了守初心、担使命的思想自觉和行动自觉，信仰之基更加牢固、精神之钙更加充足。

　　2020年4月起，松江区落实"铸魂、活学、做实"总要求，扎实开展党史、新中国史、改革开放史、社会主义发展史学习教育。搭建"五微"平台（微宣讲、微党课、微党日、微评论、微阵地），形成"吾讲四史"精品党课200余堂，打造长三角G60科创走廊规划展示馆等学习教育基地

20 多个，全区开展"深入学'四史'，建功 G60"活动及主题党日活动 2 万余次。处级以上单位领导班子建立党支部联系点 1141 个（全覆盖）。围绕交通出行、乡村振兴、医疗卫生等短板问题，推动各处级以上单位完成 174 个重点问题（项目）整改落实。

2021 年 2 月 26 日至 2022 年 1 月 14 日，松江区开展党史学习教育。党史学习教育要求全区党员干部学深悟透习近平新时代中国特色社会主义思想，做到学史明理、学史增信、学史崇德、学史力行，学党史、悟思想、办实事、开新局，以百年党史坚定理想信念，熔铸初心使命、砥砺奋斗精神，秉持新发展理念，改革辟路、创新求实，唯实唯干、拼搏奋进，建立常态化、长效化制度机制，不断巩固拓展党史学习教育成果，真正把党员干部在学习教育中焕发出来的奋斗精神，转化为高质量推进"科创、人文、生态"现代化新松江建设的实际行动，以优异成绩庆祝中国共产党成立 100 周年。

链接一：

松江搭建"五微"小平台，丰富"四史"学习大课堂

"三人行"走基层微宣讲、小事件折射大历史的微党课、接地气聚人气的微党日、入脑入心见微知著的微评论、多样化差异化的微阵地……松江区通过"五微"平台，丰富"四史"学习大课堂，不断凝聚全区广大党员干部逆环境下高质量发展的强大合力。

组织微宣讲。"松江三人行理论学习宣讲走基层""青年说""老兵讲故事"等松江理论宣讲品牌焕发出新的活力，依托各自的优势与资源，开展多领域、分众化、互动化的"四史"宣讲。区委宣传部与国防大学政治学院及各高校围绕"十二个为什么"共同推出精品理论学习课程。

录制"微党课"。"声"入人心音频党课推送 26 期、录制上线"理论之光"8 堂微党课、"松江党史"10 堂微党课、"基层实践"10 堂微党课。全区所有街镇，部分委办局的优秀党课在"党课开讲啦——月月讲"平台上

松江区"吾讲四史"微党课专家学者专场

展示。

开展"微党日"。在小满这一天，泖港镇把"田间地头忆初心，学习'四史'加油干"主题党日外场活动搬到了胡光村的田间地头；经开区建设管理党支部与恒大国能党支部联合举行主题党日活动；以"学'四史'坚守初心使命、强担当夺取'双胜利'"为主题，全区各基层党组织纷纷开展形式多样的主题党日。

推出"微评论"。区新闻办、区融媒体中心在《松江报》、松江电视台开设"四史"学习教育系列评论专栏和"茸城之光"访谈栏目等，邀请有关职能部门、党史专家、优秀党员代表等话历史、谈体会。

打造"微阵地"。区党建服务中心、街镇社区党群服务中心和全区1100多个党群服务站点，围绕"四史"学习教育"六个有"，即有氛围营造、有书籍陈列、有课程安排、有项目活动、有学习制度、有成果展示，构建起服务不同对象的具体化、精准化、差异化学习阵地平台。线上的"红色松江""奋进松江""幸福松江"三条主题线路串起了松江烈士陵园、长三角G60科创走廊规划展示馆、幸福老人村等20多个"四史"学习教育基地。

"松江三人行"宣讲团进车间宣讲党的二十大精神

链接二:

"松江三人行"宣讲团：传承红色基因，示范引领前行

2020 年 5 月，"松江三人行"理论宣讲团由区委宣传部组织成立，成为理论宣讲新载体，推动党的创新理论"飞入寻常百姓家"。

宣讲团以松江第一位共产党员侯绍裘 1923 年冬陪同罗章龙、恽代英到松江传播马克思主义、开展党团工作、出席苏南工作会议的红色史实为基础，以罗章龙创作的三首《松江三人行》七言绝句为由来，形式上以三人一组，可说、可唱、可跳，成为具有地方特色的理论宣讲特色品牌。

"松江三人行"宣讲团成员由先进楷模、高校师生、退伍老兵、百姓明星、机关干部等组成。围绕新时代党的创新理论大众化传播，用群众视角、百姓话语讲创新理论、红色故事、典型事迹，让理论宣讲更接地气、冒热气、聚人气。理论宣讲既是传播理论、凝聚共识的过程，也是知行合一、实践育人的过程。"松江三人行"宣讲团注重整合驻松高校宣讲资源，坚持以"资源共享、阵地共建、为党育才、实践育人"为原则，依托上海外国语大学、东华大学等 10 所驻松高校，开展驻松高校大学生"行走的思政课——松江三人行"理论宣讲走基层社会实践活动。

近年来，"松江三人行"宣讲团相继入选 2021 年度全国文化科技卫生"三下乡"活动示范项目和全市党史学习教育第一批优秀案例，获评 2021 年度上海市基层理论宣讲先进集体。

链接三：

不忘初心　大兴调查研究之风

2018 年 1 月 11 日，松江区大调研工作推进会召开

2017 年 12 月 29 日，为贯彻落实党的十九大精神，按照习近平总书记关于大兴调查研究之风和对上海工作的重要指示精神，上海市委大调研动员部署电视电话会议召开。松江区委随后召开大调研动员部署会，在全区各单位开展"不忘初心、牢记使命，勇当新时代排头兵、先行者"大调研工作，打响了全区大调研的发令枪。2018 年 1 月 11 日，松江区大调研工作推进会召开，进一步细化调研方案，明确工作职责，推进大调研工作有序开展。

2019 年 1 月 9 日，区委召开大调研总结和推进会。一年来，全区各街镇、部门，各级干部深入群众、深入企业、深入一线，发现问题 4.06 万个，解决率超过 95%，一批群众急难愁盼的问题得到积极回应和有效解决，调研主体和对象覆盖度、问题解决率、群众满意度等指标走在全市前列，涌现了九里亭街道"三个一小时"、泖港镇"全景式"调研、卫计委"四步诊疗法"等一系列好做法，在深化"一个目标、三大举措"战略布局、推动重点工作落地落实、促进干部作风转变上，取得了明显成效。区委带队调研对接苏州、嘉兴、杭州等城市，研究形成"一廊一核多城"的 G60 科创走廊 3.0 版，覆盖范围拓展到松江、嘉兴、杭州、金华、苏州、湖州、宣城、芜湖、合肥等九城，G60 科创走廊成为贯穿长三角三省一市的更高质量一体化发展重要引擎。围绕先进制造业高质量发展，营造一流营商环境，全区形成合力。同时，大调研在率先探索长三角一网通办、乡村振兴"三块地"改革、教育卫生优质资源导入、创新住宅小区综合治理等方面都发挥了基础性的重要作用。

新时代非凡十年的松江答卷

2018 年 6 月 28 日，松江区召开庆祝中国共产党成立 97 周年暨深化党建引领 G60 科创走廊建设座谈会

党建做实了，就是生产力

——党建引领 G60 科创走廊建设

  2018 年 6 月 28 日，松江区召开庆祝中国共产党成立 97 周年暨深化党建引领 G60 科创走廊建设座谈会。会上发布了松江区 G60 科创走廊产业集群党组织名单，并为产业集群党组织、新成立的"两新"党组织授牌。相关高校与产业集群党组织、高层次人才签订合作共建协议。

  松江区始终以习近平新时代中国特色社会主义思想为统领，按照党的十九大报告提出的"推进党的基层组织设置和活动方式创新"的要求，坚持抓发展第一要务和抓党建最大政绩的有机统一，不断深化以"双服双

2017 年，松江区委印发《关于党建引领 G60 科创走廊建设的若干意见》

创"（服务创新链、服务产业链，推动科技创新、党建创新）为主题的党建引领 G60 科创走廊建设新机制，围绕智能制造、集成电路、生物医药等"6+X"战略性新兴产业集群，创新探索把党组织建在经济最前沿、最活跃的产业集群上，形成"龙头带动、项目推动、条块联动"的产业集群党建机制，将党的政治优势、制度优势转化为产业发展的优势，共建共享服务长三角一体化发展国家战略的重要平台，全力打造"中国制造"迈向"中国创造"的示范走廊。

为了更好地支持产业集群党组织的有效运转，真正在经济社会最活跃的经络上有效发挥组织优势、组织功能、组织力量，松江区先后制定下发《关于党建引领 G60 科创走廊建设的若干意见》和《关于加强产业集群党组织建设的意见》，明确产业集群党组织的功能定位、组织框架及 15 项运行机制，推动区各职能部门加大政策聚焦、资源配送和支持力度，开展各类服务直通和要素对接活动，深化党建项目与科创项目深度融合，解决企业发展和员工的急难愁盼问题，生动诠释了"党建做实就是生产力，做强就是竞争力，做细就是凝聚力"。

2019 年 7 月 1 日，《学习时报》特别版面整版刊登松江区《把党组织建在产业集群上》的经验做法；2021 年中国共产党成立 100 周年之际，《把党组织建在产业集群上——长三角 G60 科创走廊产业集群党建探索与实践》获评全国"2021 年度百个两新党建优秀案例"，同时获评"百优庆百年"——上海城市基层党建最佳创新案例；G60 科创走廊九城市"产业集群党建"被市委组织部列为"三省一市"探索长三角城市群党建品牌载体；2022 年，《以党建引领推动产业集群高质量发展——松江区产业集群党建工作的探索与实践》获评上海市党建研究会 2022 年度课题一等奖。

2018 年 3 月 26 日，上海正泰启迪智慧能源产业集群党委成立

链接一：

上海市第一家产业集群党组织在松江成立

　　2018 年 3 月 26 日，正泰电气公司党委以正泰启迪智电港为依托，与 12 家入驻智电港的企业组建了上海市第一家产业集群组织——正泰智慧能源产业集群党委，开启了"把党组织建在产业集群上"的探索实践。创新性地提出了"龙头带动、项目推动、人才驱动、共建互动、党群联动"的"五个动"党建机制，通过召开全要素对接大会，企业生产难题在哪、日常经营需要什么、各项制度如何落实等产业集群企业遇到的问题有了解决之道。

　　作为 G60 科创走廊"一廊九区"松江西部科技园重要的核心园区，上海正泰启迪智电港总投资 200 亿元，总建筑面积约 100 万平方米，规划建设成"高端智造、总部经济、科创园区＋人文生态社区"的创新型园区，吸引一大批上下游的战略性新兴企业入驻，构建一个集科技孵化、技术研发、成果转化等为一体的产业创新平台，是一个正在蓬勃发展的智慧能源产业集群航母。

　　上海正泰启迪智慧能源产业集群党委是产业集群内龙头企业及协作企业党组织，采取"1+7"的框架结构，由"1"即龙头企业正泰电气公司党委（下设 15 家党支部）和"7"家企业的党支部组成。集群党委着眼于加强和改进产业集群党建工作，以组织联网、阵地联建、人才联育、发展联谋、党群联动、活动联办形成党建生态群，通过充分发挥龙头企业正泰电气党组织的引领、示范、带动和帮扶作用，将龙头企业党建的优势、资源与经验输送至集群内上下游企业，着力推动产业集群党建工作与企业生产经营、产业转型升级、产学研用转化等深度融合，提高科创要素自由流动和合理配置的效率，从而有效服务创新链、产业链，引领产业集群高质量发展，在集群企业职工群众中发挥政治核心作用，在集群企业发展中发挥政治引领作用，努力实现"建一个组织、带一个集群、兴一个产业"的同频共振效应。

上海正泰启迪智慧能源产业集群党委建立后，8家企业支部结对共建，技术上"扶"、销售上"助"、土地上"借"，在园区龙头企业正泰电气的带动和集群党委的平台枢纽作用下，园区内中小企业错位发展、抱团作战，进一步增强抵御风险能力。产业集群党委搭台，加强中小企业与行业部门沟通，帮助企业争取政策、资金等扶持，抓住市场先机，同时为企业间合作牵线搭桥，延长产业链。

集群党委探索从工匠培育、科技攻关等方面选树典型项目成立党员创新工作室，推动深度融合项目落地见效。如"正泰启迪智电港党员创新工作室"在智电港建设中牵头协调、合理安排，缩短了工期，项目荣获"2018年度中国产业园区金项目20强"。"工匠培育创新工作室"生产员工岗位培训体系获得上海市劳动和社会保障局60余万元的经费补贴。"理想晶延机械研发党员创新工作室"开发的PERC镀膜设备极大地提高了国内光伏高效电池的竞争力，打破了国外垄断格局。

链接二：

打造长三角G60科创走廊九城市党建共同体，构建一体化党建新格局

党的二十大报告指出，"严密的组织体系是党的优势所在、力量所在"。2021年6月，长三角G60科创走廊集成电路产业党建共同体正式成立。党

建引领搭建产业平台，促成来自长三角 G60 科创走廊九城市的集成电路产业链上下游企业合作签约，长三角 G60 科创走廊九城市高校、相关科研院所承接了光源系统开发、基于压电异质衬底的高效能声学滤波器方案、上海市集成电路关键工艺材料重点实验室开放课题、面向 28 nm 半导体制造工艺的计算光刻 EDA 系统开发等一批集成电路产业联盟企业重大技术难题和需求项目。

随着长三角 G60 科创走廊深入推进，新兴领域市场主体蓬勃发展，战略性新兴产业集群日益成为推动区域经济高质量发展的重要力量。松江加强党建联动，进一步突破行政区域壁垒，勇担服务长三角一体化国家战略政治责任。立足长三角一体化国家战略，松江区牵头长三角 G60 科创走廊九城市，先后出台《G60 科创走廊党建共建框架协议》《长三角 G60 科创走廊高质量党建引领高质量发展党建共建合作机制》，以 G60 九城市"产业集群党建"为品牌载体，积极探索"三省一市"长三角城市群党建。通过实施九城市建立党建品牌培育工程，常态化开展党建工作推进会、理论研讨、论坛交流、基层互访，促进党建工作提质升级；建立九城市科技创新、党建创新深度融合项目机制，推动"卡脖子"关键核心技术联合攻关；建立长三角 G60 科创走廊战略性新兴产业联盟党建共同体，推动区域产业协同发展。

2018 年 12 月 25 日，松江区区域化党建工作推进会召开

服务大局，基层党建工作不断守正创新

2015 年，松江区基层党建工作项目化启动，成为松江全面落实从严治党要求、加强基层组织建设的重要抓手。同年 8 月，松江区召开区域化党建工作联席会议第一次全体成员大会，形成区、街镇、居村三级区域化党建工作平台。2018 年，进一步打破行政壁垒，围绕"科创、人文、生态"现代化新松江建设的关键环节和重点工作，在区级区域化党建工作联席会议基础上成立驻松高校、文创旅游、城市保障、金融保险、国防教育等多个专委会，逐步扩大吸收成员单位，由原来的 48 家增加至 60 家，实现多层次大融合，探索形成全区域统筹、多方面联动、各领域融合的党建新格局。

2021 年 6 月，"松江党建、全域行动，以新发展理念推动构建基层党建新格局"松江区新时代基层党建工作交流展示活动举行。会上，发布新时代松江基层党建工作"50 法"和 8 个重点领域党建成果汇编，"50 法"囊括了把党组织建在产业集群上、党建项目化"领航工程"、1 号先锋等具体实践，突出首发首创、实干实效、示范引领、机制做法，成为指导全区基层党组织工作的一套"活教材"。

区域化党建通过上下联动、条块一体、政学结合，形成共建共治共享的基层治理新格局。通过开展党建引领基层治理"美好社区先锋行动""第二书记"2.0 行动、"向前一步"共同行动和"圆桌派"约请行动等，让党政机关、企事业单位、社会组织和广大党员、群众更好响应参与，凝结共筑社区底盘的强大合力。

街镇在基层党建工作中不断守正创新。岳阳街道始终秉持实干精神和创新思维，坚持以红色引擎驱动模式创新，自我加压、敢于领题、勇于破题，通过党建引领，持续深化为民服务效能，以项目化形式有效联动党建"融合日"、党建"微心愿"、党建"大篷车"和党建"满天星"等特色品牌，精心开辟"党建＋文化""党建＋人才""党建＋经济""党建＋商圈""党建＋便民"等阵地点位，将群众参与、为民服务与党建融合，无处不在的红色力量大大提升了社区居民的获得感与幸福感。

链接一：

把党组织建在乡村振兴新型主体上

2018 年 9 月 25 日，松江区召开全面加强农村基层党建推进乡村振兴工作会议，出台《松江区关于全面加强农村基层党建推进乡村振兴的工作方案》。

2012 年以来，松江区聚焦家庭农场、农民合作社等新型农业经营主体，突出"三个坚持"，努力把党的组织优势转化为农村农业发展新动能，实现党建工作与新型主体融合发展、互促共进。

2019年11月10日，泖港镇成立乡村创客联盟党支部

坚持多模式覆盖，推动组织有形有效。叶榭镇党委针对合作社党支部规模较小、作用发挥不明显等问题，以上海家绿蔬菜合作社党支部为"龙头"，成立合作社党总支，整合原有5个合作社党支部，探索"党组织引领＋专业合作社运营＋产销联盟＋党员带头＋农户参与"的合作社党建工作模式。泖港镇探索党支部带家庭农场、党员带农民致富的"双带"党建工作模式。

坚持深融合运转，推动产业兴旺起。乡村振兴，产业兴旺是重点。松江区坚持以习近平新时代中国特色社会主义思想统领乡村振兴，通过党组织引领推动产业链上下游合作，促进一二三产业融合发展，带动农民就业增收，为农村农业发展提供新动能。

坚持全方位保障，推动服务精准精细。全区各级党组织和广大党员，积极搭建平台、整合资源，送技术上门、送服务上门、送政策上门，为新型农业经营主体发展赋能增效，构建起以农机4S店为示范的社会化服务体系。松江区还在全市率先成立首家区级农机维修服务中心，作为全国农机职业技能培训和鉴定示范基地。

链接二：

"浦南地区毗邻党建"探索区域协同共治

2019年3月27日，松江叶榭镇、金山亭林镇、奉贤庄行镇三镇举行"浦南地区毗邻党建"引领区域联动发展启动仪式，三地共同签订了《"浦南地区毗邻党建"引领区域联动发展合作框架协议》，9个毗邻村党组织书记签订了《党建联姻协议书》，正式实现了跨区域合作，开启了在基层党

2019年3月27日，松江叶榭镇、金山亭林镇、奉贤庄行镇三镇举行"浦南地区毗邻党建"引领区域联动发展启动仪式

建、经济发展、文化旅游、社会治理、人才培养等方面的密切交流合作，使党建工作成为连接三地交流合作的一条重要纽带。

通过建立区域化党建联席会议，架构起镇党委、职能部门、村居党组织等多层次、立体化的合作体系，依托"轮值主席"制度，定期召开工作会议，共同谋划合作方向，协商交流问题。三镇立足融合发展理念，推动实现"地理位置毗邻"和"特色要素毗邻"升级，不断丰富和拓展基层毗邻党建的内涵和外延，在党建共建、发展共促、平安共创、人才共育、文旅共享五个方面实现了资源共享、优势互补、协调发展，谱写了区域联动发展合作的新篇章。

链接三：

业态"新"在哪里　党建工作就"跟"到哪里
——新业态、新就业群体党建工作走深走实

2022年以来，松江区持续推进新业态、新就业群体党建工作，由区委组织部牵头，区总工会、区发改委、区经委等14家单位组成新业态、新就业群体党建联盟，研究制定联盟工作制度，明确由组织部门牵头抓总、各条线统筹推进工作机制。党建联盟单位结合各自公共服务资源，为快递物流、外卖配送及网约出行等新业态就业群体提供暖胃一餐食、实惠一间房、

松江区新业态新就业群体党建工作推进会

关爱一份险、守护一行动、宣讲一站式、开设一堂课和便民一站点的"七个一"服务保障。

与此同时，松江区积极优化 1200 余个党群服务站点、爱心接力站等阵地，在外卖送餐员、快递员较为集中区域的党群服务阵地融入"茸城 e 家"服务站，提供休憩纳凉、租借充电宝和雨具、微波炉加热饭菜等服务。为进一步拓展"茸城 e 家"服务阵地资源，通过区域化党建、党建共建等形式，将"茸城 e 家"延伸至机关事业单位、银行网点、电信网点、商圈、楼宇等，为新就业群体提供更多触手可及的服务资源。

链接四：

"二级社区、三级管理、四级网格"
提升党建引领基层治理现代化水平

为破解一系列基层治理难题，中山街道党工委始终坚持党建引领，首创提出并积极探索"二级社区、三级管理、四级网格"模式，即在街道大社区、居民区小社区基础上，构建"街道办事处—片区管委会—居民委员会"三级管理架构，四个片区管委会实行实体化运作，设置"大、中、小、微"四级网格。并围绕城市功能布局特征、人口结构特点、社会治理难点，在商务区、蓝天片区、府城片区等设立综治、网格、城管分中心，成为网格化管理的"中转枢纽"。

一级"大网格",强化统筹协调,发挥"大网格"系统抓总作用。围绕加强组织体系建设、提升组织力,以社区党群服务中心体系功能建设为契机,打造幸福里党群中心,实施"四台协同"运行机制,做优"前台"贴

中山街道城市管理精细化工作平台

近群众、做强"后台"整合资源、打通"平台"部门联动、搭建"舞台"锤炼干部,推动党群阵地成为提升社会治理能力和水平的重要阵地。

二级4个"中网格",完善联动联建,做实"中网格"区域资源整合。在四个片区管委会挂牌成立4个党群服务中心、4个城运分中心,实行多部门合署办公,整合区域化党建资源,实现联动联处、共建共治。

三级26个"小网格",深化共治共享,强化"小网格"主体参与地位。22个居民区党组织与4个党群服务中心,充分调动居委会、业委会、物业、驻区单位以及党员骨干等参与社区治理,注重党建引领下"三驾马车""四位一体"作用发挥。

四级138个"微网格",实现自治自管,引导"微网格"自主有序多元。在26个"小网格"基础上,根据地理布局、道路河道、住户数量等要素再精细划分为138个微网格,形成强有力的"自运转"格局。

同时,坚持科技赋能,以数字化和信息化手段织密社区治理、群防群治网格。集成一个"城市之脑",整合雪亮工程、智慧安防、城运通三大平台,形成"一屏观全域"的大数据中心和城市运行综合平台,提高城市整体运行的灵敏度和精准性。打造一双"智慧之眼",公共管理区域全面接入2495个高清探头、11个鹰眼智慧分析系统和117个微网格实时监测数据,实现大数据实时掌控、高效处置。铺开一张"全域之网",明确"大、中、小、微"4个网格层级的范畴、责任人、管理权责,搭建"一网统管"落地的工作架构。

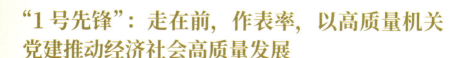

"1号先锋"：走在前，作表率，以高质量机关党建推动经济社会高质量发展

2019年以来，松江区区级机关工作党委聚焦机关党建"围绕中心、建设队伍、服务群众"职责定位，以"品牌化＋项目化""规范化＋精准化"的工作思路，坚持"开门搞党建"，形成了以"五个强化、五个先锋"（强化对党忠诚，做政治过硬先锋；强化党性修养，做信念坚定先锋；强化基层基础，做示范引领先锋；强化责任担当，做唯实唯干先锋；强化作风提升，做勤廉服务先锋）为主要内容的"1号先锋"机关党建品牌，通过做实下设的"悦读机关"大讲堂、党员"第二楼组长"等10个子项目，不断深化模范机关创建，以高质量机关党建推动松江经济社会高质量发展。

始终以向上看齐的政治力形成思想共识。拧紧思想"总开关"，创新学习教育方式。学好用好习近平新时代中国特色社会主义思想，面上充分发挥"悦读机关"大讲堂优质师资集聚效应，推动党员干部职工政治理论学习入脑入心；点上依托各基层党组织"初心微课堂""青年理论研读社"等学习微平台，切实把思想和行动统一到市委、区委各项决策部署要求上来。**打好工作"组合拳"，创新组织生活方式**。着力夯实党内组织生活制度，明确主题党日"六个一"内容，增强组织生活仪式感；利用"片组联系制度"，督促各级党组织严格落实领导干部双重组织生活制度，为普通党员作出表率和示范；建设8家"1号先锋"组织生活基地，使理论教育与现场教学紧密结合，为各级党组织提供鲜活的现场教学点。**建好队伍"加油站"，淬炼过硬政治能力**。坚持"各级机关首先是政治机关"，常抓不懈实施"头雁工程"，举办党组织书记政治能力提高专题培训班等，牢牢牵住"牛鼻子"；持之以恒抓好青年"引航工程"，以"青年党性锻炼训练营"为牵引，举办机关青年辩论赛、实施"预备党员信访接待日"体验等，给机关青年搭建各类长才干、壮筋骨平台；抓实抓牢党员能力提高工程，在全系统推进"业务小课堂"项目，通过年轻科级干部、青年骨干从"台下听"到"台上讲"的角色

"1 号先锋"组织架构图

转换，营造"人人都是骨干，个个争当专家"的工作氛围；久久为功推进作风提升工程，严格落实《松江区区级机关工作党委关于加强干部队伍作风建设的工作方案》，做到严管有"尺度"、厚爱有"温度"。

始终以握指成拳的组织力凝聚战斗合力。"一支部一品牌"有效防治**"两张皮"。**围绕区委中心工作，持续推进"一支部一品牌"建设，通过举办书记擂台赛、现场展评会等，优化提升"红色检行者"等219个品牌项目，推动破解党建和业务"两张皮"取得实效。**"你问我答"持续破解"灯下黑"。**牢固树立"一切工作到支部"的鲜明导向，通过制作党员发展课件、举办"业务小课堂"、开通"琦琦热线"每日问答等，主动施教补齐短板弱项；结合"月看季访年考核"，实行"一单位一清单一反馈"；推进"党员亮牌、支部比星"项目，命名一批五星党支部。**三级责任清单落实"责任制"。**落实机关党建三级责任制清单，并将之与直属党组织书记年度述职和年度绩效考核相结合，压实机关党建主体责任，坚决杜绝搞"高空作业"。

始终以扎根大地的服务力赢得群众口碑。"书记走基层"把问题找在群众关切点。持续弘扬"四下基层"优良传统，坚持大调研常态长效，推进"书记走基层"项目，各级党组织书记带头深入基层、深入群众，掌握真实情况，解决裉节难题，进一步转作风树新风。**"攻坚项目清单"把实事办到群众心坎上。**在"书记走基层"项目的基础上，紧扣中心任务，聚焦群众急难愁盼问题狠抓整改落实，以"攻坚项目清单"常态长效推进"我为群众办实事"，把高质高效解决疑难杂症作为检验组织力的"试金石"。**党员"第二楼组长"把温暖送到群众家门口。**切实发挥机关党员干部职工懂政策、懂法律、懂业务等优势，利用业余时间配合社区楼组长，当好"示范员""宣传员""服务员"，探索形成"五联动促五加强"工作机制，推动了市级机关、区级机关、街镇、村居及楼组长之间的联动；优化固化"楼栋包干、结对共建、考核评估、干部双向培养"四项制度；鼓励倡导社区建立一张在职党员及特长清单、一支骨干队伍、一个攻坚项目"三个一"等工作着力点。经过几年来久久为功、常抓不懈，党员"第二楼组长"做法已写入市级、区级相关文件，上升为全市基层治理的有效经验，被市委要求在全市推广，荣获第四届全国党建创新成果展示"十佳案例"及擂台赛银奖、第二届"新时代全国机关基层党建新成就"优秀短视频银奖。

链接一：

党员"第二楼组长"常态长效赋能基层治理

为深入推动习近平总书记"7·9"重要讲话精神落地生根，锤炼机关党员干部职工深入群众、服务群众、引导群众的能力，松江区区级机关工作党委于2019年创建了党员"第二楼组长"项目，充分发挥机关党员干部职工懂政策、懂法律、懂业务等优势，解难题、拓资源、补不足、聚合力，利用工作之余协助社区楼组长，当好"示范员""宣传员""服务员"等，切实为基层赋能减负，在构建"人人参与、人人负责、人人奉献、人人共享"的城市治理共同体，打通服务群众"最后一公里"中走在前、作表率。

近年来，通过久久为功、常抓不懈，探索形成了"五联动促五加强"工

2019 年 11 月 15 日，党员"第二楼组长"项目正式诞生

作机制，构建起了"市区机关联动在基层、治理资源整合在一线、人民群众满意在心中"的机关党建服务基层治理新格局；优化固化了"楼栋包干、结对共建、考核评估、干部双向培养"四项制度，鼓励倡导社区建立一张在职党员及特长清单、一支骨干队伍、一个攻坚项目"三个一"工作着力点。

党员"第二楼组长"参与推动解决小区停车、高空抛物、积水倒灌、文明养犬、环境整治、邻里矛盾化解、孤寡老人照顾、防诈骗宣传等各类群众"烦心事""闹心事"，受到基层的普遍欢迎，还加入居委、物业、业委会"三驾马车"治理机制，为社区治理提供专业指导，形成示范带动效应，促进情况了解在一线、问题解决在一线、工作推动在一线、干部考评在一线、减负增能在一线。

2022 年 9 月，上海市召开深化推进基层治理体系和治理能力现代化建设会议，要求总结党员担任"第二楼组长"等做法并在全市推广。

链接二：

"七色桥"党建联盟激发地校共建新活力

2017 年，广富林街道成立了"七色桥"党建联盟，旨在服务好松江大学城 7 所高校师生，整合好高校资源，促进地校融合，凝聚发展合力。街

"七色桥"地校党建联盟启动仪式

道与7所高校搭建"地校统战共同体"实体化合作平台，开展了少数民族学生社区结对带教、高校助力地方基础教育等6个合作项目。与此同时，党建联盟的成立让辖区居民得到了实惠。疫情期间，东华大学、上海工程技术大学等高校的专家通过心理疏导"云课堂"，帮助居民正确认识心境反应、理性应对疫情相关信息，有效缓解了居民的心理压力。

2022年11月22日，"学习二十大奋进新征程——'七色桥'区域化党建联盟五周年总结推进会"举行。会上发布《广富林街道"七色桥"区域化党建联盟提升发展规划纲要（2022—2027）》以及包括智慧党建、大思政课、人才培育、产业协同、社区营造、共享空间、生态宜居、印象富林在内的"七色桥"区域化党建联盟合作项目。

"七色桥"党建联盟在推进党群服务综合化的同时，深化以"双服双创"为主题的党建工作新机制，"松江区大学城双创集群党委"和"松江大学城双创专业委员会"先后成立，围绕大学生创新创业，组织松江大学城创新创业博览会、双创集市嘉年华、双创大赛、故事汇等活动。

2017—2022年，街道联合7所高校和100多家共建单位，相继建设创客集聚的经济小区、德稻集团、文汇路、七色桥广场、贝页书店、轻客众创、东华马院等多个党群服务阵地，服务大学城11万师生。通过建立"七色桥"地校党建联盟，凝心、集智、聚力，使地校资源提升融合度、增强统筹力、扩大服务面，让党员群众在家门口、校门口获得"一站式、一门式、一网式"的党群服务。

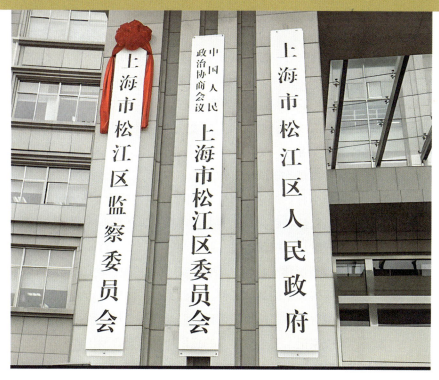

松江区监察委员会揭牌

松江区监察委员会揭牌

　　2018年1月22日，松江区监察委员会挂牌成立。这是上海扎实有序推进监察体制改革试点工作的一个重要节点。监察体制改革是事关全局的重大政治改革，是松江区认真贯彻落实中央精神和市委要求，把深化监察体制改革试点工作作为贯彻党的十九大精神的重要举措。

　　在上海市委带头示范下，松江第一时间成立监察体制改革试点工作小组，区委书记任组长，自觉履行"施工队长"职责，带头深入一线，靠前指挥，审核把关改革实施方案，协调重点难点工作，加强对改革试点的全过程领导。提前谋划，前往邻近的试点地市考察取经，把先行试点地区的经验做法学深学透，融入自身实施方案。及时研究制定自身试点工作"施工图"，进一步明确本区监察体制改革实施路径，细化工作时间表，确保中央决策部署在基层不折不扣落实。

纪委、监委合署办公后，区委主要领导积极协调，各单位顾全大局，及时腾出办公用房，以实际行动支持改革试点。

人员转隶是改革试点工作的"牛鼻子"，是监察体制改革的关键环节。松江集中精力抓好职能划转、机构设置和人员转隶，通过前期调研摸底，切实弄清机构编制底数、转隶人员底数、思想动态底数，扎实做好转隶基础工作。同时，严把政治关、廉洁关等入口关，对涉改部门全体干部基本情况、廉政情况逐一核查，积极协调有关单位推动编制划转、工作衔接、干部稳定等转隶中的具体工作。全面完成"两轮谈话全覆盖"工作，区纪委和检察院分别对拟转隶干部逐一开展谈心谈话，强化"进一家门、成一家人、说一家话、干一家事"的意识，把思想政治工作做在前面，凝聚改革共识、形成改革合力。

改革整合了分散的反腐败资源和力量，攥紧的拳头力量更大。转隶之后，松江采取多种方式，积极推动人员融合、机构融合、业务融合。围绕纪委"监督执纪问责"和监委"监督调查处置"的职责定位，开展有针对性的培训，原来检察机关的干部向纪检干部学习党内监督执纪业务，原来纪委的干部向转隶干部学习履行监察职责相关法律法规。

松江区监察委员会的挂牌，标志着松江区监委正式组建，更意味着监察职能的开始履行。监委通过"磨合、契合、融合"，进一步凝聚思想共识和强大动力，产生"1+1>2"的"化学反应"，成为深入推进党风廉政建设和反腐败工作的重要力量。

链接一：

组建"护航员"队伍，为优化营商环境保驾护航

为助力松江全力打造长三角G60科创走廊国际一流营商环境，区纪委

监委牵头开展了"清风护航G60"专项行动。2020年，为进一步深化专项行动，巩固成效，区纪委监委探索建立优化营商环境"护航员"队伍，延伸监督触角，聚焦政策落地、工作作风、资金使用等，及时发现营商环境中的形式主义、官僚主义、有令不行、有禁不止、以权谋私，为民服务意识不强、推脱怠慢、吃拿卡要、慵懒浮散等突出问题，保障优化营商环境各项举措落实落地，助力松江经济社会发展。

4月份启动试点工作后，小昆山镇、叶榭镇、中山街道等6个街镇和经开区纪委按照区纪委工作部署，先行先试，围绕"护航员"选拔范围、标准条件、管理培训、监管事项、监管要求、线索收集、整改反馈及激励保障等方面积极开展调研，进行了初步探索，在7个试点单位中遴选了110家重点企业和35个重大项目，组建了166人的"护航员"队伍。运行短短2个月后，就收到"护航员"反映惠企政策宣传普及面不广、企业办理融资门槛较高、行政执法不够规范等问题建议30余件，区纪委监委迅即协调区经委、水务局等相关部门进行处置，短时间内给予了答复和解决。

松江区纪委监委会同有关部门向区优化营商环境"护航员"了解企业发展难点痛点堵点问题

企业"护航员"是最一线的监督者，通过建设护航员队伍能够延伸纪委监委的监督触角，同时也把社会监督落到了实处。

链接二：

松江出台干部工作"22条"

2018年，松江区出台《关于以习近平新时代中国特色社会主义思想为统领建设充满激情、富于创造、勇于担当的干部队伍 做新时代不懈奋斗者的实施意见》（以下简称"意见"），22条工作举措进一步把政治标准"亮出来"，让干部在重大工作中磨砺起来，把实绩评判树起来，切实激励全区干部"挑最重的担子、啃最难啃的骨头"，真正把唯实唯干的干部用起来。

意见指出，从严加强对干部的政治把关，重点围绕政治忠诚、政治定力、政治担当、政治能力和政治自律五个方面，明确了5大类12项的政治考核"负面清单"。政治考核也将纳入干部提任考察的必过环节，对政治上不合格的实行"一票否决"。

在干部的培养锻炼中，松江区创新开展"1+3"主题实践教育模式（"1"即习近平新时代中国特色社会主义思想的教学，"3"即松江"科创、人文、生态"蹲点基层实践性主题教学），开展干部专业素养提升"四必一选"工作（区域战略布局必学、民生工作领域必学、干部应知应会必学、岗位业务知识必学、高校专业课程选学），在全区建立G60科创走廊联席办、科技影都、创全办等十个干部培养实践基地，真正把基层一线和困难艰苦岗位作为培养干部的基地、锻炼干部的熔炉、选拔干部的赛场。着力建立干部专业能力清单和"五大领域"（党建、行政、经济、城建、法治）专业化干部清单。通过能力清单与专业清单"双清单"比对，优化人才配置。

意见明确，以实干实绩为依据，重点考察干部在落实市委、区委重要决策部署中的工作表现。把敢不敢扛事、愿不愿做事、能不能干事，作为识别干部、评判优劣、奖惩升降的重要标准，把干部干了什么事、干了多少事、干的事组织和群众认不认可作为选拔干部的根本依据。全方位的综合考核是手段，用好考核结果、发挥考核实效是目的。意见提出，将考核结果与收入分配挂钩、与后备干部推荐挂钩、与年度评优挂钩的"三挂钩"的运用模式。

唱好协同重音、构建责任闭环，建立全面从严治党"四责协同"机制

2018 年，区委召开常委会，深入学习贯彻上海市全面从严治党"四责协同"机制建设推进会精神，并制定下发了《松江区关于推进全面从严治党"四责协同"机制建设的实施意见（试行）》，进一步用制度将"四责协同"深化、细化、具体化，以管党治党责任的落实推动各项工作责任的落实，推动全面从严治党不断向纵深发展。

先行开展试点，理顺责任分工。区纪委选取了八家单位进行"四责协同"机制建设的先行试点工作。根据党内法规和区委要求形成了《松江区关于推进全面从严治党"四责协同"机制建设的实施意见（试行）》，并由区委正式印发。同时，要求全区各基层单位党委（党组）制定本单位实施方案，将全面从严治党责任要求具体细化成党委 18 项、纪委 14 项、党委书记 12 项、班子成员 10 项工作举措，形成正面清单。

完善相关机制，打造"责任闭环"。从职责明责、履责尽责、督责问责三个环节分别建立了各级组织签约制度、廉政风险防控制度、"一单两书"定核制度等 15 项制度，在"知责明责"中树意识、在"履责尽责"中见行动、在"督责问责"中看效果，打造责任横向协同与纵向压力传导结合的"责任闭环"。此外，制定党风廉政建设考核办法和指标表，形成具体指标项目 14 项，评分标准 29 项。

强化监督检查，狠抓责任落实。各级党委（党组）为落实基层单位主体责任，开展了本地区、本部门落实中央八项规定精神情况的自查自纠；各专业部门开展专项检查，落实职能部门主体责任，也对各级单位及下属部门开展了专项检查和延伸检查；区纪委牵头全区各级纪检监察部门开展"监督的再监督"，发挥监督职能，并积极运用督查检查巡察结果，开展讲评通报和考责问责。

加强问责力度，发挥震慑效应。把加强问责作为推动"四责协同"落

地生根的有力武器，突出政治责任，紧盯"关键少数"。在此基础上，推进"一案双查"制度的落实，既查直接责任人，也查党委主体责任、纪委监督责任、党委书记第一责任、分管领导"一岗双责"。全区各级党委（党组）把问责作为从严治党的利器，让失责必问、问责必严成为常态，使强化问责成为"四责协同"机制的鲜明特色，充分发挥震慑警示效应。

2020 年 8 月 13 日，松江区要求全面从严治党"四责协同"机制向基层延伸。2021 年，松江区根据基层日常反馈的工作建议，修订编印《松江区进一步推进全面从严治党"四责协同"机制建设工作规程手册》，将中央、市委、区委相关规定、意见以及涉及落实责任重点环节 11 项流程规定进行了归类汇集。

《中共上海市松江区委员会关于推进全面从严治党"四责协同"机制建设的实施意见（试行）》

链接一：

松江区制定《关于深入贯彻落实中央八项规定精神的若干规定》

为深入贯彻落实以习近平同志为核心的党中央关于持之以恒正风肃纪的新部署新要求，进一步巩固和拓展落实中央八项规定精神成果，坚持不懈改作风转作风，按照市委、市政府《深入贯彻中央八项规定精神的实施办法》，结合实际，松江区制定了《关于深入贯彻落实中央八项规定精神的若干规定》，自 2018 年 2 月 8 日起施行。

《规定》从七个方面对松江区深入贯彻落实中央八项规定精神提出明确

中共上海市松江区委办公室文件

松委办发〔2018〕1号

★

中共松江区委办公室 松江区人民政府办公室
印发《关于深入贯彻落实中央八项规定精神的
若干规定》的通知

各镇党委、人民政府，各街道党工委、办事处，开发区党工委、管委会，佘山度假区松江管委会，区委、区政府各部门，各人民团体：

《关于深入贯彻落实中央八项规定精神的若干规定》已经区委、区人民政府同意，现印发给你们，请结合实际认真贯彻执行。

松江区制定《关于深入贯彻落实中央八项规定
精神的若干规定》

—1—

要求。

在改进调查研究方面，《规定》要求，要多到发展相对滞后、困难较多、情况复杂、矛盾突出、群众意见大的地方去调研指导，千方百计为群众排忧解难。在调研活动过程中要减少陪同人员，简化接待工作，并广泛征求意见建议，畅通意见渠道。

在精简会议活动方面，《规定》要求，要明确例会安排，减少会议数量，能不开的会议坚决不开。同时，要改进会议方式，严格事务性活动审批，严控会议活动经费，厉行节约，反对铺张浪费。

在精简文件简报方面，《规定》要求，各街镇、各部门、各单位要规范文件报送，从严控制发文数量和发文规格，减少各类文件简报。同时，要弘扬"短实新"的优良文风，提高文件简报质量，大力推进电子政务，严格文稿发表。

在规范外事活动方面，《规定》要求，要严格执行中央和市委、市政府有关规定，合理安排外事活动，加强出访计划管理、经费管理，严格规范团组要求和出访量化管理。同时，在出访期间要严格执行外事纪律。

在改进新闻报道方面，《规定》要求，要按照精简务实、注重效果的原则，优化新闻报道内容和形式，精简会议活动新闻报道，改进会议新闻报道，优化交流互访新闻报道，规范参观展览、文艺演出和治丧等其他新闻报道。

在厉行勤俭节约方面，《规定》要求，区委、区政府领导要严格执行办公用房、用车、交通等方面的待遇规定，严格执行廉洁自律准则，带头树立良好家风。

在加强督促检查方面。《规定》要求，区委、区政府领导要进一步增强"四个意识"，带头遵守本规定，切实改进领导方式和工作方法，带头加强作风建设，带头纠正"四风"。各级纪检监察机关要把监督执行本规定作为改进党风政风的一项经常性工作来抓。

开发"阳光智慧平台"，实现村务公开新模式

为了全面贯彻党的十九大精神，认真落实党中央关于全面从严治党、加强农村基层组织建设的部署要求，自 2018 年 11 月 20 日市政府召开深化村级民主监督工作推进会以来，松江区以全面推进"阳光村务工程"为着力

松江永福村"阳光村务工程"数字电视平台

点，深化创新村务公开工作，通过完善村务公开内容、创新村务公开形式、严格村务公开时限，让村民全面、及时、便捷了解村级重大事项，保证村级权力在阳光下运行。

松江区民政局依托东方有线电视平台，开发包括"本村概况、党务公开、村务公开、财务公开、通知公告"五大栏目的"阳光村务智慧平台"。截至 2019 年年底，完成 7 个镇 84 个村"阳光村务工程"数字电视平台建设，完成数字机顶盒的入户安装 21902 余户，其中本村居民安装 18418 户、非本村居民（包含镇、松江城区）安装 3484 户，覆盖率达到 70% 以上。村民足不出户便可在电视屏幕随时随地知晓村级重大事项、财务收支凭证、小微工程进展等具体 45 项分类内容，既突破了传统公告栏的地域、空间、时限限制，又充分结合村民手机玩不溜、电脑用不多的生活实际，真正实现村务公开的即时、可视、互动，打造村民打开电视、监督村务的阳光村务新模式，构建创新社会治理、服务百姓的基层信息化解决方案。

2016 年 8 月 9 日，中央纪委国家监委网站播出陈继儒家规，并就家训精华、书画作品、名家观点以及松江人文历史等进行了详细介绍

陈继儒家规专题片在中纪委网站首播

　　2016 年 8 月 9 日，由松江区纪委制作的《上海松江陈继儒——立德立言，导人以善》专题片，作为上海市第一部向中央纪委报送的家规专题片，在中央纪委国家监委网站首播。

　　专题片参考了大量历史文献，融合专家学者观点，客观全面地展示了陈继儒的生平成就及家训著作。除了专题片，中纪委网站还就家训精华、书画作品、名家观点以及松江人文历史等进行了详细介绍。

　　陈继儒，字仲醇，号眉公、麋公，松江府华亭（今上海松江）人，松江方塔园廉政教育基地厉廉堂人物之一。生于嘉靖三十七年（1558 年），21 岁中秀才，29 岁弃秀才功名，携家人隐居于松江小昆山。陈继儒的家训作品《安得长者言》，全文以格言形式出现，共录有 122 条，主要包括行善积福、慎独去欲、修德向贤、宽容待人等内容。该专题片充分挖掘本土廉政文化元素，发挥中华传统文化中的家规家训的教化作用，全面厚植其礼法相依、崇德重礼、正心修身的历史智慧，体现其历史价值。

方塔园内的"上海市松江区反腐倡廉警示教育馆"　　　　方塔园内的"其昌廊"

链接一：

上海方塔园廉政教育基地

　　2009 年，中共上海市松江区纪律检查委员会在上海方塔园开辟了廉政文化教育基地。2011 年，该基地被中共上海市纪律检查委员会命名为上海市廉政教育基地。

　　上海方塔园廉政教育基地由一壁、一堂、一廊、一轩、一馆组成。依托上海方塔园蕴含的深厚悠久的历史文化内涵，精心打造明代照壁、"厉廉堂""华亭廉吏小故事廊"等廉政文化景点。一壁，即"砖雕照壁"，建于明洪武三年，原为松江府城隍庙门前的影壁。壁面正中刻有一头龙头、狮尾、牛蹄、鱼鳞的怪兽"獬"。据传说，怪兽拥有人世间很多的权力与财宝仍不满足，欲吞食天上太阳，却自取灭亡，以此教育后人为人不可贪。相传，古代到松江任职的官员，必到府城隍庙参拜照壁，表示为官期间勤政廉洁，不做贪官。

　　一堂，即"厉廉堂"，是一座清代建筑，是上海市首批命名的廉政文化教育基地之一。厉廉是见贤思齐、砥砺廉洁的意思。2009 年 10 月，由松江区纪委、监察局会同区机关党工委、区绿化和市容管理局等单位辟建，2011 年被命名为上海市廉政文化教育基地。堂内汇集了松江古往今来的道德模范和廉洁奉公方面被广为称道的 24 位代表人物的事迹。

　　一廊，即"其昌廊"，位于方塔园西侧，为略施斗拱的船棚顶仿古建筑。长廊中间的西墙壁上留有著名文物古迹——董其昌手书《怀素〈自叙帖〉》。以"其昌廊"为载体，以木质雕刻为表现形式，15 幅介绍古代松江廉洁奉公的仁人之士的木雕作品，配以生动的廉政故事吸引着每一个路过的游人。两边廊柱由南至北挂有 15 对关于廉洁的楹联。

上海方塔园廉政教育基地是上海廉政文化建设的重要品牌之一。2012 年，方塔园新开辟了"一轩（养德轩）、一馆（警示教育馆）"，在原先廉政教育基地的基础上，增设了法制教育基地和预防职务犯罪教育基地。2013 年，公园南草坪新添了 5 组廉政人物故事石雕；公园东南湖面种植荷花，设置"清明"石刻；公园赏竹亭边设置了"天地正气""风骨"石刻，廉洁元素覆盖全园。

链接二：

松江廉政教育馆开馆

2022 年 8 月 31 日，位于云礼路 8 号的松江区廉政教育馆正式揭牌开馆，成为松江区廉洁文化新地标。该教育馆由区纪委监委主办，以"正风肃纪正本清源"为主题，占地面积约 700 平方米，分为"以史为鉴、激浊扬清""高瞻远瞩、从严治党""反腐惩恶、重拳出击""唯实唯干、清风护航"四个部分，旨在使党员领导干部通过参观学习，进一步筑牢拒腐防变的思想防线，提高一体推进"三不腐"能力和水平。

序厅内简要介绍了松江区的概况，并以设置主题演绎"以贪为戒"作为参观学习的开端，引导党员干部夯实清正廉洁思想根基。

第一部分由古代监察制度、松江清官廉吏和中国共产党历史上纪检监察大事记三部分组成，全面展现了纪检监察机构的发展历程和相关制度沿革，其中还收录了多位松江清官廉吏的故事，以中华优秀传统文化弘扬清风正气，推动党员领导干部以史为鉴、清廉自守。

第二部分主要包括党的历届中央领导集体关于党风廉政建设和反腐败斗争的重要论述、"两个维护"、中央八项规定、六大纪律等板块，并且以时间线的形式展示党的十八大以来全面从严治党的纪实，突出中央八项规

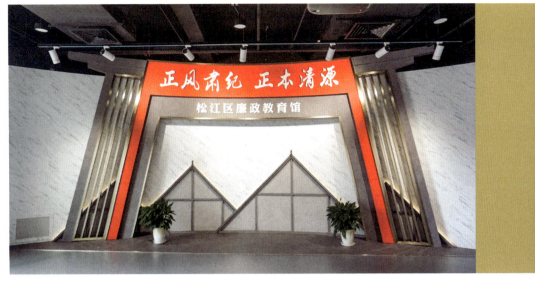

松江区廉政教育馆

定实施以来的成果，并通过剖析违反六大纪律的典型案例督促党员领导干部严守政治纪律和政治规矩。

第三部分主要包括各级纪检监察机关正风反腐数据、松江区查办的典型案例剖析、扫黑除恶、政法队伍教育整顿以及追逃防逃追赃等内容。通过立案、处分、移送检察机关、查处违反中央八项规定精神等情况彰显全区纪检监察机关紧盯重要关键领域，充分有效开展审查调查工作的决心，警示党员领导干部"莫伸手，伸手必被捉"。

第四部分主要展示区委坚定不移推动全面从严治党向纵深发展的新局面，以及全区纪检监察机关为奋力创造新时代松江发展新奇迹提供坚强政治保障的具体举措。同时，还包括家风教育、共产党人精神墙和党的历届全国代表大会等内容，运用沉浸式全景投影《你不必，你可以》和仿真的实景实物提升参观人员体验感和互动感。

链接三：

中山街道培育融廉于景、隐于闹市的清风阵地

近年来，中山街道培育了一批融廉于景、隐于闹市的清风阵地，形成

中山清风苑

中山特色"廉风廉情"。

信达蓝爵小区廉政文化长廊设置在小区一处休闲绿地上，由格言警句、廉政古训内容组成。一条条廉政警句时刻提醒党员干部恪守做人准则，营造"以廉为荣，以贪为耻"的廉政文化氛围。思廉书屋以"思廉明志"为主题，由"廉志墙""家风廊"和"思廉屋"组成。山清风苑融入廉洁文化、家风家训的精神内涵，挖掘历史上的清官廉吏勤政为民的故事，体现鲜明的社区人文特色。位于同济雅筑居民区内的清廉广场，以"清正廉洁"为主题，由"诫子书"和"廉字诀"组成，巧妙地与居民休闲广场融为一体。位于蓝天一村梦莱小区的廉洁文化教育示范点，把廉洁文化与家风家训结合起来。位于环城新村78号东外居委会的廉政文化墙则用一幅幅精美墙绘来演绎廉政文化。中山街道廉洁文化主题公园依托五龙湖公园内原有景观，精选紧贴群众生活的法治、廉政格言等内容，将其巧妙地融入公园内的雕塑小品、景观廊架、特色座椅等休憩设施中。清韵荷花池、清廉木质广场、清风木栈桥……一步一景，处处有"廉"。

中山街道打造清风阵地，让廉政文化扎根党员干部心中，融入百姓生活，潜移默化弘扬清风正气。

全力打响"三张王牌"

2016 年 5 月 24 日，举行 G60 上海松江科创走廊建设推进大会

G60 上海松江科创走廊诞生

  松江以习近平同志在上海工作期间考察松江的讲话为"指路明灯"，在习近平总书记对上海提出"加快向具有全球影响力的科技创新中心进军"重要指示两周年之际，于 2016 年 5 月 24 日，提出沿 G60 高速公路构建产城融合的科创走廊，并明确了"一廊九区"的战略布局，长三角 G60 科创走廊 1.0 版就此诞生，全称为"G60 上海松江科创走廊"。

  G60 上海松江科创走廊，全长 40 公里，构建以松江新城为核心的"一廊九区"以及产业集聚、重点突出、相辅相成的产业功能布局。

  一廊：G60 上海松江科创走廊，以 G60 沪昆高速公路为轴，东起九亭镇，西至新浜镇，北沿沪松公路、泗陈公路、辰花路一线，南至申嘉湖高速一线，总面积约 296 平方公里，形成产城融合的科创走廊。

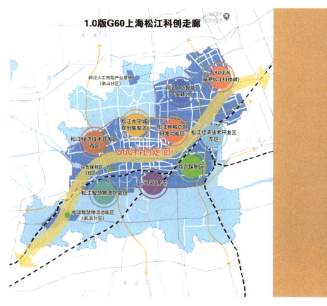

G60 上海松江科创走廊示意图

　　九区：围绕 G60 上海松江科创走廊的空间形态、产业业态及城市生态等资源特色禀赋，着力构建九大产业功能板块，板块区域面积 166 平方公里。

　　九科绿洲（临港松江科技城），东起嘉闵高架、南至 G60 高速公路、西至沈海高速、北至沪松公路，总面积约 26.7 平方公里。发挥创新优势、品牌效应，打造 G60 科创走廊的科创产业动力源，东北片区地区级公共中心，市级生态廊道中的城市绿洲。

　　松江新城总部研发功能区，东至张泾、北至辰花路、西至通波塘、南至沪昆高速，总面积约 14.5 平方公里。加快引进高新产业和生产性服务业，打造 G60 科创走廊科创服务中心。

　　松江经济技术开发区西区，东至油墩港、北至辰花路、西至西泾港公路、南至松蒸公路，总面积约 24.1 平方公里。主打战略性新兴产业，打造先进制造集聚区、大型项目承载区。

　　松江大学城双创集聚区，东至嘉松南路、北至辰花路、西至三新北路、南至文翔路，总面积约 10 平方公里。发挥纽带作用，打造科创成果转化转移桥梁、创新创业主战场。

　　洞泾人工智能产业基地，包含九亭高科技工业园区、泗泾镇工业区、泗泾镇高科技开发区、洞泾工业区和佘北工业区等，总面积约 23.8 平方公里。打造以人工智能、机器人研发生产为核心的智能装备制造基地。

松江经济技术开发区东区，包含松江经济技术开发区东区、新桥镇西部居住区、车墩镇区及产业区块，总面积约 37.6 平方公里。推进园区转型和企业升级，打造长三角的先进制造业高地。

松江出口加工区（综合保税区），包含松江出口加工区 A 区和 B 区，总面积约 5.3 平方公里。打造新一代电子信息研发生产营销中心、新一代货物服务贸易展览展示中心、国际采购分销配送中心。

松江智慧物流功能区，包含石湖荡工业园区、新浜镇区及产业区块，总面积约 13.7 平方公里。将打造 G60 科创走廊智慧物流中心、电商服务中心。

松江科技影都，东至松卫公路、北至沪昆铁路、西至坝河、南至申嘉湖高速，总面积约 13.3 平方公里。打造全球知名的科技影视产业集聚区，推进科技与文化、艺术融合。

在 G60 上海松江科创走廊建设推进大会上，松江出台了 60 条政策，设立每年 20 亿元专项资金。9 月 7 日，G60 上海松江科创走廊展示馆在启迪漕河泾（中山）科技园正式对外开放。11 月 5 日，G60 上海松江科创走廊官方网站正式上线，松江区推进 G60 上海松江科创走廊建设的步伐迈出坚定而扎实的一步。

2016 年 11 月 8 日，中国共产党上海市松江区第五次代表大会明确指出，全力推进 G60 上海松江科创走廊建设、国家新型城镇化综合试点、人文生态旅游产业发展三大举措，建设"科创、人文、生态"的现代化新松江。G60 上海松江科创走廊建设正式列入松江区"一个目标、三大举措"发展战略布局。

G60 上海松江科创走廊按照供给侧结构性改革的要求，聚焦智慧安防、机器人、新能源、新材料、生物医药、节能环保等"6+X"战略性新兴产业和总集成、研发总部等若干生产性服务业，着力打造上海及长三角地区重要产业技术创新策源区、重大科技成果转化承载区、先进制造业集聚区、开放型经济提升发展区、产城深度融合示范区，科创驱动"松江制造"迈向"松江创造"。

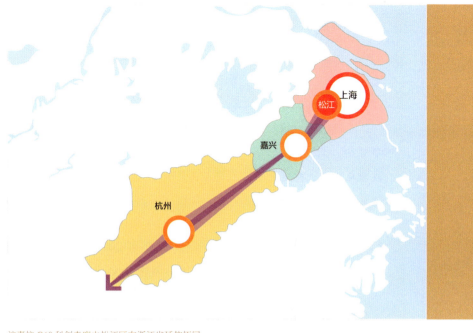

沪嘉杭 G60 科创走廊由松江区向浙江省延伸拓展

链接一：

沪嘉杭 G60 科创走廊建立

2017 年 7 月 12 日，在上海和浙江两地经济社会发展座谈会上，松江、嘉兴、杭州正式签署《沪嘉杭 G60 科创走廊建设战略合作协议》，标志着长三角 G60 科创走廊 2.0 时代的开启。三地围绕创新协同、产业融合、互联互通、机制完善等方面开展深入合作，"G60 上海松江科创走廊"正式升级为"沪嘉杭 G60 科创走廊"，由松江区向浙江省延伸拓展。

围绕 2.0 版的沪嘉杭 G60 科创走廊，三地着力在建立要素对接常态化合作机制、推动产业链布局、打造科创平台载体等方面进行探索。从连接行政区域的交通要道到打破行政藩篱的创新载体，沪嘉杭 G60 新构想带来新思路，新思路引领了新实践。

截至 2017 年，作为起源地的松江区取得了"四个强劲"显著成效：

创新驱动发展强劲。智能制造领域全球最先进 ALD 光伏工作母机、集成电路领域超硅半导体 300 毫米集成电路用晶体生长系统、清华启迪便携式质谱仪等 6 个全国首台（套）为代表的重大科创成果持续涌现。68 家企业主导、参与制订国际、国家及行业等标准 193 项，专利申请增长 18.5%，专利授权增长 19.7%，均居全市前列。

先进制造业投资强劲。2017 年工业固定资产投资增幅全市第一。以海尔智谷、上海超硅、正泰智电港、国能新能源汽车、修正药业等百亿级项目为龙头的一批先进制造业重大项目落地，总投资 1467 亿元。新上市挂牌企业 64 家，新增各类市场主体 2.81 万家，先进制造业总投资和固定资产投资高速增长。

产业结构调整强劲。2016 年以来淘汰劣势及污染企业 3127 家，减量化指标 2/3 用于先进制造业发展，主动调整 1000 亩房产用地支持先进制造业。产业结构迈向中高端，2017 年战略性新兴产业税收同比增长 62.9%，工业税收增长 52.6%，房地产税收占区级税收的比重下降到 32%。

辐射带动态势强劲。沿线城市乃至整个长三角地区逐步达成了创新协同、产业融合、环境良好、互联互通、机制完善的共识。

同期，松江区经济形势呈现出良好势态，2017 年财政总收入首次超过 500 亿元，地方财政收入增长 21.2%，增幅连续位居全市前列。G60 上海松江科创走廊被评为国务院供给侧结构性改革先进案例，被上海市委、市政府增列为具有全球影响力科创中心的重要承载区。

链接二：

长三角 G60 科创走廊迈入 3.0 版

2018 年 6 月 1 日，长三角 G60 科创走廊第一次联席会议正式召开，审议通过长三角 G60 科创走廊战略合作协议、长三角 G60 科创走廊工作制度和《长三角 G60 科创走廊总体发展规划 3.0 版》，并发布《长三角 G60 科创走廊松江宣言》，长三角 G60 科创走廊 3.0 版的建设正式开启。长三角 G60 科创走廊 3.0 版列入《长三角地区一体化发展三年行动计划（2018—2020 年）》。

长三角 G60 科创走廊 3.0 版是在沪嘉杭的基础上，辐射范围扩大至全华、苏州、湖州、宣城、芜湖、合肥，形成"一廊一核九城"的空间布局规划，覆盖面积约 7.62 万平方公里，区域常住人口约4900 万人，GDP 总量约5.74 万亿元，分别占长三角三省一市总量的近四分之一。

《长三角 G60 科创走廊总体发展规划 3.0 版》总体定位紧紧抓住国家对长三角"一极三区一高地"（全国发展强劲的活跃

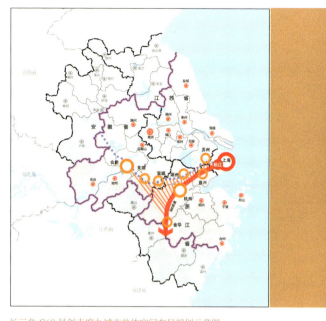

长三角 G60 科创走廊九城市总体空间布局规划示意图

增长极、高质量发展样板区、率先基本实现现代化引领区、区域一体化发展示范区和新时代改革开放新高地）的战略定位，更好发挥 G60 高速和沪苏湖高铁两大交通干线优势，充分用好三省一市优势资源和区域一体化机制支撑，践行新发展理念，按照利益共享、责任共担的原则，聚焦先进制造业的一体化布局，率先打响上海"四大品牌"，科创驱动"中国制造"迈向"中国创造"，形成区域协同创新框架体系，发挥长三角 G60 科创走廊在长三角更高质量一体化发展中的示范作用，将长三角 G60 科创走廊打造为服务国家战略的重要平台。

2018 年，九城市 R&D 研发投入达到 1598 亿元，发明专利授权 38202项，拥有高新技术企业 15816 家，国家、省级重点实验室及工程技术研究中心 1262 个。集聚人才约 1050 万，国家级人才 1000 余人，省级以上人才2500 余人，院士专家工作站 547 个，博士后工作站 771 个，高校 176 所。2018 年 9 月，长三角 G60 科创走廊被工信部赛迪研究院评为全国十大先进制造业集群之首。

中共中央 国务院印发《长江三角洲区域一体化发展规划纲要》

"最多跑一次"、"不见面审批"等改革成为全国品牌，营商环境位居前列。设立长三角区域合作办公室，建立G60科创走廊等一批跨区域合作平台，三级运作、统分结合的长三角区域合作机制有效运转。

探索共建合作园区等合作模式，共同拓展发展空间。依托交通大通道，以市场化、法治化方式加强合作，持续有序推进G60科创走廊建设，打造科技和制度创新双轮驱动、产业和城市一体化发展的先行先试走廊。深化长三角与长江中上游区域的合作交流，加强沿江港口、高铁和高速公路联动建设，推动长江上下游区域一体化发展。

2019 年，中共中央、国务院印发《长江三角洲区域一体化发展规划纲要》

长三角 G60 科创走廊上升为国家战略重要平台

2019 年 5 月 13 日，中共中央政治局全体会议审议通过《长江三角洲区域一体化发展规划纲要》。《纲要》明确，要"建立 G60 科创走廊等一批跨区域合作平台"，要"依托交通大通道，以市场化、法治化方式加强合作，持续有序推动 G60 科创走廊建设，打造科技和制度创新双轮驱动、产业和城市一体化发展的先行先试走廊"，标志着 G60 科创走廊从秉持新发展理念的基层生动实践，上升为长三角一体化发展国家战略的重要平台。

6 月 24 日，2019 长三角 G60 科创走廊联席会议成果发布会召开，正式开启长三角 G60 科创走廊 3.0 升级版。会议审议并通过《长三角 G60 科创走廊贯彻落实〈长江三角洲区域一体化发展规划纲要〉实施意见》《长三角 G60 科创走廊联席会议工作制度修订情况》，以及《长三角 G60 科创走廊总体发展规划 3.0 升级版》《长三角 G60 科创走廊产业集群高质量一体化发展行动纲要》《长三角 G60 科创走廊高质量一体化发展指标体系中期报

2019 年 9 月 23 日，长三角 G60 科创走廊亮相"伟大历程　辉煌成就——庆祝中华人民共和国成立 70 周年大型成就展"

告》等文件。会上签署 86 项区域一体化重大合作项目，总投资达 2192 亿元，启动"长三角 G60 科创云"平台，举行长三角 G60 科创走廊产业合作示范园区集中授牌。

2020 年 11 月 3 日，科技部等六部门联合印发《长三角 G60 科创走廊建设方案》，明确"三先走廊"的战略定位，提出到 2025 年基本建成具有国际影响力的科创走廊和我国重要创新策源地。

2021 年 3 月，G60 科创走廊被写入国家"十四五"规划和 2035 年远景目标纲要，提出要"瞄准国际先进科创能力和产业体系，加快建设长三角 G60 科创走廊和沿沪宁产业创新带，提高长三角地区配置全球资源能力和辐射带动全国发展能力"，长三角 G60 科创走廊由此迎来新的重大发展机遇。

2022 年 4 月 28 日，《习近平经济思想研究》创刊号刊发《科技创新与产业发展深度融合的鲜活样本——长三角 G60 科创走廊策源地的实践与启示》，作为地方高质量发展先进经验向全国推介。

长三角 G60 科创走廊建设以来，先后入选改革开放 40 年标志性首创案例，重大科技成果列入新中国成立 70 周年成就展，区域合作格局深度拓展。

2020 年 12 月 27 日，贯彻落实《长三角 G60 科创走廊建设方案》推进大会暨推进 G60 科创走廊建设专责小组扩大会议召开

链接一：

建设"三先"走廊，长三角 G60 科创走廊有了"施工图"

2020 年 11 月 3 日，科技部、国家发展改革委、工业和信息化部、人民银行、银保监会、证监会联合印发《长三角 G60 科创走廊建设方案》，赋予了长三角 G60 科创走廊"中国制造迈向中国创造的先进走廊、科技和制度创新双轮驱动的先试走廊、产城融合发展的先行走廊"的"三先走廊"战略定位。

《方案》明确了两步走的建设目标：到 2022 年，科创走廊建设初显成效。先进制造业和战略性新兴产业集群建设走在全国前列，地区研发投入强度达到 3%，战略性新兴产业增加值占地区生产总值比重达到 15%，上市（挂牌）企业数量年均新增 100 家以上，高新技术企业年均新增 3000 家左右，引进高层次人才、应届高校毕业生等各类人才每年不少于 20 万人；到

《长三角 G60 科创走廊建设方案》

2025 年，基本建成具有国际影响力的科创走廊。形成若干世界级制造业集群，成为我国重要创新策源地。地区研发投入强度达到 3.2% 以上，战略性新兴产业增加值占地区生产总值比重达到 18%。

《方案》聚焦 4 个方面内容，提出 18 条针对性举措。这 4 个方面内容分别为：强化区域联动发展，共同打造世界级产业集群；加强区域协同创新，共同打造科技创新策源地；聚焦产业和城市一体化发展，共同打造产城融合宜居典范；着眼深化改革和优化服务，共同打造一流营商环境。

链接二：

长三角 G60 科创走廊被正式纳入国家"十四五"规划

2021 年 3 月，《中华人民共和国国民经济和社会发展第十四个五年规划和 2035 年远景目标纲要》明确提出："瞄准国际先进科创能力和产业体系，加快建设长三角 G60 科创走廊和沿沪宁产业创新带，提高长三角地区配置全球资源能力和辐射带动全国发展能力"。长三角 G60 科创走廊迎来新的重大发展机遇，进一步深化为国家方案、国家行动。

长三角 G60 科创走廊被正式纳入国家"十四五"规划

长三角 G60 科创走廊始终以时任上海市委书记习近平同志 2007 年考察松江时提出的"大力发展先进制造业，大力发展生产性服务业，推动与长三角周边城市的分工合作，不断提升产业能级和水平"为根本遵循和指路明灯，一步一个脚印、一年一个台阶，实现一系列"从 0 到 1"的突破，经济实力、科技实力、综合实力不断实现新跨越。

长三角 G60 科创走廊联席会议办公室

建立长三角 G60 科创走廊"央地联动、区域协同"发展工作机制

　　为了更好地推动 G60 科创走廊建设，探索建立跨区域发展合作机制，2018 年 7 月 9 日，长三角 G60 科创走廊联席会议办公室（以下简称 G60 联席办）在上海松江挂牌成立，成为全国首个地级市层面实体化运作的城市一体化发展协调机构。

　　G60 联席办实行扁平化管理，下设综合组、产业组、科创组、金融商务组、宣传组五个工作组。综合组主要负责各类重大会议组织和重要接待安排，各项规章制度建立完善、对外联络，以及派驻干部服务管理等；产业组主要负责 G60 产业规划研究和制定、产业合作机制建立和完善、产业合作平台的搭建，深化 G60 产业链合作等；科创组主要负责推动 G60 产学研金合作，科创要素合理优化配置、科创成果转移转化等；金融商务组主要负责深化产融合作，推动金融服务载体创新，探索建立产业基金，以及九城市招商引资商务活动等；宣传组主要负责各类活动宣传报道，G60 公众号和官网运营，各类专报、简报编辑和重要文稿起草等。建立九城市

2019 年 12 月 5 日，推进长三角 G60 科创走廊建设专责小组第一次全体会议在上海松江召开

共派干部、共商合作、共谋成效的工作机制，截至 2022 年底，各成员单位已累计派出五轮共 134 名工作人员到岗履职，开展统筹协调工作。在"区域协同"工作机制下，制定《长三角 G60 科创走廊联席会议工作制度》《长三角 G60 科创走廊建设报告评议制度》等，形成联席会议、要素对接、高质量一体化发展合作研究和成果发布、组团参加进博会、专题会商等机制。

地方探索开先河后，长三角 G60 科创走廊"央地联动"工作机制也旋即落地。2019 年，科技部会同国家发改委、工信部、中国人民银行、银保监会（现国家金融监督管理总局）、证监会、沪苏浙皖科技部门和九城市政府，成立了推进 G60 科创走廊建设专责小组，作为议事协调机构，持续有序推进 G60 科创走廊建设重点任务落实。

G60 科创走廊建设专责小组组长由科技部负责同志和上海市负责同志共同担任，副组长由科技部相关司负责同志、上海市科技部门主要负责同志和上海市松江区主要负责同志分别担任。在"央地联动"工作机制下，出台《推进 G60 科创走廊建设专责小组工作规则》《推进 G60 科创走廊建设专责小组办公室工作规则》等工作制度，研究提出走廊建设的重要规划、重要政策、重要项目、重要研究和年度工作安排等。

联席会议与专责小组加强与各地合作对接，做实产业链、供应链协调联动的工作机制，创新"政、产、学、研、金、服、用"融合模式，充分激发市场主体的活力。

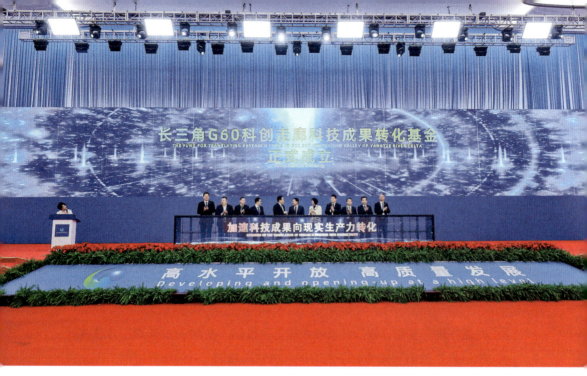

2021年11月8日，长三角G60科创走廊科技成果转化基金在2021长三角G60科创走廊高质量发展要素对接大会上发布

链接一：

运行长三角G60科创走廊科技成果转化基金，推动金融供给一体化探索

长三角G60科创走廊科技成果转化基金于2021年11月8日在第四届进博会长三角G60科创走廊高质量发展要素对接大会上发起成立，总规模100亿元，其中第一期规模20亿元，聚焦长三角G60科创走廊九城市集成电路、生物医药、人工智能、高端装备、新材料、新能源、新能源汽车七大先进制造业的中早期项目、国家科技成果转化项目库内及九城市科技成果转化企业进行投资，以融促产、产融结合服务实体经济。2022年3月22日，基金完成工商核名注册；6月13日，基金在中国证券投资基金业协会成功备案，项目投资正式开始。

自长三角G60科创走廊科技成果转化基金成立以来，长三角G60科创走廊联席办积极作为，以该基金为纽带，串联九城市资源。截至2022年底，30家企业拟启动或已启动尽调流程，12家企业已正式立项，6个项目已在投委会过会，累计投资金额达2.33亿元。

2021 年 10 月 21 日，长三角 G60 科创走廊推出全国首个跨区域知识产权行政保护协作中心

链接二：

长三角 G60 科创走廊知识产权行政保护协作中心成立

2001—2020 年，长三角 G60 科创走廊九地发明专利授权量、有效发明专利拥有量、满 10 年有效专利拥有量分别占同期长三角三省一市总量的 33.47%、34.80%、29.61%。

2021 年 10 月 21 日，"长三角 G60 科创走廊知识产权行政保护协作中心"在松江揭牌成立。作为全国首个跨区域知识产权行政保护协作中心，其重点开展跨区域知识产权联合行政执法、重点商标保护名单交换互认、电子商务领域知识产权监管协作、建立知识产权执法保护人才库等工作。

协作中心成立工作协调小组，组长和副组长分别由九地知识产权局局长和分管副局长轮值担任。协作中心下设办公室、执法协作组、纠纷调解组、发展促进组 4 个工作组，办公地点设在上海市松江区。工作人员采取"派驻＋聘用＋购买服务"的方式配置，长三角 G60 科创走廊各地分别派驻一名干部，主要承担联合执法行动、知识产权运营服务等工作的联络协调、资源对接以及纠纷调解等任务。

同日，九地知识产权局负责人共同签署了《长三角 G60 科创走廊知识产权一体化发展合作协议》，确定了开展知识产权行政执法协作、建立知识产权统计分析制度、加强知识产权转化和运用、推动知识产权服务业规范发展和培养壮大专业人才队伍等合作事项。

链接三：

展现长三角G60发展历程、科技创新、党建引领的窗口

——长三角G60科创走廊规划展示馆

长三角G60科创走廊规划展示馆

长三角G60科创走廊规划展示馆现在坐落于G60科创云廊。整个展馆展示G60科创走廊服务长三角一体化发展国家战略，特别是纳入《长江三角洲区域一体化发展规划纲要》以来，按照总书记"两个一定"要求，聚焦"科创+产业"战略定位，勇当科技和产业创新开路先锋，科创驱动先进制造业产业集群高质量一体化发展的成效。

展馆共分为序厅、发展历程、科技创新、党建引领四个展厅，通过LED宣传片、大屏幕、展板形式，详细展示G60科创走廊的建设背景、从1.0版升级为3.0版的发展历程、G60科创走廊的总体规划定位及发展目标。介绍实体化运作G60科创走廊联席办、九城市交互投资、建立常态化要素对接机制、联合组团参与进博会、大型科学仪器共享、科技成果拍卖、党建引领产业发展、率先实现"一网通办"等制度创新情况，展示G60科创走廊坚持"科技创新""制度创新"双轮驱动成效。

展厅通过实物形式，直观展示九城市的人工智能、高端装备、集成电路、新材料、新能源汽车、生物医药等战略性新兴产业的发展现状和产业集群的一体化布局。其中不乏脑智基地非人灵长类克隆技术、植物逆生长、科大讯飞的语音识别机器人等前沿科技和关键技术。

2018 年 11 月 8 日，首届中国国际进口博览会 G60 科创走廊九城市扩大开放政策发布会召开

九城市组团参与中国国际进口博览会

2018 年 11 月 8 日，首届中国国际进口博览会 G60 科创走廊九城市扩大开放政策发布会在国家会展中心（上海）主论坛会场举行。会议旨在贯彻落实中央新一轮扩大开放战略和长三角更高质量一体化发展战略，精准高效承接进口博览会溢出效应，开创长三角城市群一体化开放型经济新局面。截至 2022 年，九城市共组团参与五届中国国际进口博览会。

2018 年第一届进博会上，九城市政府主要领导共同发布《G60 科创走廊九城市协同扩大开放促进开放型经济一体化发展的 30 条措施》。同时发布 G60 科创走廊九城市进口需求，主要涉及先进制造、人工智能、生物医药、技术和服务贸易等行业。成立中国国际进口博览会 G60 科创走廊九城市采购商联盟，通过组织九城市采购商参加中国国际进口博览会和其他集中采购活动、整合九城市行业资源优势、提升九城市企业市场话语权、推动九城市企业在技术研发和市场拓展等领域加强合作等方式，推动九城市企业与国际参展商精准对接、有效采购，搭建好"6+365"一站式交易服务平台。G60 九城采购商联盟集中采购金额达 379 亿元。

2019 年第二届进博会，九城市聚焦"金融支持"，中国人民银行发布《金融支持长三角 G60 科创走廊先进制造业高质量发展综合服务方案》，

第四届中国国际进口博览会 2021 长三角 G60 科创走廊高质量发展要素对接大会

引"金融活水"赋能科技创新与实体经济发展。第二届进博会采购金额达 449.5 亿元。

2020 年第三届进博会,《关于支持长三角 G60 科创走廊以头部企业为引领推动产业链跨区域协同合作的实施意见》发布,提升产业链韧性与稳定性,促进上海和长三角率先形成新发展格局。

2021 年第四届进博会对接大会上,九城市共同成立了长三角首个跨区域科技成果转化基金,总规模不少于 100 亿元;成立长三角 G60 科创走廊专精特新中小企业协作联盟;举行首批长三角 G60 科创走廊产融结合高质量发展示范园区授牌仪式;发布"G60 星座"计划、《长三角 G60 科创走廊工业互联网一体化发展报告》以及 G60 脑智科创基地阶段性建设成果。九城市企业采购联盟组团在现场签约的意向采购金额达 5.39 亿美元。

2022 年第五届进博会,九城市联合举办 G60 高质量发展要素对接大会,举办九城市企业联合采购、G60 跨区域合作重点项目、"科创 + 产业 + 金融"要素对接项目集中签约,正式启动"进博会走进长三角 G60 科创走廊",发布《长三角 G60 科创走廊建设方案》中期评估报告和《长三角 G60 科创走廊国际形象与影响力报告》,揭牌成立长三角 G60 科创走廊研究中心 [G60 研究院(筹)]。

2022 年第四届长三角 G60 科创走廊科技成果拍卖会现场

链接一：

长三角 G60 科创走廊科技成果拍卖会成交额再创新高

2022 年 8 月 11 日，第四届长三角 G60 科创走廊科技成果拍卖会举行，现场成交 3.27 亿元，线上、线下累计总成交额突破 50 亿元。现场共拍卖 52 个项目，其中竞价拍卖项目 6 个，覆盖人工智能、新一代信息技术、新能源、新材料、生物医药、农业科技等战略性新兴产业。

2022 年是长三角 G60 科创走廊科技成果拍卖会常态举办的第四年。短短数年间，长三角 G60 科创走廊科技成果拍卖会的成交额连创新高，累计成交额从首届 1.04 亿元、第二届 5.03 亿元，到第三届 10.23 亿元，再到第四届突破 50 亿元。成交额不断增长的背后，是长三角 G60 科创走廊充分发挥技术要素市场配置功能，不断丰富科技成果转化矩阵，积极衔接、有效整合 G60 高校协同创新联盟、科技成果转移转化示范基地、科技成果转化基金、科创路演中心联合体等跨区域合作载体资源优势，促进科创成果供需两端的精准高效对接。

G60 联席办持续搭建好技术端、需求端、服务端的资源对接平台，以市场化、法治化、专业化为导向，持续提升科技成果转化效率，加速推进科技成果产业化、项目化，共同打响长三角 G60 科创走廊国家战略品牌，为长三角一体化高质量发展注入新动能。

链接二：

举办"创赢未来"长三角 G60 科创走廊科技与产业创新大赛，加速创新要素高效集聚

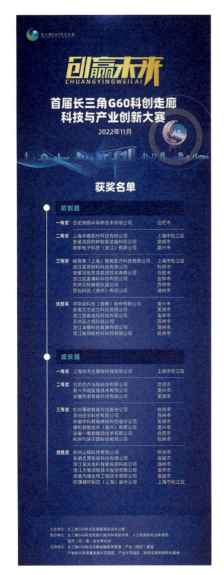

"创赢未来"首届长三角 G60 科创走廊科技与产业创新大赛获奖名单

2022 年 11 月 8 日，"创赢未来"首届长三角 G60 科创走廊科技与产业创新大赛颁奖仪式在第五届中国国际进口博览会2022长三角 G60 科创走廊高质量发展要素对接大会现场举行。上海玫克生储能科技有限公司、积康螺杆制造（上海）股份公司、上海韦睿医疗科技有限公司、磅客策（上海）智能医疗科技有限公司等 4 家松江企业获奖。

"创赢未来"首届长三角 G60 科创走廊科技与产业创新大赛由长三角 G60 科创走廊联席会议办公室主办，上海市松江区长三角 G60 科创走廊创新研究中心和长三角 G60 科创走廊金融服务中心承办，长三角 G60 科创走廊九城市科技、人社、团委、妇联等部门协办，长三角 G60 科创走廊金融服务联盟、产业（园区）联盟、产融结合高质量发展示范园区、产业示范园区、科技成果转移转化基地支持。大赛于 2022 年 8 月启动，由九城市推荐和初赛选拔出的 156 个项目进入复赛，最终在决赛中分初创组、成长组评选出 20 个获奖团队。

举办该大赛，既是以实际行动贯彻落实党的二十大精神，也是为加快实施创新驱动发展战略、推进长三角更高质量一体化发展增添新动能。所有获奖项目获得长三角 G60

科创走廊科技成果转化基金方或长三角 G60 科创走廊金融服务联盟机构的一对一深入沟通，集聚带动各类投融资机构为参赛团队提供多元化融资服务。大赛主办方还助推投资方和项目方零距离对接，助力企业把握政策方向和市场发展机遇，帮助企业打造多元化的资源对接平台，同时，为获奖团队及项目提供科技成果转化、技术转移、应用推广等后续跟进支持。

"创赢未来"首届长三角 G60 科创走廊科技与产业创新大赛的举办加快创新主体科技成果落地转化，助力科技型企业成长，激发长三角 G60 科创走廊九城市产业联盟创新潜力，促进九城市战略性新兴产业集群跃升能级，助推长三角 G60 科创走廊九城市经济更高质量发展，更好服务长三角一体化国家战略。

《长三角 G60 科创走廊国际形象与影响力报告》发布

2022 年 11 月 8 日，上海外国语大学中国国际舆情研究中心发布《长三角 G60 科创走廊国际形象与影响力报告》。数据显示，长三角 G60 科创走廊主动服务和融入新发展格局，显示度、影响力不断提升。2016 年至 2022 年，国内外各大媒体报道量超 25.8 万条，年均增长超 50%，覆盖美、英、法、德、俄等国家主流媒体，形成了国内外媒体聚焦长三角 G60 科创走廊的现象级传播态势。

《报告》借助包括道琼斯、慧科等在内的全球领先中外文媒体数据库，以及学校团队自主挖掘的多语种媒体数据，在大数据分析的基础上，针对多语种媒体报道展开系统研究，对相关政策、重点企业、重要成果等进行深入解读，全面总结六年多来长三角 G60 科创走廊国际形象的现状、特征与发展趋势。

长三角 G60 科创走廊自启动建设以来，改革辟路、创新求实，把握国家战略机遇，为长三角一体化高质量发展注入新动能。研究数据显示，长三角 G60 科创走廊已在国内形成广泛影响力。2016 年至 2022 年，国内主流媒体报道量大幅上升。《人民日报》、新华社、《光明日报》、《经济日报》、《中国日报》、中国新闻社等中央和地方媒体协同联动，关注焦点随发展时间变迁，从简要介绍其发展理念、措施，到日益关注其战略地位、核心竞争力和品牌辐射力，体现了长三角 G60 科创走廊影响力的跃升。国内主流媒体高度评价长三角 G60 科创走廊的发展成绩，充分肯定九城联动取得的硕果。

随着国内主流媒体的持续报道，长三角 G60 科创走廊的品牌辨识度得到了有效提升，社交媒体和网民积极评价长三角 G60 科创走廊，尤其是长三角地区的微信、微博等政务新媒体账号的热度不断攀升，长三角 G60 科创走廊的科技成果、战略性新兴产业、金融政策等信息受到业内人士和社会各界的广泛关注。

与此同时，长三角G60科创走廊的国家战略品牌影响力辐射海外。来自美国、英国、俄罗斯、西班牙、澳大利亚、德国等国的主流媒体热切期盼、高度肯定长三角G60科创走廊为国际合作提供的机遇，纷纷解读长三角G60科创走廊的"科技创新密码"。在长三角G60科创走廊的发展历

国内主流媒体全方位报道长三角G60科创走廊
Domestic Mainstream Media Cover the G60 S&T Innovation Corridor in Multiple Aspects

国内主流媒体全方位报道长三角 G60 科创走廊

国际主流媒体日益关注长三角G60科创走廊
International Mainstream Media Growing Attention To The G60 S&T Innovation Corridor

■ **报道量持续攀升**
The amount of coverage rises steadily

■ **覆盖国家：** 美国(USA)、英国(Britain)、俄罗斯(Russia)、西班牙(Spain)、澳大利亚(Australia)、德国(German)、日本(Japan)、韩国(South Korea)、阿根廷(Argentina)、巴西(Brazil)、泰国(Thailand)、巴基斯坦(Pakistan)、赞比亚(Zambia)等

国际主流媒体日益关注长三角 G60 科创走廊

程中，集成电路、生物医药与脑科学、人工智能、航空航天、新材料、新能源等领域一批高精尖技术成果备受外媒关注，并成为外媒关注中国科技强国建设的重要议题，国际主流媒体评价长三角 G60 科创走廊为区域一体化发展的优秀样本。相关报道覆盖英语、日语、韩语、俄语、西班牙语、法语、德语、葡萄牙语等十余个语种，报道内容在专业领域的影响力凸显。国际社交媒体数据显示，长三角 G60 科创走廊的一系列重大会议、论坛和活动吸引了国际社会目光，体现了长三角 G60 科创走廊高质量发展的成果，长三角 G60 科创走廊的国际影响力日益彰显。

链接一：

国内外主流媒体纷纷聚焦长三角 G60 科创走廊

自 2016 年长三角 G60 科创走廊启动建设以来，一直备受国内外主流媒体关注，它们纷纷报道、点赞长三角 G60 科创走廊的发展。

《新闻联播》报道长三角 G60 科创走廊

国内主流媒体对长三角 G60 科创走廊的关注度呈大幅增长趋势。截至 2022 年，全国各地累计 600 余批次、235 余万人次考察过长三角 G60 科创走廊；国内主流媒体相关报道超过 25 万篇，《人民日报》头版"新思想引领新征程"专栏关注长三角 G60 科创走廊高质量发展；长三角 G60 科创云廊亮相央视节目，介绍为"汇聚于此的世界级产业集群，托举起中国制造迈向中国创造的璀璨光带"。中央党校、国务院发展研究中心、国家发改委、国务院参事室、上海市委党校、上海市发展研究中心、广东省委党校等近百家研究机构走访调研长三角 G60 科创走廊约 160 余次。

海外媒体大量报道长三角 G60 科创走廊，国外政府更关注长三角 G60 科创走廊在科技领域的创新突破。来自英美法德等 60 多个国家和地区的海外媒体相继报道，美联社称"中国旨在 G60 公路沿线建立第二个硅谷"，路透社称"长三角 G60 科创走廊将成为代表中国与世界科技创新水平的重要前沿"等；3 位诺贝尔奖获得者、国内外院士专家团以及来自美国、英国、日本、瑞典等 9 个国家的有关代表团考察长三角 G60 科创走廊建设情况，长三角 G60 科创走廊品牌的全球传播力和影响力与日俱增。

链接二：

科技创新与产业发展深度融合的鲜活样本

—— 长三角 G60 科创走廊策源地的实践与启示

2022 年 4 月 28 日，由国家发展改革委主管、习近平经济思想研究中

长三角 G60 科创走廊作为全国基层生动实践典型经验收录《习近平经济思想研究》创刊号

心主办出版的《习近平经济思想研究》创刊号刊发《科技创新与产业发展深度融合的鲜活样本——长三角 G60 科创走廊策源地的实践与启示》，作为地方高质量发展先进经验向全国推介。

全文深入总结介绍松江始终胸怀"国之大者"，完整、准确、全面贯彻新发展理念，在市委、市政府坚强领导下，加快实现高水平科技自立自强，着力推动科技创新与产业发展深度融合，启动并推进长三角 G60 科创走廊建设的生动实践经验。《科技创新与产业发展深度融合的鲜活样本——长三角 G60 科创走廊策源地的实践与启示》一文共包括三大部分，第一部分介绍松江发展实现了前所未有的重大转型跃升：从传统农业区转型为长三角科创策源地、从引进模仿的跟跑者转变为自主创新的领跑者、从秉持新发展理念的地方探索上升为支撑国家区域重大战略的重要平台。第二部分介绍坚持以习近平经济思想为引领，完整准确全面贯彻新发展理念，坚定不移深化供给侧结构性改革、着眼高水平科技自立自强，打好突破"卡脖子"技术攻坚战、着力推动科创与产业深度融合，打造具有世界竞争力的先进制造业产业集群、聚焦精准制度创新，构建市场化、法治化、国际化科创生态。第三部分介绍松江样本为创新驱动发展战略提供的启示：坚决贯彻落实党中央决策部署，必须推动新发展理念成为行动见之实效、坚定大刀阔斧走出一条新路，必须以狠抓落实体现忠诚担当，坚持鼓励、支持、包容创新，让创新之火呈燎原之势。

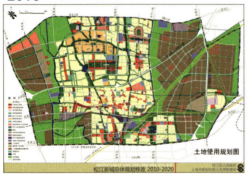

松江新城总体规划演变（来源：黄婧，《一座新城的成长》，同济大学出版社 2020 年版）

松江新城：从郊区卫星城到上海新城规划建设试点新城、长三角综合性节点城市

拥有千年建城史的松江，自 1958 年划归上海以来，其定位由郊区卫星城逐渐演变为上海新城规划建设的试点新城和长三角节点城市，其发展历程大致可分四个阶段：

第一阶段（1958—1990 年）：单一功能的郊区卫星城

上海市总体规划对松江的定位始于 1959 年规划建设郊区卫星城，承接中心城部分城市功能，并形成以轻工、机床等功能的卫星城。1960 年起，新建和迁建 10 多家中央部属、实属工业企业，包括上海第二冶炼厂、上海第四机床厂、照相机总厂等，形成上海市郊区重要的轻工业基地。但卫星城发展一直较为缓慢，在 1982 年《松江总体规划》中提出要实现上海市中心部分工业扩散和鼓励人口郊迁，保持松江地方特色，注意工农结合、城乡结合。

第二阶段（1990—2000 年）：综合功能的郊区卫星城

1986 年版《上海市总体规划》提出要"充实发展卫星城"，在 1990 年修编版《松江总体规划调整方案》中提出，将松江卫星城定位为以轻纺、机械工业为主的综合卫星城，松江县的政治、经济、文化中心，上海市郊历史文化名镇，规划人口规模为 25 万人，用地规模为 20 平方公里。1996 年《松江新区总体规划》在对城市发展方向论述基础上，提出跨越高速向北发展。至此，松江新城区依托老城区向北发展，呈现"一城两貌"的空间格局。这一阶段，以工业发展为依托，松江城区北拓，完善居住、公共服务等配套，向综合型卫星城转变。

第三阶段（2000—2010 年）：相对独立的中等城市规模新城

《上海市城市总体规划（1999—2020 年）》提出，规划建设城市功能完善、产业结构合理、人口规模在 20 万—30 万的新城，并规划了 11 个新城。松江卫星城在 20 世纪 90 年代中期，随着乡镇企业的发展，第二产业迅猛发展带动了地区经济的迅速增长，带来城市规模的拓展。1998 年，松江撤县建区，成为上海大都市的有机组成部分。"十五"期间，上海市提出加快"一城九镇"建设推进郊区城市化进程，松江作为唯一重点发展的新城启动规划建设，城市性质定义为：上海大都市西南的重要新城和历史文化名镇，形成独立性综合功能的现代化中等规模城市。依据《松江新城主城区总体规划（2004—2020）》，松江新城形成组团式发展的格局，由新城主城和北部的泗泾、九亭两个组团组成。规划至 2020 年，主城人口规模 60 万人，建设用地规模 60 平方公里。1999 年松江新城的现状建设用地为 14.03 平方公里，2005 年初现状建设用地达到了 45.6 平方公里；至 2010 年已提前实现规划至 2020 年的 60 平方公里、60 万人中等城市规模目标。随着泰晤士小镇、松江大学城、行政中心、上海市第一人民医院松江分院等一批优秀项目陆续建成，松江新城成为一座现代化、生态化、书苑式，散发着现代商业气息的宜居城市，更于 2005 年成为上海首个"国际花园城市"。

第四阶段（2010 年后）：独立的百万人口规模综合性节点城市

在沪杭高铁松江南站项目、上海市级大型居住社区、人口大量导入导致配套缺失等诸多背景下，2010 年松江开展对新城总体规划修改，规划发展成为长三角地区重要的节点。新城规划范围往南拓展至申嘉湖高速公路，往东拓展至松江区界，往西拓展至 G1501 环城高速公路，规划范围调整为 158 平方公里，规划建设用地 120 平方公里，规划人口 110 万人，形成"一城两翼"的城市空间发展格局，规划范围一直沿用至今。

2017 年，《上海市城市总体规划（2017—2035 年）》提出建设五大新城，松江新城是沪杭廊道上的节点城市，是以科教和创新为动力，以服务经济、战略性新兴产业和文化创意产业为支撑的现代化宜居城市，是具有上海历史文化底蕴、自然山水特色的休闲旅游度假胜地和区域高等教育基地；并规划建设独立的百万人口规模综合性节点城市；松江南站规划确定为上海的城市级客运枢纽，接入沪昆高铁、沪苏湖铁路、沪杭城际等线路，规划规模为 9 台 23 线的"上海西南门户枢纽"即"松江枢纽"。截至 2020 年底，松江新城的现状建设用地达到 101 平方公里，居住用地建成度达到 88%，人口规模由 2010 年的 52 万人发展成为 2020 年的 82 万人，全区常住人口为 195.5 万人。

2020 年，市委十次全会明确"中心辐射、两翼齐飞、新城发力、南北转型"的空间新格局，把松江等五个新城建设摆在突出位置，为上海未来发展构筑新的战略支点，将新城发展又推向新的发展阶段。

松江新城建设前和基本建成时对比

链接一：

松江新城全面建成

　　松江新城于1997年启动建设，2000年被列为上海市"十五"规划期间"一城九镇"郊区城镇建设的重点，其中"一城"即松江新城。2007年，松江新城全面建成。

　　松江新城包含松江新老城区，以沪杭高速公路为界，路南是被誉为上海历史文化之根的松江老城区，路北为具有现代风貌的松江新城区。

　　其中，新城区规划建设面积60平方公里，居住人口100万。新城总体规划由多家中外著名设计公司担纲主持，整个规划兼容了中西建筑文化的精华，突出了人和自然和谐相容的时代旋律。

　　整个城区既保留了千年古城的历史文化韵味，又展示着现代城市文明的深厚气息。区内营造了数公里长的绿化林带；占地85公顷，集园林绿化、现代建筑、雕塑彩绘和自然河流为一体的巨大"绿色十字"；中央公园、市民广场、思贤公园、区办公中心、区图书馆和上海市第一人民医院南院等一大批现代建筑设施星罗棋布地"点缀"于绿树丛中。

"九横十竖"的城市道路与各种管网"和平共处"的地下"共同沟"一起，共同织就了现代化的"城市神经和血脉"网络。"抬头无电线、低头无黄泥、举目无黑烟、放眼皆是绿"是新城区的真实写照。建成时，占地540公顷的大学城入驻了有7万余学子就读的7所高等院校。

链接二：

理念创新与思考
——松江区原副区长于宁谈新城建设体会

回首松江新城建设的历程，我觉得有以下几个方面的体会：

第一，善于拿来，精于选择。撤县建区后，我们就聘请国际知名设计公司对新城进行前期策划。2001年，我们又请了4家国际设计公司对松江新城进行总体深化规划设计，注入了当代国际先进的城市发展理念，形成了符合国际化城市发展的功能定位。规划的超前和包容，为松江新城可持续推进起到了关键作用。

第二，"一城两貌、借老拓新"。新城区的选址确定在紧邻老城的沪杭高速公路北侧，在城市风貌定位上采用"一城两貌"方式——古城保持历史风貌、历史文脉和自然机理，新城展现海派、开放现代气息。同时新城充分借助老城的存量功能、充沛的人口导入能量以及公共服务配套资源等，驱动发展。松江新城在一张白纸上作画，没有包袱，同时紧挨着老城，能迅速把人流、商业气息、功能配套衔接起来，同时又不破坏老城原来的历史文脉，使得今天老城改造比较容易。

第三，功能支撑，产城融合。松江新城的重要功能之一，是承担上海制造业腹地的责任。这就是说，新城的开发建设除了要改善松江的居住环境、推进城市化外，同时还要考虑松江作为新兴制造业基地，要集聚松江未来发展需要的能量、强化上海在全国乃至在世界上的制造业地位。为此，新城建设之初，就把服务两翼的工业区、科技园区，促进产城融合作为首要功能，把推进制造业发展作为发展引擎。同时，新城必须拥有教育、科

2001 年，英国阿特金斯设计公司设计的泰晤士小镇规划效果图

技作为发展支撑，于是又植入了大学城。很快，7 所高校与地方、企业的联动不仅为松江源源不断地带来制造业发展所需要的人才，也为高校科研技术成果的就地转化获得了空间，城市的吸引力得到快速提升。

（来源：《松江史志》2013 年第 3 期，节选自《15 年铸城：理念创新与思考——访松江区副区长于宁》）

链接三：

匠心筑美景，同心绘蓝图
——城市建设规划师王振亮谈松江新城建设

1998 年 2 月 27 日，松江撤县建区，翻开了发展史上的新篇章。作为区委引进的规划博士和专业技术干部，我加入了这场轰轰烈烈的建设之中，从 1999 年 4 月到 2012 年 6 月，全程参与了松江城市规划和建设。

城市建设是复杂的系统工作，离不开各级职能部门的通力合作。松江的规划，不仅需要契合上海 6400 平方公里的背景，还要统筹思考在长三角地区的站位。

全力打响"三张王牌"

松江区荣获国际花园城市 C 组金奖

2000 年，计算机没有现在这么现代化的功能，我那时使用的奔腾电脑运行速度比较慢，因为时间紧张，当时的松江区城镇结构与规划布局图是我带领团队在乒乓球台子上用铅笔、针管笔、马克笔一笔一笔手工绘制的。

当时松江并不被看好，有人质疑，一个小县城怎么可能变成大城市？可是现如今，经过 20 多年的发展建设，在上海"五个新城"里，我们在综合能级上排名前列。20 多年前，上海市委提出的口号是"一年一个样，三年大变样"，而松江则是"一月一个样，一年大变样"，松江新城区用 5 年时间就基本建成了。

松江新城建设不仅高效率，而且高品质。当时区委、区政府要求"聚精会神搞建设，一心一意谋发展"，提出"城市规划是千年大计，城市建设是百年精品"。建设者们不负众望，2006 年松江新城获得了"国际花园城市金奖"和国家级园林城市奖等奖项。

现在，松江新城站在了长三角一体化国家战略的新起点上，目标是打造具有国际影响力的长三角 G60 科创走廊。作为上海"五个新城"之一，我相信在全区上下共同的努力下，松江的发展建设会越来越好，松江人民的生活会越来越好。

（来源："上海松江"微信公众号，2021 年 7 月 1 日）

新时代非凡十年的松江答卷

松江新城总体城市设计鸟瞰图

《松江新城"十四五"规划建设行动方案》：着眼"四新"，体现"四高"

　　2021 年 6 月，上海举行《松江新城"十四五"规划建设行动方案》（以下简称《方案》）新闻发布会。《方案》立足新发展阶段、贯彻新发展理念、服务新发展格局，坚持思维跳出"老框框"、思想不背"老包袱"，着眼四个"新"、体现四个"高"。

　　新定位坚持高标准规划。松江增创"一廊一轴两核"空间发展优势：一廊即长三角 G60 科创走廊，体现科创驱动发展的核心动力，强化高水平科技自立自强。一轴即城乡统筹发展轴，纵横松江南北、联动城市乡村，促进均衡全面发展。所谓两核，其一是"松江枢纽"核心功能区，以"循环无穷、高质量发展"为理念，打造"产城一体""站城一体"的要素资源配置重要门户枢纽。站体工程计划 2024 年建成，规模 9 台 23 线，站体面

松江新城国际生态商务区夜景

积 12 万平方米，年客流量预计达 2100 万人次，可直达 80% 以上长三角主要城市。松江枢纽核心功能区规划面积 2.47 平方公里，集综合交通、科技影都、现代商务、文化旅游、智慧物流等功能为一体，将成为松江新城未来的 CBD。其二是"双城融合"核心功能区。松江拥有 13 所大学、10 余万师生，要推动松江新府城和松江大学城深度融合，强化 G60 科创走廊大学科技园创新策源功能，促进现代服务业和总部经济加速发展。松江全域在松江新城基础上，要联动东北片产城融合、西北片文旅融合、浦南片城乡融合"三片"高质量发展。

新动力推动高质量发展。创新是松江新城发展的第一动力。松江瞄准国际先进科创能力和产业体系，着力打造中国制造迈向中国创造的先进走廊、科技和制度创新双轮驱动的先试走廊、产城融合发展的先行走廊，成为上海高质量发展的重要增长极和"五型经济"重要承载区，着力打造新一代电子信息、新材料、新能源汽车、生物医药等千亿级产业集群和集成电路、现代装备、人工智能等若干个百亿级产业集群。集聚 G60 脑智科创基地、腾讯长三角人工智能先进计算中心、上海超硅半导体、海尔智谷等百亿级重大产业项目，总投资 3500 亿元；ALD 光伏工作母机、新型航空发动机、超硅 AST 大硅片、体细胞克隆猴、申威服务器等重大自主创新成果持续涌现。

新内涵创造高品质生活。一是增强枢纽门户的功能内涵。深化以松江枢纽为核心的"四网融合"综合交通体系建设。以沪松快速路为新城干线，强化松江枢纽和虹桥枢纽的联系。实现12号线西延伸开工建设、推进23号线西延伸等，加强与中心城、其他新城的联系。完善"井"字型高速立交匝道体系，加快提升有轨电车网络的密度和覆盖面。二是增强产城深度融合的功能内涵。完善与产业分布、人口规模、人口结构相匹配的城市商业配套和住房用地供应体系，高标准建设新城中央商务区，推动生产生活生态空间设施共享、功能融合。三是增强公共服务的功能内涵。加大优质教育、卫生公共资源引进。深化环大学城基础教育新高地建设，"十四五"新建扩建学校48所。加强与华师大、上外、上师大等高校合作，新建两所市实验性示范性高中，构建一流高中集群。新建上海中医药大学附属曙光医院松江分院、交大医学院松江研究院等，推进九院松江分院建设，新建区公共卫生中心、区牙防所、区眼防所，打造高水平医疗卫生服务体系。高标准规划建设市级松江新城体育中心大型赛事馆，积极承办世界高尔夫锦标赛、佘山国际半程马拉松等重大体育赛事。四是增强人文生态的功能内涵。巩固提升全国文明城区创建成果，实施人文松江新三年行动计划，加快建设人文松江活动中心，深化广富林文化遗址建设，打造"二陆"读书台等文化新地标，编纂"一典六史"，加快发展国家全域旅游示范区，开辟"远看绿水青山，近看人文天地"新境界。

新赋能提升高效能治理。推动城市数字化转型，开展产业数字化试点，建设国家级工业互联网示范基地，打造产学研用一体化的数字经济创新型产业集群，率先建成长三角G60科创走廊工业互联网生态链。深化"两张网"功能，建设"物联、数联、智联"的城市数字底座，打造智慧城市、数字城市。争创"长安杯"四连冠，不断提升人民群众的获得感、幸福感、安全感。

链接一：

上海"五个新城"定位：建设独立的综合性节点城市

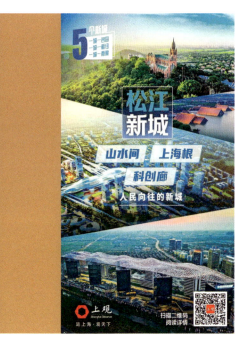

松江新城城市意象宣传海报

新城历来是上海城市空间结构的重要组成，是上海建设社会主义现代化国际大都市的重要支撑。2017年12月获得国务院批复原则同意的《上海市城市总体规划（2017—2035年）》在研究市域空间结构时，选取了位于重要区域廊道上、发展基础较好的嘉定、松江、青浦、奉贤、南汇等5个新城，要求建设成为长三角城市群中具有辐射带动作用的综合性节点城市。

立足长三角视野，上海主城区发挥着引领长三角世界级城市群和上海大都市圈发展的核心城市作用。相应的，"五个新城"也转变定位，不再是简单承接中心城人口和功能疏解，而是按照集聚百万人口规模、形成独立综合功能的要求，与长三角城市群其余40多个城市一样，建成现代化的大城市和长三角的增长极，与中心城区一起，率先形成上海都市圈"核心内圈"。

因此，在总体定位上，上海赋予"五个新城"新的定位，即建设"独立的综合性节点城市"。"独立"是指五个新城不再是卫星城和郊区新城的定位，而是要集聚100万左右常住人口，形成功能完备、能够自给自足的独立城市功能，既包括产业、交通、居住、公共服务等基本功能，也要凸显各新城的特色功能。"综合"是强调二三产融合发展，居住与交通、就业、公共服务、生态等功能联动、空间统筹，实现产城融合、职住平衡，同时形成良好的人居环境品质；"节点"是指新城要构筑区域辐射的综合交通枢纽，在长三角区域城市网络中的能级和地位要进一步提升，成为全市经济发展的重要增长极和上海服务辐射长三角的战略支撑点。

2020年11月8日，长三角G60科创走廊以一体化高质量发展促进国内国际双循环政策发布会召开

链接二：

松江新城是上海服务构建新发展格局的重要发力点

松江新城是上海服务构建新发展格局的重要发力点，在上海打造成为国内大循环的关键节点和国内国际双循环的战略链接中大有可为。

首先从国内大循环来讲，松江新城通过多年的努力打造，已经构建起了基于新一代电子信息、新材料、新能源汽车、生物医药、人工智能等一些产业集群，这些产业集群的标杆性企业、龙头企业和重要的研发中心功能都在松江区，其他产业合作主要围绕长三角来进行布局。松江还有全国首个国家级工业互联网示范基地，数字经济和经济数字化转型加快。松江获批国家首批先进制造业和现代服务业融合发展试点单位，同时，致力于打造功能性、要素型、区域性金融生态圈。立足于松江枢纽将形成的2000万人流，积极构建铁水联运的智慧物流港，形成人流、物流、资金流、信息流汇聚的区域，有力推动国内大循环的畅通实施。

其次从国内国际双循环来讲，松江区已经引入超过6000家外商投资企业，其中包括50多家世界五百强企业，经营业绩喜人。2020年松江区进出口规模位居全市第二位，松江综合保税区进出口货物总值位居上海市各综保区首位、全国第五位。立足于综保区功能和优势，松江大力拓展保税展示交易、跨境电商以及维修检测等新型贸易业态。同时，与长三角其他城市开展合作，进一步依托中欧班列，不断丰富中欧班列货物种类。从这些角度来讲，松江必将在推动国内国际双循环的战略链接中实现松江的价值。

全力打响"三张王牌"

链接三：

松江新城规划的空间特色

松江新城空间结构示意图

2021年，根据上海市委"五个新城"建设战略部署以及市政府新城建设"1+6"文件精神，松江区委、区政府制定《松江新城"十四五"规划建设行动方案》并正式发布。根据方案，松江新城规划的空间发展特色主要体现在三个方面。

一是构建"一廊一轴两核"的空间发展新格局。一廊，即长三角G60科创走廊，体现科创驱动发展的核心动力，深化松江区域"一廊九区"，服务"一廊九城"；一轴，即城乡统筹发展轴，形成纵横松江南北，联动城市乡村的发展轴，着力解决发展不平衡、不充分问题；两核，即打造"松江枢纽"核心功能区和"双城融合"核心功能区："松江枢纽"核心功能区旨在建设面向长三角客流、物流和信息流等要素汇聚的"会客厅"，"双城融合"核心功能区旨在实现松江新府城和松江大学城"科创、人文、生态"深度融合。

二是加快完善产城融合发展的空间结构体系。持续完善现代产业体系、基础设施体系、生态环境体系和社会服务体系布局，加大优质公共服务资源布局力度，优化城市住宅布局结构，凸显松江新城丰富的生态资源优势，打造"远看绿水青山，近看人文天地"新城特质。

三是聚焦"四大重点区域"塑造新城发力新亮点。按照全新的发展定位、理念应用、系统设计，全面超越既往城市实践的新要求，聚焦松江枢纽核心区、上海科技影都核心区、老城历史风貌片区、产城融合示范片区等四大重点区域集中发力。邀请国内外知名设计机构，开展松江新城规划设计方案征集。

新时代非凡十年的松江答卷

人民向往的松江新城

区委书记程向民：松江如何成为"人民向往的新城"

　　"人民向往的新城"，是松江新城建设的根本追求。松江新城，究竟"新"在哪里？令人向往何处？

　　第一，松江新城不断满足松江人民对美好生活的向往。松江始终坚持问题导向，在交通、教育、卫生、养老等方面，相比上海中心城区和长三角一些明星城市，还有差距。尤其松江作为上海大居基地之一，承担了全市1/4的人口导出任务，将有40多万人口移居到松江新城。松江要在规划建设，在教育、医疗、交通等配套上，加快补齐短板。区委、区政府也正在努力改善，每一次改善都得到了群众的称赞，这是对我们的鞭策。我们看到还有很多群众的呼声，反映的短板尚未解决，包括"急难愁盼"问题，我们也很揪心。今天我们发布的内容是对松江人民的承诺，包括"十四五"期间交通、教育、卫生、养老事业等，这是具体的、刚性的。我们将"言必信、行必果"，请松江人民监督。

　　第二，松江新城是实现新时代奋斗者理想和梦想的奋斗之城。长三角

G60 科创走廊吸引了众多来自海内外的创新者、奋斗者、创业者、投资者。2021 年松江在清华大学召开青年储备人才招聘会，招聘人数 30 人，包括清华大学在内的 985 高校报名学生共有 3000 多人，可见长三角 G60 科创走廊对于新时代奋斗者逐梦圆梦的强大吸引力。

第三，松江新城要成为长三角区域独立的综合性节点的魅力之城。所谓"独立"，并不是封闭，而是更加开放。在资源配置功能上是面向国内国际两个扇面、两个循环，体现更大更开放的格局。这点我们要向浦东学习、向新片区学习、向虹桥枢纽学习、向一体化绿色发展示范区学习、向全国各地有成功经验的城市学习。总之，通过学习，博采众长，才能让城市更有魅力，才能成就未来。所谓"综合"，不能单纯追求大而全，关键是在高质量城市配套服务上，包括教育、交通、卫生、养老等人民所急需的城市配套上，体现更高质量，要把财政的有效投资更加体现在综合配套上。所谓"节点"，我们认为枢纽是关键，尤其是高铁枢纽，在高铁时代才能体现一个城市在资源配置能力上的战略支撑作用。这次发布会的重点之一是松江枢纽，将打造成为长三角资源配置门户，为松江新城发展提供战略支撑，体现节点型城市的战略地位。

最后，松江是上海之根，松江要成为一座具有文化自信的历史名城。广富林文化遗址印证了广富林文化是长江文明和黄河文明融合的见证，这也是开放融合的见证。当下建设松江新城，我们要创造新的历史，不负人民的厚望。

（来源："上海市人民政府新闻办公室"网站，节选自《上海举行〈松江新城"十四五"规划建设行动方案〉新闻发布会》）

链接一：

松江新城：不断满足人民对美好生活的向往

在全力推进松江新城建设中，松江践行"人民城市"重要理念，持续导入高品质文化、教育、卫生、体育、文旅等公共服务资源，产业功能和城市功能的互相融合，持续为松江这片热土筑巢引凤。

松江新城深化以松江枢纽为核心的"四网融合"综合交通体系建设，推动生产生活生态空间设施共享、功能融合。加大优质教育、卫生公共资源引进，开辟"远看绿水青山，近看人文天地"新境界。率先建成长三角G60科创走廊工业互联网生态链，打造智慧城市、数字城市。"长安杯"四连冠不断增强松江人民的获得感、幸福感、安全感。建设中的松江新府城和松江大学城"双城融合"核心功能区，构筑高水平"双创"平台，发展G60五龙湖产融生态圈、广富林

2022年12月22日，《人民日报》以《上海松江努力描绘中国式现代化美丽图景》为题，整版报道松江推动高质量、创造高品质生活的做法与成就

路高端品牌商业商务集聚带。加快推进上海科技影都建设，完成长三角国际影视产业园等重点项目，重点打造华阳湖、通波塘、银河等高品质滨水公共空间，打造新城绿环，推进"油墩河谷"松江段建设。进一步探索文化保护区域开发运行新模式，加强休闲旅游、文化创意、复合居住功能，推进仓城、府城、下塘、华阳桥老城古镇高水平开发。建设新城西翼产城融合功能区，优化布局高品质商业商务综合体。加强东北部城镇圈建设，完善公共服务配套，强化轨交9号线、12号线地铁西延伸站点复合式开发，建设洞泾未来湾等产城融合示范亮点。

链接二：

松江新城，海内外人才近悦远来的圆梦之地

近年来，松江新城通过实施更加积极、开放、有效的人才政策，以精

长三角G60科创走廊举办北京地区高校优秀毕业生招聘暨推介活动

心精细精准的保障服务为人才发展营造宜居宜业软环境，广纳海内外英才，培育众人青睐的人才发展生态。松江新城正逐渐成为海内外人才近悦远来、实现梦想的启航之地。

王少白（上海卓昕医疗科技有限公司董事长兼总经理）：我曾在海外求学十年，是麻省理工学院、哈佛大学、麻省总医院联合培养的博士，2012年来到松江创业。"来来来，到G60来；去去去，到G60去"，松江作为长三角G60科创走廊策源地，有着一流的营商环境、人才服务环境，是一个干事创业的好地方。我创办的两家公司在松江都得到了很好的发展。

常城（松江区储备人才）：2021年我从上海交通大学研究生毕业时，填报了松江储备人才，被录取后第一时间通过"长三角G60科创走廊（上海松江）人才扶持政策申报"系统申请了人才公寓。审批非常快，一毕业就直接从学校宿舍拎包入住到公寓，可以说是"无缝衔接"。我对自己在松江的生活非常满意，松江让我有了一种家的感觉。忙碌了一天感到疲惫时，家门口树木葱茏、鸟语花香的美好景致给人以心灵慰藉；下楼步行5分钟即到种类齐全、商品繁多的松江印象城商圈，生活非常便利；四通八达、高效快速的公共交通网络，也让出行有了更多选择。

李一诺（上海智脑科技有限公司首席执行官）：我是一个"90后"青年创业者，毕业于澳大利亚新南威尔士大学，2019年回国后来到松江创办了上海智脑科技有限公司。作为公司的首席执行官，我率领团队深入智慧养老领域。来松江创业，我首先感受到了政府对于创业人员的支持力度，创业初期便享受到了人才公寓，人才服务中心的工作人员还上门帮忙办理了落户。在区科委的支持下，公司成功获评上海市高新技术企业。

松江新城"一小时和两小时同城圈效应"亮相央视《新闻联播》

链接三：

松江新城持续增强"涡轮增压"效应

当前，上海正大力建设郊区"五个新城"，松江新城作为全市启动建设最早的新城，如何保持住先发优势？

一座新城引人入胜的核心能力，是它的枢纽功能。松江持续建设站城一体、产城融合松江枢纽核心功能区，推进枢纽创芯岛、站前商务区等首发项目，逐步形成具有辨识度的地标性建筑簇群，建设多功能、低碳化、未来感的立体城市、高线客厅，打造集综合交通、科技影都、现代商务、文化旅游、现代物流等为一体的中央商务区。同时，高质量建设具有集中度、显示度的重点区域，比如塑造高线客厅，通过构建立体的开放空间体系和慢行交通系统实现枢纽地区从"城市过道"转向开放共享的"城市客厅"。

汽车领域有个术语，叫"涡轮增压"，也就是通过增大进气压力，提高发动机进气密度，从而提升功率。对松江新城的发展而言，辐射长三角的松江枢纽就如同那个涡轮，能激发"增压效应"，放大高铁时代"同城效应"，提升城市能级，成为松江新城高质量发展的新引擎。伴随松江枢纽的建设、建成，松江对于各类资源的配置将不再局限于一城一池，而是能够聚天下英才而用之。

新华社：新起点新格局，松江新城勾勒宜居宜业美好蓝图

2021 年 6 月 21 日，上海"五个新城"系列市政府新闻发布会召开，新华社围绕"松江新城如何让人民向往"进行报道，摘录如下：

交通网越织越密，松江枢纽服务能级提升

新城建设，交通先行。

作为上海重要的西南门户，松江正在加快形成支撑"30、45、60"出行目标的综合交通体系，即 30 分钟实现松江新城内部通勤及联系周边中心镇，45 分钟到近沪城市、中心城和相邻新城，60 分钟衔接国际级枢纽。

区委书记程向民介绍，松江枢纽站体工程计划 2024 年建成，规模 9 台 23 线，站体面积 12 万平方米，年客流量预计达 2100 万人次，可直达 80% 以上长三角主要城市。松江枢纽核心功能区规划面积 2.47 平方公里，集综合交通、科技影都、现代商务、文化旅游、智慧物流等功能为一体，将成为松江新城未来的中央商务区。

除了铁路，松江的交通网值得关注的还有以沪松快速路为新城干线，强化松江枢纽和虹桥枢纽联系；今年将实现 12 号线西延伸开工建设，远期将推进 23 号线西延伸等，加强与中心城、其他新城的联系；完善"井"字形高速立交匝道体系，加快提升中运量公交网络的密度和覆盖面。

科创流越跑越快，经济高质量发展提速

创新是松江新城发展的第一动力。

2019 年，长三角 G60 科创走廊建设纳入《长江三角洲区域一体化发展规划纲要》，今年 3 月纳入国家"十四五"规划，从秉持新发展理念的基层生动实践上升为国家战略的重要平台。

作为 G60 科创走廊策源地，松江区地方财政收入连续 64 个月保持正

增长，"十三五"以来GDP、地方财政收入均呈现两位数增长；工业、贸易、上市企业数量均跃居全市前列，高新技术企业数量实现五年里翻两番。

松江区区长李谦表示，松江新城在推动上海打造成为国内大循环的"中心节点"和国内国际双循环的"战略链接"中大有可为。国内方面，通过多年努力打造，松江已经构建起了基于新一代电子信息、新材料、新能源汽车、生物医药等千亿级产业集群，同时致力于打造功能型、要素型、区域型金融生态圈；国际方面，松江已引入超过6000多家外商投资企业，其中有50多家世界五百强企业，同时松江通过综合保税区，大力拓展保税交易展示、跨境电商以及维修检测等新型贸易业态。

根据规划，到2025年，松江新城规上工业产值年均增长8%，研发投入强度达到5%，高新技术企业达到3200家，各项核心和先导性指标继续走在前列，基本建成具有国际影响力的科创走廊和重要科技创新策源地。

2021年6月21日，新华社"上海频道"报道《新起点新格局，松江新城勾勒宜居宜业美好蓝图》

幸福感越来越强，高品质生活供给提高

远看绿水青山，近看人文天地。

"十三五"以来，松江成为第六届全国文明城区和全国未成年人思想道德建设工作先进城区；获评首批国家全域旅游示范区、国家农业绿色发展先行区，乡村振兴满意率及居民可支配收入增幅持续位居全市前列；上海科技影都集聚全国三分之一影视企业，成为上海文化新地标；新建及启动建设学校67所，形成环大学城基础教育高地。

"松江是上海之根，广富林文化遗址印证了广富林文化是长江文明和黄

河文明融合的见证，这也是开放融合的见证。当下建设松江新城，我们要创造新的历史，不负人民的厚望。"程向民说，松江新城对标独立的综合性节点城市定位，关键是在高质量城市配套服务上，包括教育、卫生、养老等人民所需所急，并不断提升高品质。

另外，融合深厚人文、优美生态和高品质公共服务供给，也是松江新城建设的落脚点。松江将着重建设一批体现"书香之域、书画之城、文博之府、影视之都"特色的文化地标，同时积极构筑"园城相嵌、林城相拥、水城相融"的立体空间生态。

面向长三角、面向未来、面向现代化，松江新城不仅是一个科创之城、枢纽之城、数字之城，更是一个绵厚历史与新时代文明交相辉映的人文之城，人与自然和谐共生的生态之城。

链接一：

央视：沪苏湖铁路松江枢纽是
长三角对全球资源再配置的重要渠道

2021 年 4 月 5 日 19 时，中央电视台《新闻联播》用 4 分 22 秒的时间播出了《在习近平新时代中国特色社会主义思想指引下——贯彻新发展理念 推动高质量发展 建设"五个新城" 上海打造战略增长极》特别报道，松江以上海"五个新城"之一"松江新城"身份亮相。报道指出：

沪苏湖铁路松江枢纽标志着松江正由高速公路时代走向高铁时代。松江枢纽建成后，成为上海面向长三角的一个重要通道，也是人流、物流、信息流的一个整合，更是长三角对全球资源再配置的一个重要渠道。

展望松江新城的未来发展，其实是形成了一小时和两小时的同城圈效应，推动空间上高度集聚、区域紧密协同、科创人才要素自由流动、产业配套完善、供应链集约高效的一体化高质量发展。

在长三角一体化发展国家战略和上海"五个新城"空间新格局下，松江正抢抓市委赋予长三角 G60 科创走廊、松江新城、松江枢纽"三张王

2021 年 4 月 5 日，中央电视台《新闻联播》播出《建设"五个新城"上海打造战略增长极》特别报道，松江以"五个新城"之一的"松江新城"身份亮相

牌"的历史机遇，科学谋划松江新城产业发展"十四五"规划，继续深化"四网融合"综合交通体系建设，进一步推动松江新城与市区、临港新片区、一体化示范区和其他四个新城互联互通，加快推进松江新城成为长三角 G60 科创走廊建设的重要支点和引擎、长三角门户枢纽和"城市会客厅"，高质量建设现代化新松江。

链接二:

《人民日报》：松江枢纽将跻身上海三大主要交通枢纽、松江新城聚集多个百亿元级重大产业项目

2021 年 7 月 18 日，《人民日报》围绕上海"十四五"开局起步，报道"五个新城"建设情况，关注松江枢纽、G60 脑智科创基地、腾讯长三角人工智能先进计算中心等项目推进。摘录报道如下：

……针对优化提升超大特大城市中心城区功能，"十四五"规划纲要提出，坚持产城融合，完善郊区新城功能，实现多中心、组团式发展。

上海常住人口近 2500 万，中心城区人口密度达每平方公里 2 万人。"十四五"开局之年，上海把建设嘉定、青浦、松江、奉贤、南汇五个新城作为推动城市多中心、郊区化发展的重中之重，着力提升城市能级、打造

2021年7月18日,《人民日报》报道《上海推动多中心、郊区化发展,优化重塑超大城市空间布局 "五个新城"培育强劲活跃增长极》,关注松江新城、松江枢纽等建设

未来发展空间。

打造"一城一枢纽",基础设施建设全面提速。前不久,松江枢纽城市设计国际方案征集迎来终期评审。面积超过9平方公里的松江枢纽,将跻身上海三大主要交通枢纽之一。

……

创建"一城一名园",特色产业发展各展其长。以特色品牌园区为关键着力点,上海积极推进"五个新城"新增一批千亿元级产业集群,并以先进制造业带动高能级生产性服务业发展。松江新城已集聚G60脑智科创基地、腾讯长三角人工智能先进计算中心等百亿元级重大产业项目,ALD光伏工作母机等重大自主创新成果陆续产生。……

按照建设目标,至2025年,"五个新城"将基本形成独立的城市功能,常住人口总规模达到360万左右,新城所在区生产总值达到1.1万亿元,在长三角城市网络中初步具备综合性节点城市地位。

链接三:

《人民日报》:"松江·人民向往的新城"推介会透露,全年度投资额达1574.5亿元

2021年9月28日,"松江·人民向往的新城"建设推介会召开。《人民日报》客户端上海频道对此进行报道,摘录如下:

作为"五个新城"之一,松江新城的规划建设备受关注。当天,来

自国内 21 家金融机构、15 家央企国企、28 家房地产企业、11 家文旅运营商、14 家教育机构代表、9 家医疗机构代表和 28 家商业运营商、工业园区代表、重大项目代表齐聚松江，畅想新城未来、共谋发展大计。

根据上海市委、市政府"五个新城"建设总体部署，立足松江新城"十四五"规划建设行动方案，推介会就新城建设目标愿景和相关支持政策等，作了全面推介展示，并邀请业内人士多到松江走走看看，感受松江发展热度，抢抓新城发展机遇，共建共享"人民向往的新城"。

现场成立了松江新城建设专家顾问委员会，13 名国内规划建设业界专家受聘。

高起点、高标准、高质量推进"五个新城"建设，是构建上海空间发展新格局、打造未来重要增长极的重中之重。当前，"五个新城"已转入全面建设、加速推进的攻坚阶段，在比学赶超的浓厚氛围下，松江区着力强化阶段性节点目标，加快推动松江新城各个项目的实施落地。

推介会现场，松江新城 3 个重大基础设施类项目、10 个文旅及重大公共配套类项目和 12 个产业类项目的战略协议签约。据称，截至目前，已吸引新的社会投资额 1174.5 亿元，而全年度已确定的投资额总计为 1574.5 亿元。

2021 年 9 月 28 日，《人民日报》报道《"松江·人民向往的新城"推介会透露，全年度投资额达 1574.5 亿元》

松江枢纽示范样板区效果图

《松江枢纽交通集疏运组织规划方案》出台

　　松江枢纽是上海国际科创中心建设、长三角一体化发展和"一带一路"倡议的交汇点，是推进长三角 G60 科创走廊和松江新城建设的重要支点和引擎，也是上海市西南方向疏解虹桥枢纽压力、服务全市域的重点锚固节点，可有效带动和激活松江新城南部区域功能提升，形成功能多元、开放融合的"城市客厅"。

　　2020 年，《松江枢纽交通集疏运组织规划方案》出台。根据方案，松江枢纽按照上海市级枢纽的功能定位配置交通设施资源，总体上遵循"快网接入、均衡布局、分类集散、弹性预留"的原则进行交通组织，并在高快速路体系、地区路网、轨道支撑和公交配置等方面加强枢纽的集疏运体系建设。方案同时对松江枢纽进行了四个方面"智慧"规划：

首先是优化高快速路网布局，构建松江枢纽快速集散道路系统。充分衔接由"沪松公路、辰塔路、金玉路、辰花公路"组成的"井字型"新城快速路网和由"申嘉湖高速、沪昆高速、沈海高速、绕城高速"组成的"井字型"高速路网，使松江枢纽快速融入市域高快速路体系，实现松江枢纽与中心城区、虹桥枢纽、浦东枢纽、周边新城等快速交通联系，提升松江枢纽服务全市的辐射能力。重点完善沪松公路快速化、增设 S32 玉树路立交，并研究新增沿嘉松公路衔接金玉快速路的快速匝道。

其次是完善枢纽周边路网，形成"高密度、多环通"运行体系。针对由毛竹港、规划玉阳大道、大涨泾、申嘉湖高速围合范围约 1.3 平方公里的枢纽核心区域，以玉阳大道、嘉松公路、富永路作为车站集散主体道路，并在核心区形成"四横（玉阳大道、玉朝路、中桥路、大江路）、五纵（梅家埭路、嘉松公路、人民南路、盐仓路、富永路）"的"高密度、多环通、强灵活"集散道路，区域路网密度达到 8.8 公里 / 平方公里，支撑枢纽灵活交通组织。

再次，畅达枢纽本体交通，分别形成"向西、向北、向东"三个集散扇面，并按照"进站集中、出站分散""东西分设、东快西慢""组合布局、便捷衔接"的原则，以枢纽交通中心为核心，规划东侧车道边系统衔接快速路系统，实现枢纽快进快出；西侧地面道路主要服务城市功能和周边综合开发，兼顾松江新城内部枢纽集散。

同时，增强轨交资源配置，强化服务市域的网络化轨交支撑。充分衔接全市轨道交通网络，形成"2 条市域快线、2 条城市地铁、1 条中运量轨道"支撑的轨道集散布局。2 条快线分别为东西联络线和嘉青松金线，快速衔接青浦、金山、闵行、嘉定等周边城区和浦东枢纽等大型枢纽；2 条城市地铁分别为轨道交通 9 号线和 23 号线，并在枢纽核心区形成"T"型换乘，重点衔接上海中心城区和松江区内重点组团地区。1 条中运量公交线路，服务衔接松江新城及周边城镇节点。

此外，优化枢纽各类设施集成，突出公交、长途等综合布置。在松江枢纽综合布局公交枢纽站、长途客运站、出租车等配套设施，形成交通换乘集散中心。根据松江枢纽在市域的区位特点，研究制定松江枢纽区域公交规划方案，按照"公交专线、区域公交、常规公交"等布局多层次公交线路。

链接一：

松江枢纽核心区控详规获批，
打造面向长三角和全国的上海西南门户枢纽

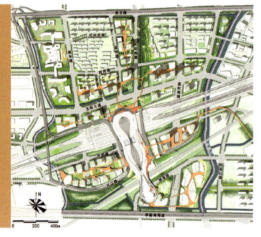

松江枢纽空间布局

2022年6月30日，上海市政府正式批复《松江新城SJC1-0017单元（松江枢纽核心区）控制性详细规划修编》。

本次规划范围北至现状沪杭铁路、南至申嘉湖高速、西至毛竹港、东至松金公路，总面积约3.99平方公里，总建筑量约442万平方米。其中，松江枢纽示范样板区面积2.47平方公里，总建筑量约300万平方米。

围绕"出站即中心"理念，松江枢纽核心区集聚长三角G60科创走廊沿线商务功能，展现"科技芯·世界窗"目标愿景，打造面向长三角和面向全国的上海西南门户枢纽，集区域高端商务、新城公共中心于一体的"站城融合"综合性新城中心。

规划构建"十字双轴、四区联动"的总体空间结构。其中，十字双轴为玉阳大道、人民南路，加强商业、商务、文化等核心功能集聚，打造亲站活力界面与功能融合街区。四区包括：站前商务区、枢纽创芯区、创智实践区、宜居生活区。

基于松江枢纽新老车站组合的特殊条件，规划提出铁路夹心地一体化设计开发。依托长三角 G60 科创走廊与松江科技影都产业特色，以枢纽交通中心链接东、西片区，西片区聚焦文旅服务，东片区聚焦商旅服务，引入龙头企业设立超级总部，结合上海本地影视文化 IP 打造沉浸式体验空间，构建站城一体的目的地枢纽。

松江枢纽核心区衔接新城总体城市设计，打造上海西南门户空间，规划构建便捷高效的枢纽交通集散系统和多元立体的魅力开放空间，将真正实现站城一体、产城融合。

链接二：

上海松江站设计获批，充分发挥上海西向对外交通辐射能力

2022 年，中国国家铁路集团有限公司和上海市人民政府联合批复关于上海经苏州至湖州铁路（沪苏湖铁路）上海松江站站房工程初步设计及相关工程变更设计。

根据批复，上海松江站改为桥式站，车站采用站城综合体模式，设计站房采用高架候车厅＋线侧式站型。新建站房规模达 6 万平方米，设计最高聚集人数为 5000 人，站场规模为 7 台 19 线，加上原松江南站 2 台 4 线，站场总规模将达到 9 台 23 线。配备东西侧高架落客平台、南北连通车道以及城市交通换乘服务中心等，方便旅客出行。桥式车场下空间设置了出站厅、城市通廊、铁路自营停车场、物流场地以及道路等功能，为旅客提供进出站以及换乘交通工具的便利。上海松江站采用与上海市松江区城市文脉相契合的设计理念，以"云间映玉兰、花开无限环"为寓意，与站区城市规划相协调，站房外立面装修主要采用玻璃幕墙和铝板幕墙，局部使用花岗岩石材外墙面。

沪苏湖铁路起自上海虹桥站，途经江苏省苏州市，终至浙江省湖州市湖州站，正线全长约 163.8 公里，设计时速 350 公里，设上海虹桥、上海松江、练塘、汾湖、盛泽、南浔、湖州东、湖州站 8 座车站。沪苏湖铁路

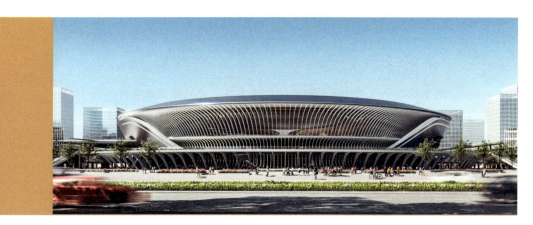

上海松江站设计效果图

　　建成通车后，不仅可以分担沪宁、沪杭通道的交通压力，也方便溧水、溧阳、宜兴等城市与上海之间的联络，对促进长三角地区高质量一体化发展和苏南地区经济社会发展具有重要意义。而上海松江站建成后，将成为上海又一个综合枢纽客站，可以充分发挥上海西向对外交通辐射能力。

2020 年 6 月 5 日，沪苏湖铁路（上海段）暨松江枢纽建设动员会

沪苏湖铁路上海段与沿线最大新建站上海松江站同步开工

2020 年 6 月 5 日，长三角一体化发展重大项目——沪苏湖铁路上海段举行开工仪式。作为长三角地区综合交通枢纽重点工程，以沪苏湖铁路在松江设站为契机，上海松江站建设动员会同步举行。

沪苏湖铁路串联上海市西部、江苏省南部和浙江省北部区域。全线 8 站，在上海设有上海虹桥、上海松江和练塘 3 站，是长三角一体化国家战略基础设施互联互通最具代表性的项目，施工总工期 4 年，建成后将打通一条从上海深入长三角腹地的快速客运通道，完善上海辐射长三角地区的铁路网。

上海松江站作为沪苏湖铁路最大的新建站，建成后将打开来往于上海的第三条高速铁路通道。借助上海松江站的上海西南大门，从上海往西，然后穿过长三角生态绿色一体化示范区的上海青浦和苏州吴江，进入湖州，在湖州与商合杭铁路、宁杭高铁、湖杭高铁衔接，在苏州吴江与通苏嘉甬铁路衔接，继而形成一个西部往中部、东部地区的快速通道。

2020 年 4 月，上海松江站被列入《长江三角洲地区交通运输更高质量一体化发展规划》的综合交通枢纽重点工程，以强化上海国际性综合交通枢纽衔接和辐射功能。转型升级后的上海松江站规模基本确定为9台23线，致力于构建枢纽快速集散系统，完善地面道路网络，增强公共交通配套。除既有沪杭高铁2台4线，规划建设沪苏湖铁路外，上海南站普速铁路将逐步迁移至上海松江站，同时规划预留了沪杭城际、铁路东西联络线、市域线嘉青松金线等接入条件。

建成后，上海松江站集结松江、金山、奉贤、闵行等地的客流向全国疏散，年均客流规模约达2000万人次以上。与此同时，上海松江站集国铁、城际、普速、地铁、公交车、出租车、有轨电车、社会车辆等多种交通方式于一体，综合布局，打造功能多元、开放融合的"城市客厅"。

根据最新的建筑概念设计方案，上海松江站集中设置进站广厅，新站房、交通中心、既有站房"三位一体"沿南北轴线依次串联。可实现旅客一次进广厅，分散验票进站房。上海松江站东侧单边设置进站广厅，西侧设候车大厅。候车大厅东侧为快速进站口，西侧为普通进站口；出站厅紧邻城市通廊，通过交通中心进行出站旅客多向分流。车站还在北部设置潮汐候车空间。

对标服务全市域的重点锚固节点，上海松江站的集疏运体系建设依托高快速路体系、地区路网、轨道支撑和公交配置等方面进行，衔接城市高快速路网构建快速集散道路系统。在约1.3平方公里的上海松江站核心区域，形成密度达8.8公里/平方公里的区域路网。此外还会构建交通换乘集散中心。

链接一：

我国首座高速铁路与普速铁路两用四线斜拉桥主塔全面封顶

2022年11月28日，经过近4小时的混凝土浇筑，沪苏湖铁路跨斜塘航道斜拉桥最后一个主塔顺利封顶，为下一步斜拉索及钢箱梁安装奠定坚实基础。该大桥不仅是我国首座高速铁路与普速铁路两用四线斜拉桥，其四线无砟轨道同设一桥的双边箱钢混组合梁设计在世界桥梁史上也属罕见。

沪苏湖铁路跨斜塘航道斜拉桥地处松江区石湖荡镇境内，桥体为双塔、

沪苏湖铁路上海段跨斜塘航道斜拉桥建设

双索面、双边箱钢混组合梁结构，全长 460 米，主跨 260 米。斜拉桥主塔采用两座 H 型塔身，高度分别为 95 米和 97 米，有近 27 层楼高，是全线控制性工程，其结构复杂、施工难度大、自然条件复杂、制约干扰因素多。

由于跨斜塘航道斜拉桥四线并线的使用特点，其主梁的传力机理及剪力滞后效应、扭转畸变效应、钢混结合段传力机理、拉索锚固结构抗疲劳能力、组合梁温度效应、抗风性能、风洞试验、静风稳定性及风致动力响应在世界桥梁史也较为少有。针对其工程特点，项目成立课题研究组并开展技术攻关，先后申请了 24 项专利，并全面引入信息化管理、BIM（建筑信息模型）技术，不断优化和改进施工方案，为工程建设提供了科技保障。

经过多次研讨论证封顶施工方案，项目最后采用液压爬模施工，通过对施工步骤、爬模构造创新，提高了施工效率，并通过控制墩顶施工人员，降低高空作业安全风险，有效保障了塔柱施工的安全和质量。

链接二：

沪苏湖铁路上海段首个百米连续梁合龙

2022 年 11 月 8 日 4 时 26 分，历经 3 个半小时，沪苏湖铁路上海段

沪苏湖铁路斜塘四线斜拉桥钢梁首架，这是继首个连续梁合龙后的又一控制性节点

跨斜塘航道斜拉桥跨油墩港Ⅳ级航道连续梁顺利合龙，为沪苏湖铁路上海段首个百米跨连续梁施工奠定了良好基础，也为后续铺架通道和桥面附属工程施工打下了坚实基础，标志着沪苏湖铁路上海段建设全面进入"加速度"。

该连续梁位于石湖荡镇，全长215米，梁体最高7.8米、最低4.8米，梁段最长14米、最短2米，采用挂篮悬臂浇筑法施工，全桥共分为13个悬臂浇筑节段、2个支架法现浇节段、3个合龙段。其中，主跨跨度为100米，属大跨度连续梁。本次合龙段为沪苏湖正线斜塘桥段跨油墩港92—95号墩连续梁。

此次合龙的连续梁跨油墩港航道，因通航流量大，凌空作业安全风险高，技术标准要求高，施工作业空间小。为确保按期合龙，项目指挥部成立领导小组，现场安排24小时值班，确保在不影响航道正常通航下，安全顺利完成连续梁合龙。

链接三：

"水票银行"助力松江枢纽服务中心建设驶入"快车道"

面对"项目不能等"、填堵河道"先开后填"原则不得突破的两难处境，在 2022 年初《松江区政府投资重大工程建设涉及资源性指标统筹使用实施方案》的基础上，7 月区水务局出台《松江区关于实施水票制度支持政府投资重大工程建设的实施细则（试行）》。水票本质上是一种可用于填堵河道面积补偿的临时过渡性河湖面积指标，是通过年度河道（湖泊）报告认定的新增河湖面积扣除年度新增考核指标后，加上由鱼塘生态化改造、小微水体改造等产生未用于补偿的河湖面积。

上海市松江区水务局文件

沪松水〔2022〕150 号

松江区关于实施水票制度支持政府投资重大
工程建设的实施细则（试行）

局相关科室、局属相关单位：

为支持区政府投资重大工程建设，完善推进政府性投资项目协同机制，同时加强地区防汛除涝安全保障及水环境保护，进一步提高"填堵河道的审批"行政许可效率，根据市水务局《关于实施水票制度支持政府投资重大工程建设的若干意见（试行）》（沪水务〔2022〕141 号）、《松江区政府投资重大工程建设涉及资源性指标统筹使用实施方案》规定，结合松江区实际，制定本细则。

一、水票概念

水票是指可用于填堵河道面积补偿的临时过渡性河湖面积指标。

~ 1 ~

《松江区关于实施水票制度支持政府投资重大工程建设的实施细则（试行）》

列入区重大工程项目库的基础设施类、公共事业类政府投资工程项目，保障性安居工程建设项目，以及区政府组织实施的土地储备项目等，都在水票适用范围内。因施工工艺、场地布置等特殊原因无法满足"先开后填"时序要求的，可在确保防汛除涝、水环境质量等功能不受影响的前提下借用水票进行预平衡。

作为松江枢纽两大主体工程之一的松江枢纽服务中心新建工程是区重大工程项目。在推进过程中，根据沪苏湖铁路（上海段）交通中心用地及其周边铁路控制范围布局安排，场站区内的仓桥向阳河 13462 平方米的河道面积需填埋。按常规"先开后填"程序走，预计需要 1 年半左右时间，严重影响工期。2022 年 10 月 14 日，受惠于"水票银行"政策，松江枢纽服务中心新建工程项目完成区级水票所有审批流程，成功"借"得石湖荡镇新开 14450 平方米河道水面积，成为松江水票制度实施以来的首个受益项目，助力松江枢纽项目建设加速推进。

沪苏湖铁路走向示意图

松江枢纽：对外完善路网布局、对内推动四网融合

在松江，一张由高速铁路网、轨道交通网、中运量公交网、地面公交网有机融合的"四网融合"综合交通体系，正随着沪苏湖铁路"松江枢纽"的到来，锚固带动"四网"加速融合的枢纽点，并通过铁路提升对外深远的集聚效应和辐射影响。

高格局完善对外交通路网布局

"松江新城要发力，关键在交通格局。"2016 年 8 月，时任上海市委书记韩正在松江调研时的一句话，为松江的交通发展点明思路。"四网融合"综合交通体系的理念和计划方案由此确立，并上升成为松江融入长三角一体化发展、长三角 G60 科创走廊建设的重要基础保障。

2009 年建设的高铁松江南站，将松江新城的范围向南部延伸，为松江过去的城市发展立下汗马功劳。不过，要配套服务融入长三角一体化发展的新松江，以现规模松江南站作为高铁网支撑点的松江交通"四网"，格局还远远不够。

长三角 G60 科创走廊交通区位图

作为长三角 G60 科创走廊的策源地和发起者，松江区抢抓沪苏湖铁路建设的重大机会，争取其在松江设站，同时推动松江高铁南站转型升级成为"松江枢纽"，加快建设一座上海西南门户的"四网融合"交通枢纽节点，和一条面向长三角的"四网融合"对外"交通大通道"。

沪苏湖铁路接入松江枢纽后，除既有沪昆高铁，还同步实施沪昆铁路松江段改线，预留沪杭城际、铁路东西联络线、嘉青松金线等线路。由此，松江枢纽作为上海西南面向沪湖通道的"门户"，不仅进一步完善了松江"四网融合"对外交通的布局，也强化了上海向长三角腹地的辐射功能。

根据 2020 年 4 月印发的《长江三角洲地区交通运输更高质量一体化发展规划》，上海的国际性综合交通枢纽功能将被重点强化。松江枢纽作为规划中所列的综合客运枢纽，将实现城际交通网与都市圈通勤交通网一体衔接，推进长三角地区内各层次轨道交通网络融合发展，推动实现多网合一。

对内推动交通融合发展

在上海，沪苏湖铁路及最大新建站上海松江站的建设将强化铁路对拓展区域发展空间的支撑作用，发挥干线铁路在综合交通运输体系中的绿色骨干优势，推动本市干线铁路和城际铁路、市域铁路、城市轨道交通融合发展。

作为长三角更高质量一体化国家战略和长三角 G60 科创走廊重要支点和引擎，城市级交通枢纽——松江枢纽位于松江南部新城。成规模建设运营后，对内，它将是上海市西南方向疏解虹桥枢纽压力、服务全市域的重点锚固节点。同时，在松江枢纽集疏运组织的优化下，将有效带动和激活松江新城南部区域功能提升。

在《上海市城市总体规划（2017—2035 年）》中，松江站为全市铁路枢纽总图中"四主多辅"之一，铁路远期规划中将松江南站规划为上海市"六主"之一。根据规划，未来的松江枢纽，将构建枢纽快速集散系统、完善地面道路网络、增强公共交通配套，建设成为集国铁、城际、普速、地铁、公交车、出租车、中运量公交、社会车辆等多种交通方式于一体的综合交通枢纽。

此外，松江枢纽还将综合布局公交枢纽站、长途客运站、出租车等配套设施，形成交通换乘集散中心。根据松江枢纽在市域的区位特点，按照"公交专线、区域公交、常规公交"等布局多层次公交线路。

链接一：

"枢纽之城"的深度赋能

2022 年 6 月 30 日，松江枢纽核心区控详规方案获得市政府批复，标志着松江枢纽建设进入新阶段。根据方案，松江将引入龙头企业、设立超级总部，从而以空间为载体、以枢纽为引擎，为长三角一体化发展深度赋能，打造集区域高端商务、新城公共中心于一体的"站城融合"综合性新城中心。

强大的产业功能留下人才，完善的城市功能留住人心。近年来，松江为公共服务注入新动能，优质资源、要素、项目不断涌入。上师大松江未来实验学校等 9 所学校基本建成，松江第一所集小学、初中、高中于一体

G60 和 G15 高速公路立交

的全学段学校——上外云间中学、上外云间小学启用。松江整合优质、高效的医疗卫生服务体系，加强与上海市知名院校和三级医院合作，加快启动交大医学院松江研究院等一批重点项目建设。

风驰电掣的高铁速度和暖心的民生温度加速产城融合。松江持续推进旧街坊改造、"城中村"改造，完善企业员工公寓房改造和管理，不断提高征地养老、城乡居保人员等保障待遇水平。2021年，全区累计新增供应8266套租赁房源；2022年上半年累计筹措2960套（间）保障性租赁住房房源，对外供应1348套（间），为各类来松人才提供安居保障。

通过深化长三角一体化交通对接，松江实现与各地的文化连接，进一步构建集综合交通、科技影都、现代商务、文化旅游、现代物流等为一体的"站城一体"中央商务区。松江持续推进新一轮"人文松江建设三年行动计划"；首创即成第六届全国文明城区，全面建成新时代文明实践中心三级阵地，"上海之根、文明松江"深度融入城市血脉、根植市民心中，成为推动松江经济社会发展的重要支撑和核心竞争力。

松江南站

链接二：

松江枢纽强化资源配置功能，建设国际多式联运物流枢纽

　　松江作为上海西南门户独立的综合性节点城市，地处长三角城市群中心地带、连接上海与长三角腹地的战略要冲，是长三角G60科创走廊的策源地以及先进制造业的聚集地，也是上海市域"5+4"物流空间布局中的西南物流中心，具有独特区位条件优势。

　　从交通条件来看，松江区交通优势显著，具备多式联运的发展条件：结合松江枢纽和沪苏湖铁路机辆段建设，具备高铁货运接入石湖荡镇条件；公路方面依托G60沪昆高速、G1503绕城高速、S32申嘉湖高速等高速公路出入口快速接入高速公路网络；铁路方面可利用沪苏湖铁路、沪杭城际、沪昆铁路等国铁线路；内河方面规划有黄浦江、杭申线、苏申外港线、油墩港等多条骨干航道交会，结合油墩港规划塔汇港区（二级港区，泊位等级500吨）。

　　从产业条件来看，松江工业底子厚，产业门类全，对多式联运的时间枢纽有需求。近年来，松江聚焦人工智能、生物医药、集成电路等"6+X"

战略性新兴产业，引进海尔、腾讯、正泰智电港、顺络电子等一大批百亿级重大项目和头部企业。截至 2022 年 10 月，松江有 270 家企业被新认定为上海市"专精特新"企业，增量创历年同期新高，国家级、市级"专精特新"企业总数达 653 家，位列全市第二。

依托上述优势，松江致力于打造面向长三角国际高端供应链和服务长三角 G60 科创走廊的门户物流中心，结合区域高速公路、内河航道体系，利用既有铁路设施，拓展引入国际班列，进一步引入水铁联运功能，构建公铁联运、水铁联运、高铁快运等物流体系，打造国际多式联运物流枢纽。

申嘉湖高速松江段

加速深化"四网融合"综合交通体系，实现"30、45、60"出行目标

近年来，松江区高起点建设现代化基础设施体系，加速深化以松江枢纽为核心的国家高铁网、轨道交通网、中运量公交网和地面公交网"四网融合"综合交通体系，实现"30、45、60"出行目标（即 30 分钟内部通勤及联系周边中心镇，45 分钟到达近沪城市、中心城和相邻新城，60 分钟衔接国际级枢纽）。"四网融合"综合交通体系的建设不仅方便市民出行，也为长三角 G60 科创走廊的资源配置和科创发展，服务"一带一路"建设提供了强有力支撑。

国家铁路网：松江枢纽建设驶入"快车道"

《上海市城市总体规划（2017—2035）》将上海松江站定位为城市级枢纽，场站规模从 2 台 4 线扩大至 9 台 23 线，是沪苏湖铁路沿线最大新建站，未来客流量每年可达 2500 万人次以上。

在松江枢纽建设驶入"快车道"的同时，交通网同步优化布局。一是构建松江枢纽快速集散道路系统，推进沪松公路快速化项目规划建设；二是增强轨交资源配置，形成"市域快线＋城市地铁＋中运量公交"支撑的集散布局；三是综合立体布局公交枢纽站、停车场、出租车等配套设施。

依托松江枢纽，松江境内形成集国铁、城际、普速、地铁、有轨电车、公交车、出租车、社会车辆等多种交通方式于一体的综合交通体系，打造功能多元、开放融合的"城市客厅"。同时，松江进一步打造面向长三角国际高端供应链和服务长三角 G60 科创走廊的门户物流中心，结合区域高速公路、内河航道体系，利用既有铁路设施，拓展引入国际班列，进一步引入水铁联运功能，构建公铁联运、水铁联运、高铁快运等物流体系，打造国际多式联运物流枢纽。

轨道交通网：双线拉动松江东北片区高速发展

2007 年 12 月 29 日开通的轨道交通 9 号线，是上海市区第一条到达松江的线路。2022 年，9 号线松江段平均日客运量为 27 万人次，其中九亭站平均日客流量高达 67818 人次，最高单日客流量 86659 人次。为保障安全，工作日早高峰时段，9 号线佘山站、泗泾站、九亭站通常要进行限流措施。

随着轨道交通 12 号线西延伸工程开工，拥挤限流现状迎来转机。

轨交 12 号线西延伸工程起于已运营的 12 号线七莘路站，终于松江区洞泾站，全长约 17.27 公里，均采用地下敷设方式，设车站 6 座，暂定名为洞泾站、刘五公路站、沪松公路站、科创云廊站、场西路站、场东路站，在洞泾站与 9 号线实现换乘。

轨道交通 12 号线西延伸的规划建设有力提升了轨道交通对松江新城的服务，为长三角 G60 科创走廊建设尤其是松江东北片区注入新的发展动力，有效缓解市民出行难，对缓解现有轨道交通网络运行压力、均衡客流起到重要作用。

地铁 9 号线和有轨电车并行

中运量公交网：中运量公交逐步提升覆盖面

2019 年 12 月 30 日实现全线贯通运营的松江现代有轨电车 T1、T2 示范线共计里程 31.24 公里。截至 2022 年 11 月底，松江现代有轨电车共开行 387131 列次，列车时刻表兑现率 99.49%，列车发车正点率 99.62%，累计服务乘客达 2823.24 万人次，日均客流 20532 人次，充分发挥了松江中心城区中运量公交的骨干作用。

松江有轨电车运营以来，服务水平不断提升。针对市民提出的进站乘车不方便问题，松江有轨电车投资运营有限公司改造闸机进出站端盖，增加二维码扫描模块，让市民可以用支付宝小程序、微信小程序、"随申码"等扫码过闸。

地面公交网：公共交通更便民更智慧更环保

公交出行依然是不少市民的日常选择。截至 2021 年底，松江 84 个行政村全部通公交，城乡道路客运车辆公交化率达到 100%，城市建成区公交站点 500 米覆盖率达 95.8%。2022 年上半年，松江优化调整线路 14 条，启动并推进"六横五纵"骨干公交走廊计划，以荣乐路通道作为先行试点制定具体方案。

与此同时，松江公交运营的数字信息化水平持续提升。截至 2022 年底，所有公交车辆均安装 GPS 和摄像头，公交车辆视频设备安装使用率达 100%。691 辆公交车安装驾驶员动态管理设备，达到全部运营车辆的 99.6%。此外，全区公交线路均已纳入"上海交通"App，乘客可通过"松江微公交"微信公众号查询实时线路信息，建成 483 个公交电子站牌。同时，为适应移动支付广泛应用的趋势，松江在公交车辆上推进移动扫码支付功能。

松江还加快推进交通运输绿色低碳转型，持续推广新能源"低地板"公交车应用。2020 年至 2022 年，新能源公交车分别占比 75.5%、79.5%、85.7%。

链接一：

轨道交通 12 号线西延伸工程创我国轨交建设史新纪录

2022 年 12 月 16 日，上海市轨道交通 12 号线西延伸工程 G60 云廊站和沪松公路站同步开工，标志着上海市轨道交通 12 号线西延伸工程正式进入工程实施阶段。

12 号线西延伸工程起于已运营的 12 号线七莘路站，终于松江区沈砖公路、嘉松南路路口东南侧的洞泾站，主要沿沈砖公路莘砖公路—莘松路—北竹港—淀南路—顾戴路走行，线路全长约 17.27 公里，均采用地下敷设方式。本段工程设 6 座车站，均位于松江区域范围内，自西向东分别为洞泾站、刘五公路站、沪松公路站、G60 云廊站、场西路站、场东路站，在洞泾站可与轨道交通 9 号线换乘。全线最高运行速度为 100 公里 / 小时，远期线路最大通行能力为不小于 30 对 / 小时。项目总投资 160.24 亿元，建设期 5 年，预计松江段初、近、远期客运量分别为 14.51、19.28、19.84 万人次 / 日。

12 号线西延伸工程从 2022 年 6 月 24 日获得国家发改委批复，到当年 12 月 16 日开工建设，前后历时不到 6 个月，创下我国轨交建设史的一个新纪录。建成通车后，将有力推动长三角 G60 科创走廊打造科技创新策源

轨道交通12号线西延伸线路走向图

地、产城融合新典范，进一步提升松江新城综合承载力、竞争力和软实力，助力松江新城打造成面向长三角的独立综合性节点城市。

链接二：

沪松公路快速化项目助力实现
"一刻钟到虹桥枢纽，半小时到市中心"

2022年12月30日，上海市松江区沪松公路快速化项目正式启动。该项目在现有沪松公路和松卫公路上，全线叠加一条高架道路作为主线道路，以实现快速化。

沪松公路快速化项目采用"主线高架＋地面辅道"总体方案，路线走向沿既有沪松公路和松卫公路布设，全长约22.3公里。高架主线道路等级为城市快速路，设计速度为60公里/小时—80公里/小时，主要服务中长距离客运交通，高架道路北接漕宝路—嘉闵高架路立交，向南跨玉阳大道后落地与S32衔接。其中，嘉闵高架路—金玉路段主线采用双向6车道规模。主线

新时代非凡十年的松江答卷

沪松公路快速化道路 G15 节点

共涉及嘉闵高架路—漕宝路立交、G15 公路立交两处互通立交改建，并在沪亭北路、泗陈公路、沈砖公路、辰花公路、文翔路和荣乐东路等道路南北两侧以及金玉路北侧，共设置 13 对平行匝道。地面道路布置于高架下方，道路等级为二级公路（城镇段），设计车速 50 公里/小时，玉阳大道以北段建设规模为双向 6 快 2 慢，玉阳大道以南段建设规模为双向 8 快 2 慢。

沪松公路快速化项目是松江新城"四网融合"综合交通体系重要组成部分，也是构建松江枢纽快速集散系统的重要一环。通车后，为上海西南片区交通网络带来新一轮提速，松江枢纽至虹桥枢纽间的时空距离被缩短至半小时以内，对松江新城的居民来说，可以实现"一刻钟到虹桥枢纽，半小时到市中心"。以松江枢纽为战略支点，松江区着力打造的具有区域辐射力、发展带动力、产业引领力的新城综合交通体系向完全体迈出了坚实的一步。

链接三：

松江现代有轨电车：高效网络化运营的中运量公交网

松江现代有轨电车是松江"四网融合"综合交通体系所打造的高效网络化运营中运量公交网，从 2018 年底一期线路开通到 2020 年 1 号线、2

号线全线运营，搭载乘客约 1070 万人次。作为轨道交通的延伸和松江域内的骨干公交，松江现代有轨电车 1、2 号线于 2019 年底全线通车，成网运营初步实现。

松江现代有轨电车既是网络化运营理念的探索者，又是实践者，首创了有轨电车环形交路网络化运营系统，复线系数达国内已通车有轨电车之最。"复线系数"，即为运营里程和铺轨里程

2018 年 12 月 26 日，松江有轨电车 2 号线（仓华路站—中辰路站）试运营

之比。一次建成 2 条有轨电车线路，建设的铺轨里程约 31 千米，实际开通后的 2 条线路在荣乐路有共线段，使得运营里程能够达到约 40 千米，利用最小资源配给达到了最大规模效益。

正因创新式地将 1、2 号线两条线路通过站点连接，形成 1 号线直线和 2 号线环线叠共线段，松江现代有轨电车形成了以环松江运营为基本服务主线，同时连接松江新老城区和新桥等地的零换乘有轨电车网络化运营方案，客流强度比国内单线运营的有轨电车线路提高了 100%，也因此获得城市轨道交通科技进步奖和上海市科技进步奖。

链接四：

"四好农村路"，铺就乡村振兴幸福路

近年来，松江高度重视"四好农村路"建设工作，持续推进实施市、区乡村振兴重点任务。2021 年底，松江区农村公路网密度约为 202.5 公里／百平方公里，高于上海市平均水平。

2020 年 6 月，区交通委联合区财政局、区发改委出台《松江区"四好农村路"建设政策方案》。在全区各涉农街镇实行农村公路提档升级改造项

目市级补贴资金和区级配套资金 1：1 补贴政策，并重点向浦南四镇倾斜，浦南四镇最高补贴资金可达到市级补贴资金的两倍，为全面实施提档升级项目提供了强有力的资金保障。截至 2022 年底，市、区两级已累计投入补贴资金近 7.8 亿元。叶榭镇、石湖荡镇等 5 个示范镇在创建过程中，区财政支持配套专项补贴资金 4000 万元，为创建上海市"四好农村路"示范镇提供了有力的资金保障。

截至 2022 年底，松江区已有 173 条、全长 294.162 公里的农村公路成功创建上海市"四好农村路"示范路，占全市总数的 30.57%。叶榭、石湖荡、小昆山、泖港、新浜 5 个镇成功创建上海市"四好农村路"示范镇。虹洋公路、影视路、杨典公路、曹家浜公路先后获评 2020 年度、2022 年度上海市十大"最美农村路"。泖港镇曹家浜村以党建引领"四好农村路"建设，铸就了"红色之旅初心路"，作为村级典型案例在 2021 年全国"四好农村路"现场会上进行交流。

后 记

　　江潮奔涌，风帆高悬；非凡十年，松江巨变。党的十八大以来的十年，松江始终以奔跑者的姿态刷新"松江速度"、以创新者的姿态打造"松江样本"、以奋进者的姿态书写"松江奇迹"。为全面、生动反映新时代十年松江伟大变革，中共松江区委党史研究室、松江区政协文史委联合编纂出版了《新时代非凡十年的松江答卷》一书。

　　全书分综述和分述两部分。综述部分概述新时代十年本区各方面发展情况。分述以 62 个典型案例、170 个资料链接、270 余张图片，全景式展现松江在经济建设、政治建设、文化建设、社会建设、生态文明建设、党的建设与全面从严治党领域以及"三张王牌"建设方面的突出成就。

　　全书参考资料主要包括：松江区第五次、第六次党代会报告，松江区十三五、十四五规划，松江区历年政府工作报告，"上海松江门户网站"，"上海松江"微信公众号，《松江报》，等等。部分素材、数据由相关单位提供。

　　该书的编写得到了中共上海市委党史研究室的关心指导，也得到了全区各相关单位的鼎力支持，在此一并表示衷心感谢。

　　因编者水平和掌握资料有限，本书难免存在疏漏，不当之处敬请广大读者批评指正。

编者

2024 年 5 月

图书在版编目(CIP)数据

新时代非凡十年的松江答卷/中共上海市松江区委
党史研究室,上海市松江区政协文化文史和学习委员会编
. —上海:上海人民出版社,2024
ISBN 978-7-208-18829-7

Ⅰ.①新… Ⅱ.①中… ②上… Ⅲ.①区域经济发展
-成就-松江区 ②社会发展-成就-松江区 Ⅳ.
①F127.513

中国国家版本馆 CIP 数据核字(2024)第 062786 号

责任编辑 熊 捷 罗 俊
封面设计 汪 昊

新时代非凡十年的松江答卷
中共上海市松江区委党史研究室
上海市松江区政协文化文史和学习委员会 编

出　　版　上海人民出版社
　　　　　(201101　上海市闵行区号景路 159 弄 C 座)
发　　行　上海人民出版社发行中心
印　　刷　苏州工业园区美柯乐制版印务有限责任公司
开　　本　720×1000　1/16
印　　张　24.5
字　　数　346,000
版　　次　2024 年 8 月第 1 版
印　　次　2024 年 8 月第 1 次印刷
ISBN 978-7-208-18829-7/D・4293
定　　价　168.00 元